Alpine Guide

ヤマケイ アルペンガイド

100
Mountains of Japan

日本百名山
登山ガイド 上

北海道／東北／北関東・信越／北アルプス北部

Alpine Guide

ヤマケイ アルペンガイド

100
Mountains of Japan

日本百名山
登山ガイド 上

Contents

北アルプス北部

コラム

日本百名山 登山ガイド 上

Index Map.

日本百名山
登山ガイド 下

本書の利用法

本書は、深田久弥氏『日本百名山』（新潮社刊）の中から東日本を中心に50山を取り上げ、コースを厳選して紹介しています（西日本の50山は『日本百名山 登山ガイド』下巻をご覧ください）。本書に掲載した情報やデータはすべて2021年2月現在のものです。

❶山名

現在一般的に呼ばれている名称としています。なお、深田久弥著『日本百名山』と山名が異なる場合は、『日本百名山』での山名を（　）内に記載しています。

❷都道県名

複数の都道県にまたがる山の場合は、山頂ではなくその山全体の都府県を記載しています。

❸標高

三角点ピークの場合は小数点第一位以下を四捨五入した数値で紹介しています。タイトルの山名と最高点の名称が異なる場合は（　）内に記載しています。

❹グレード

無雪期におけるコースの難易度を初級・中級・上級に区分し、さらに技術度、体力度をそれぞれ5段階で表示しています。グレードはあくまでも目安なので、自分の体力や登山スタイルを考慮して判断して下さい。

初級 技術度、体力度ともに1〜2
中級 技術度3、体力度3〜4
上級 技術度、体力度ともに4〜5
これらを基準に、
宿泊を伴う行程や岩場の規模、読図の有無などを加味して判定

技術度

1＝よく整備された散策路・遊歩道
2＝とくに難所がなく、道標も整っている
3＝ガレ場や雪渓、小規模な岩場がある
4＝注意を要する岩場や、迷いやすい箇所がある
5＝きわめて注意を要する険路
これらを基準に、天候急変時などに退避路となるエスケープルートや、コース中の山小屋・避難小屋の有無などを加味して判定

体力度

1＝休憩を含まない1日のコースタイムが3時間未満
2＝同3〜6時間程度
3＝同6〜8時間程度
4＝同8〜10時間程度
5＝同10時間以上
これらを基準に、コースの起伏や標高差、日程などを加味して判定

❺ 深田久弥と○○山

深田久弥著『日本百名山』から、深田久弥氏のその山における行動記録やエピソードなどを取り上げています。

❻ 歩行時間・歩行距離

歩行時間は30〜50歳の登山者がその山に合った装備を携行して歩く場合を想定した標準的な所要時間で、休憩時間は含みません（コースタイムは個人差があるので、あくまでも目安です）。歩行距離は機械的に算出したもので、実際の距離とは異なる場合があります。

❼ コース本文

ガイド文中で、太字で表記されている地名などは、コースタイムの区切りの地点となっています。なお、自然災害などにより出版時とは現地の状況が変わることがあるので、登山の計画を立てる際には現地の最新情報をご確認ください。

❽ プランニング　&アドバイス

登る際の計画やコース取り、注意点、登山適期、花の見頃などについて記載しています。

❾ コース断面図・　日程グラフ

縦軸を標高、横軸を地図上の水平距離としたコース断面図です。日程グラフは、ガイド本文で紹介している標準日程と、コースによっては下段に応用日程を示しています。

❿ おすすめの撮影ポイント

紹介コース中の好撮影ポイントのほか、山によっては山麓からその山を撮影するためのポイントも紹介しています。

⓫ その他のコースプラン

紹介コース以外のおすすめのコースを記載しています。実際に歩かれる際は、小社刊行のアルペンガイド、分県登山ガイドなどのガイドブック・シリーズの該当書を参照してください。

⓬ 交通図

大都市圏を起点として、公共交通機関ならびにマイカー（レンタカー）を利用した登山口までの交通手段を示しています。主として、北海道の山は札幌および近接の空港、東北・上越・関東周辺の山は東京、中部山岳・北陸の山は東京及び大阪、関西・中国・四国の山は大阪、九州の山は福岡（博多）を起点としています。

⓭ アクセス

公共交通機関の場合は⓬交通図に記載されているバス路線の本数や運行期間、他のアクセス方法、マイカーの場合は駐車場や⓬交通図以外でのアクセス方法などについて記載しています。

⓮ コース地図

紹介コースを赤の破線、「その他のコースプラン」で取り上げたコースを緑の破線で記載しています。

主な地図記号

--- 紹介コース	○○ コースタイムポイント	⛰ 営業小屋	▲ テント場	WC トイレ
--- その他のコースプラン	♀ バス停	⛺ 避難小屋	✳ 水場	P 駐車場

深田久弥と日本百名山

小説家で登山家の深田久弥は、第二次世界大戦前には日本の著名な山の大半を登っていて、その中から百名山を選ぶという構想を抱いていた。1940年（昭和15）年に一度はスタートしたものの戦中の混乱期の中で挫折した構想を立て直し、1959年、深田が56歳の時に雑誌『山と高原』で「日本百名山」を連載、1964年に新潮社から単行本として刊行されたのが『日本百名山』だ。

■日本百名山とは

山としての日本百名山は、深田自身が登った数多くの山から「①山の品格」「②山の歴史」「③個性ある山」を兼ね備え、さらに「おおよそ標高1500m以上」という線引きをして選んでいる。

本来であればなるべく多くの都道府県から選びたかったようだが、北海道から日本アルプスまでで86山を占め、高峰が少ない関西以西を中心として16府県に日本百名山が存在しない。

■百名山の選定から漏れた山

先述の通り、日本百名山の選定は①〜③の基準のほかに「おおよそ標高1500m以上」といういわば不合格の決定ラインのようなものがあったため、泣く泣く落とさなければならない山が数多く存在した。ほかにも「もうひとつ特徴がない」「登る機会がなかった」などの理由があるが、深田は「愛する教え子を落第させる試験官の辛さに似ている」と表現している。

本書では、選から漏れた山から上巻21山、下巻25山を巻末にて取り上げている（『日本百名山』の後記ではほかに弥彦山、比叡山、英彦山にも触れているが、本書では未掲載）。これらの山の大半は、のちに日本三百名山、日本二百名山としてピックアップされている。

奥秩父・国師ヶ岳山頂での深田久弥。1964年9月21日（写真／望月達夫）

深田久弥
（ふかだ きゅうや）

1903（明治36）年3月11日、石川県大聖寺町（現加賀市）生まれ。第一高等学校を経て東京帝国大学哲学科入学。高校・大学時代に丹沢、大菩薩、奥秩父、八ヶ岳など各地の山に登る。大学在学中に出版社に入社し、のちに文筆生活へ入隊・復員を挟んで文筆生活と山登りは続け、1964（昭和39）年上梓の『日本百名山』で第16回読売文学賞受賞。1971（昭和46）年3月11日、山梨県茅ヶ岳にて脳卒中で急逝。

100
Mountains of Japan

北海道

1

利尻山
（りしりざん）

（利尻岳）
（りしりだけ）

シュムシュ
ノコギリソウ

洋上に浮かぶ最北の百名山。
さえぎるもののない
展望はもちろん、
咲き乱れる花々も魅力

標高
1721m
（南峰）

「利尻富士」とも呼ばれるコニーデ型の火山。道北日本海側から見るその姿は、誰しも印象に残ることだろう。山名の由来はアイヌ語の「リィシリ＝高い島（山）」。登山道はかつて3本あったが、鬼脇コースは崩壊激しく登山禁止となって久しい。山頂部も南峰（1721m）は立入禁止で、1719mの北峰が実質的な山頂だ。偶然とはいえ南北端の百名山がともに離島の山というのも興味深い。

100
Mountains of Japan

深田久弥と利尻山

深田は礼文島から眺めた利尻山を忘れることができないものとし、「こんなみごとな海上の山は利尻岳だけである」と絶賛した。登路は沓形コースを選んでいるが、海抜0mからの出発だったこともあり8時間を要している。ちなみに現在の同コースは見返台園地を起点に山頂まで約4時間弱だ。下山は東面の鬼脇コース（現在は廃道）を計画していたが、悪天のために危険と判断し、「やさしいが実に長い」鴛泊コースへ変更している。暗くなって下山し、翌日には次の目的地、大雪山系に向けて島を発った。

コースグレード｜**中級**

技術度｜★★★☆☆ 3

体力度｜★★★★☆ 4

鴛泊港沖から望む、広い裾野をもった利尻山

第二見晴台から鴛泊港や市街を見下ろす

日帰り 鴛泊コースから利尻山へ
歩行時間：8時間5分 | **歩行距離：12.3km**

　登山口は**利尻北麓野営場**。しかし、深田久弥の気分を追体験したければ海抜0mの鴛泊港から歩くのもいい。その場合、利尻富士温泉の約600m先で左手に分かれるハイキングコースへ入るとよい。車道を歩かずに三合目の**甘露泉水**で登山道に合流できる。甘露泉水はその名の通りおいしい湧き水で、最後の水場でもある。

　ポン山への道を左に分けたら、あとは一本道だ。はじめのうちは緩やかなトドマツ林だが、ダケカンバが混じってくると徐々に斜度が増してくる。六合目の第一見晴台はポン山や鴛泊市街を見下ろす小広場。開放感は抜群ながら意外と高度感が感じられないのは、裾野が広くなだらかな火山地形ならではだろう。

　ここから道はハイマツ帯をジグザグに切り、胸突八丁と呼ばれる急登に入っていく。つらい登りだが足もとには花が目立つようになり、振り返るたびに展望も広がる。第二見晴台を過ぎればやや斜度が緩み、さらにもうひと登りで八合目の**長官山**だ。

　ここでようやくめざすピークを望むことになるが、八合目という数字の割にはまた

プランニング＆アドバイス

コースは北麓野営場を起点に鴛泊コースを往復するのが一般的。沓形コースは三眺山から上部で岩場や崩壊地などの難所が連続する。例年山開きは6月上旬。花がきれいなのは7月上旬〜8月上旬。9月下旬には初冠雪がある。登山道は距離も標高差もあり、また洋上の独立峰のため天候が急変しやすいので、余裕ある計画を立てたい。避難小屋は緊急時のみ宿泊可能。トイレは携帯トイレを携行し、要所に設置されたブースを利用のこと。

北峰から見た南峰（左奥）とローソク岩

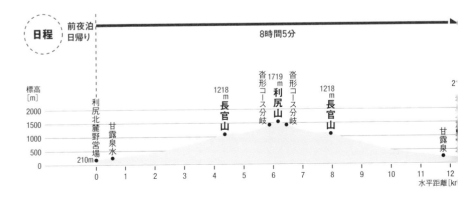

まだ遠く感じられる。息を整え、気を引き締めて再出発しよう。

　尾根上を緩く下って避難小屋を過ぎ、その先で左に大きく進路を変えると再び斜度が増してくる。左手のお花畑はイブキトラノオやシュムシュノコギリソウが咲く一方、右手は大きく崩壊してえぐれている。固有種のリシリヒナゲシはこんな場所を好むが、近年は数が減っているようだ。

　やがて九合目の標柱が現れ、最後の正念場となる。花と展望に元気をもらい、崩れやすい足もとに注意しながら一歩一歩確実に登っていこう。特に沓形コース分岐から先は登山道の浸食が激しく歩きにくい。懸命の整備が続いているが、登山者も道をいたわる気持ちを忘れずに。

　利尻山の山頂は孤高の山にふさわしい展望が待っている。四方に広がる裾野の先に真っ青な日本海が広がり、条件がよければサハリンも見える。ただし、周囲は切れ落ちているので滑落などしないよう充分に注意したい。

　下山は往路を戻る。深田久弥も書いているように思いのほか長いので、あせらず自分のペースを守りながら下っていこう。

その他のコースプラン

　沓形コースは車道の終点、見返台園地が起点。三眺山（九合目）までは鴛泊コースと同様、登るほどに斜度が増してゆくたんたんとした道で特に問題となる場所はない。しかし、そこから先は「背負子投げの難所」の岩場、「親不知子不知」のガレ場トラバース、ロープのかかった急登など難所が続く。初心者のみのパーティや悪天時は避けるのが無難だ。所要時間は登り3時間50分、下り2時間35分。下山に使う場合は見返台園地にタクシーを予約しておくとよい。

文・写真／長谷川 哲

問合せ先
［市町村役場］利尻富士町役場（利尻山避難小屋も）☎0163-82-1114、利尻町役場（利尻山見晴台避難小屋も）☎0163-84-2345
［交通機関］宗谷バス☎0163-84-2550、富士ハイヤー☎0163-82-1181、りしりハイヤー☎0163-84-2252

アクセス
利尻島へは稚内からハートランドフェリー（所要1時間40分）を利用するのが一般的だが、札幌（丘珠）、新千歳空港から空路も利用できる。利尻島内では多くの宿が港や登山口への送迎を実施している。島を一周する路線バスも運行しているが、各登山口へのアプローチはタクシーか徒歩に限られる。鴛泊港〜北麓野営場は徒歩で行き約1時間、帰り50分ほど。

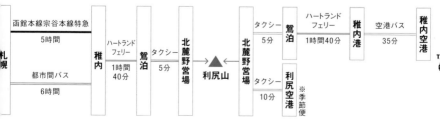

↑利尻空港

栄町

鴛泊⊗

利尻空港、沓形へ　105

ペシ岬　礼文島・香深へ

鴛泊港　ハートランドフェリー　ハートランドフェリー　稚内へ

フェリーターミナル

利尻富士温泉♨

🛆利尻山神社

ファミリーキャンプ場
ゆ〜に

108　姫沼展望台●　先脇へ

姫沼

サイクリングロード

鴛泊から
徒歩約1時間
（逆コース50分）

ハイキングコース

P WC

利尻北麓野営場◯
210m P WC

ボン山
444▲

小ボン山
▲413

ボン山・姫沼探勝路

三合目

甘露泉水◯

四合目

鴛泊コース

北 海 道
利尻富士町

2.40
2.10

五合目

六合目
第一見晴台

トイレブース

七合目

第二見晴台

長官山（八合目）
▲1218

トイレブース

利尻岳避難小屋🏠

親不知子不知の斜面。
岩崩れに注意。
7月上旬まで雪渓が残る

携帯トイレブース

九合目

1.00
1.20

沓形コース分岐

0.20
0.15

利尻町

トイレブース

430m
見返台園地
P WC

旧登山道へ

沓形へ

下りる際は
現状要確認

0.50
1.10

合見晴台避難小屋

沓形コース

0.50
1.20

トイレ
ブース

北峰
▲1719

0.40
1.00

利尻山（利尻岳）
山頂の周囲は
急な崖

夜明かしの坂

1461▲
三眺山

背負子投げの難所。
岩場・ガレ地が続く。
三眺山より上部は
経験者向き

南峰
▲1721

西壁

ローソク岩

仙法志稜

2

羅臼岳
（らうすだけ）

山頂手前のお花畑

コースグレード｜中級

技術度｜★★★☆☆ 3

体力度｜★★★☆☆ 3

標高 1661m

世界自然遺産に
認定された色濃い自然を
五感で感じながら、
知床連山の最高峰をめざす

オホーツク海に角のように飛び出した知床半島。羅臼岳は全長約60kmの半島中ほどに位置し、いくつも連なる山々の最高峰だ。短い距離で海から稜線へと駆け上がる森には、ヒグマを頂点とする多様な生態系がうごめき、登山者は随所でその片鱗に触れることとなる。登山道はウトロ側の岩尾別温泉からと羅臼側から1本ずつあり、さらに連山を越えて硫黄山へ続く縦走路ものびている。

100
Mountains of Japan

深田久弥と羅臼岳

海に面した知床半島、とりわけ羅臼の夏は天候が安定しにくい。8月下旬に訪れた深田もまた、宿で4日間停滞するも羅臼岳の姿を見ることができず、その後の登山でも霧に包まれて何も見えなかったと記している。ルートは以前から道のあったウトロ側ではなく、開削されて5年ほどの羅臼側の登山道をとった。また、文末でその後の羅臼の賑わいに触れているが、深田が訪れた翌年（1960年）に森繁久彌主演の映画『地の涯に生きるもの』が撮影・公開され、その後の知床ブームへとつながっていった。

知床五湖から望む、羅臼岳、三ッ峰、サシルイ岳（右から）

　ガイドに先立ち、ヒグマ対策について触れておきたい。一般的にヒグマは人間を避けるとされるが、知床では人慣れして逃げない個体が増えている。コース上どこにでもいると考え、熊鈴やホイッスルなどの鳴り物を使って人間の存在を知らせよう。出会った場合は背中を見せて逃げたりせず、かといって挑発もせず、静かに後退りしてその場を立ち去る。状況により登山中止もやむを得ない。また、においの強い食料を避け、その管理にも細心の注意を払うこと。これらは、あとから来る登山者のためにも大切なことと認識してほしい。

　岩尾別温泉のホテル地の涯の右横を入っていくと、ログハウスの山小屋、木下小屋

があり、その前が登山口となっている。木下小屋は温泉露天風呂もある管理人常駐の素泊まり小屋で、前夜泊に便利だ。

　急斜面を折り返して尾根に乗ったら、緩急つけながらこれをたどる。樹林帯の道は見通しがきかず、途中のオホーツク展望や

大沢は例年7月中旬頃まで雪が残る

650m岩峰も期待するほどの展望はない。

　左手に知床連山の一部が見え隠れし、沢の気配を感じると**弥三吉水**の水場だ。この先の水場は時期により不確実になるので、ここで充分に補給していこう。しばらく極楽平と呼ばれる平坦な区間が続いたあと、一変してジグザグの急斜面が現れるが、それも長くは続かない。登りきったところが銀冷水の水場で、携帯トイレブースも設置されている。

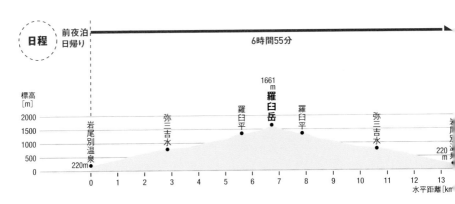

日程 前夜泊 日帰り

6時間55分

標高[m]

| 岩尾別温泉 220m | 弥三吉水 | 羅臼平 | 1661m 羅臼岳 | 羅臼平 | 弥三吉水 | 岩尾別温泉 220m |

水平距離[km]

ここから山腹を巻くように左に回りこみ、大沢（おおさわ）へと入っていく。例年7月中旬頃まで雪渓が残り、特に下山時は滑落に注意したい。一方、雪解け後は次々と花が咲く。次第に斜度が緩くなり、右手に羅臼岳の山頂部が大きく見えてくれば広々とした**羅臼平**である。

左に硫黄山（いおうざん）方面への縦走路を分け、木下弥三吉レリーフを過ぎた先で羅臼コースと山頂への道を分ける三叉路となる。これを右に入り、ハイマツの原を緩く登っていくと、大きな岩から水が滴る岩清水（いわしみず）。ここを境に大きな岩が積み重なる斜面となり、山頂まではペンキ印を見落とさぬよう慎重に登っていく。

待望の**羅臼岳**山頂からは知西別岳（ちにしべつだけ）から海別岳（うなりべつだけ）、斜里岳（しゃりだけ）へと続く半島基部の山々、振り返れば両側を海に挟まれた硫黄山への山並みが続く。右には想像以上に近く大きな国後島（くなしり）。その最高峰、爺爺岳（ちゃちゃだけ）まで見えれば

最高だ。

「地の果て」の絶景を目に焼き付けたら、往路を戻ることにしよう。

深田久弥もたどった羅臼コースは利用者が少なく静かで変化に富んだ登山ができる。しかし遅くまで急で大きな雪渓が残り、滑落の危険があるとともに迷いやすい。所要時間も登り6時間、下り4時間20分と長く、上級者向き。

硫黄山方面への縦走もまた、一面のお花畑に大小の湖沼、さらに荒々しい火山地形など魅力にあふれている。三ツ峰（みみねふた）、二ツ池、第一火口のキャンプ指定地を利用し、1〜2泊で歩くのが一般的だ。ただし、二ツ池から先は不明瞭だったり崩壊気味の場所が多くなり、事故も少なくない。やはり上級者向けである。また硫黄山登山口〜カムイワッカ湯の滝間の通行は、道オホーツク総合振興局に事前申請が必要となる。

文・写真／長谷川 哲

アクセス

本州方面から女満別空港を利用してウトロに入るには、空港発の斜里バス「知床エアポートライナー」が便利。中標津から阿寒バスで羅臼を経由しても行ける。ウトロから登山口の岩尾別温泉へはタクシーを利用する。車の場合、登山口の駐車場は台数が限られ、満車の場合はマナーを守りながら路上駐車する（ホテル地の涯の駐車場は宿泊者専用）。

| 函館本線・石北本線特急 5時間20分 | 網走 | 釧網本線普通 40分 | 知床斜里 | 斜里バス 50分 | ウトロ | タクシー 20分 | 岩尾別温泉 | ▲ 羅臼岳 | 岩尾別温泉 | 334 93 ほか 13km | ウトロ | 244 334 77km | 網走 | 39 64 20km | 女満別空港 |

都市間バス 7時間15分　札幌

- •344
- 93 岩尾別温泉
- •413
- 220m
- ホテル地の涯
- 木下小屋
- P WC
- オホーツク展望 •669
- •1008
- •833
- 二ツ池キャンプ指定地
- •1029 1351
- フードロッカーあり。
- 水は要煮沸
- オッカバケ岳 1450
- 559
- 1.30
- 650m岩峰
- 岩尾別温泉コース
- 362•
- 弥三吉水
- •864
- 1319
- 硫黄山やカムイワッカの滝へと
- 続く縦走コース（羅臼平から
- カムイワッカ湯の滝へ約7時間30分）
- サシルイ岳 ▲1564
- 三ツ峰キャンプ指定地
- フードロッカーあり
- 極楽平
- 銀冷水
- トイレブース
- 1.30
- 1.15
- •1136
- 1367
- 北海道
- 斜里町
- 遅くまで
- 雪渓が残る
- •518
- •1099
- 羅臼平
- 少量
- 岩清水
- ▲1509 三ツ峰
- フードロッカーあり
- 羅臼町
- •1066
- 羅臼岳 ▲1661
- 1.00
- 0.40
- •1005
- •1155
- 羅臼コースはあまり整備されていない
- （羅臼温泉～羅臼平間約5時間）
- 泊場 •893
- •1026
- •1066
- 334
- N
- 0 1km
- 1:50,000
- •629
- •627
- •833
- •937
- •956
- 羅臼温泉へ

2万5000分ノ1地形図　知床五湖、知床峠

硫黄山など知床半島北部の山々を山頂から望む

問合せ先
［市町村役場］斜里町役場℡0152-23-3131、知床斜里町観光協会℡0152-22-2125、知床自然センター℡0152-24-2467、北海道オホーツク総合振興局℡0152-41-0726
［交通機関］斜里バス℡0152-23-3145、ウトロ観光ハイヤー℡0152-24-2121、阿寒バス℡0153-73-4370
［山小屋］木下小屋℡0152-24-2824

斜里岳
（しゃりだけ）

見て美しく、登れば変化に
富むコース展開が楽しい。
山頂からは真っ青な
オホーツク海の展望が

千島火山帯に属する古い火山。大きく裾野を広げた秀麗
な姿は、知床連山と阿寒の山々の間にあって存在感も抜
群だ。山麓の斜里町や清里町側からは独立峰のように見
えるが、登ってみると意外なほど地形は複雑で、登山コー
スにも変化をもたらしている。登山道は大半の人が利
用する清里町側の旧道・新道のほか、斜里町側からダイ
レクトに山頂をめざす三井（玉石ノ沢）コースがある。

登山口に立つ清岳荘

コースグレード｜**中級**

技術度｜★★★☆☆ 3

体力度｜★★★☆☆ 3

100
Mountains of Japan

深田久弥と斜里岳

こと道内の山に関していえば、深田は「晴れ男」とは言い難かったようだ。
ここ斜里岳でも山頂は濃い霧に包まれ、1時間ほど晴れ間を待つもついぞ
展望に恵まれなかった。しかし、山麓の清里町駅から見たその山容は感動
的だったらしく「天は私たちのために快く晴れて」と記している。登山の
行程は現在の斜里岳登山とほぼ同じ。登山口の清岳荘（焼失前の古い小屋。
現在の清岳荘より奥にあった）に前泊し、いくつもの滝を楽しみながら旧
道経由で登頂。下山は新道をとっている。

新道コースの熊見峠から斜里岳（左）を振り返る

　清岳荘の横から樹林帯の歩道を経由して一ノ沢沿いの林道に入る。10分ほどで焼失した旧清岳荘のあった林道終点となり、そこから登山道がはじまる。右へ左へと徒渉を繰り返しながら上流へと向かうが、通常は登山靴のまま飛び石づたいに渡ることができる。水に濡れた岩も思いのほかグリップが効く。

　やがて新道との分岐、**下二股**に着く。ここまでの行程に不安を感じるようであれば新道を往復した方がよい。旧道はそのまま沢に沿って進み、傾斜が増すとともに次々と滝が現れる。水蓮ノ滝、三重ノ滝、羽衣ノ滝などそれぞれ命名され、横切ったり高巻いたりしながら沢登り気分で遡っていく。

プランニング＆アドバイス

メインルートは清岳荘をベースとする清里コース。途中で沢沿いの旧道と尾根道の新道に分かれ、本書も含めて「登り＝旧道、下り＝新道」で紹介されることが多い。しかし旧道は徒渉や高巻きを繰り返す沢登り的なコースのため、増水時や沢慣れしていない人は新道の往復をすすめたい。なお、地元では旧道は上り専用とし、下山に使わないよう呼びかけている。登山適期は6月下旬から清岳荘が営業終了する9月下旬が目安。

　実に爽快かつスリリングな時間だが油断は禁物、足もとをよく見て転倒や滑落に注意を。また多人数の場合は徒渉や高巻きに時間を要することも覚えておきたい。

　ナメ状の流れのきわを登る七重ノ滝を過ぎると徐々に水量は減り、新道が合流する**上二股**に着く。ダケカンバとミヤマハンノキの灌木帯からなる源頭を過ぎ、視界が開けた急斜面のザレ場をジグザグに切って登った場所が稜線上の鞍部、**馬ノ背**だ。背後遠くには特徴的な阿寒岳が見えている。

沢沿いを歩く旧道コースにある羽衣ノ滝

　コースは左に折れ、山頂に向けて最後の急登となる。滑りやすい足もとに注意しながらミヤマオダマキやエゾカンゾウなどが咲く中を登り、祠のある小ピークを越えれば**斜里岳**の山頂はもう指呼の間だ。オホー

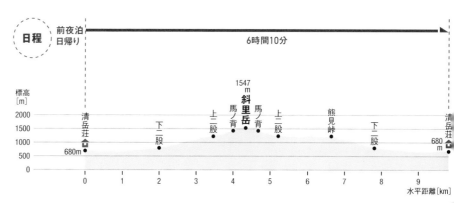

日程　前夜泊 日帰り

6時間10分

標高 [m]

清岳荘　680m　下二股　上二股　馬ノ背　1547m 斜里岳　馬ノ背　上二股　熊見峠　下二股　清岳荘 680m

2000
1500
1000
500
0

0　1　2　3　4　5　6　7　8　9

水平距離[km]

山頂直下から知床半島方面の山々を望む

ツクの海岸線から続く知床連山や国後島、モザイク模様を成す広大な農地など、展望は見飽きることがない。

　下山はスリップに注意しながら上二股まで下り、新道に入る。すぐに分岐する竜神ノ池は澄んだ水が湧く小さな池。再び新道と合流できるので寄ってみるといい。

おすすめの撮影ポイント

旧道に連続する滝は、規模こそ小さいがそれぞれ個性的。展望が開けてくるのは馬ノ背から。山頂手前は知床連山や国後島を背景にしたお花畑の写真が撮れるが、足もとが悪いので充分に注意を。山頂は360度の大展望。新道は1250mコブ、ならびに熊見峠からの山頂方面の眺めがよい。

山腹をトラバース気味に進み、1250mコブからは展望のいい尾根上の道となる。**熊見峠**で山頂や歩いてきた道を見納め、北東に派生する支尾根に入る。曲がりくねったダケカンバは頭をぶつけやすいので要注意。やがてその支尾根とも別れ、急斜面を一気に下って**下二股**へ。

　あとは往路をたどる。

その他のコースプラン

　斜里町側の豊里登山口からスタートする三井コースは別名・玉石ノ沢コースとも呼ばれる。その名の通り、前半は玉石を敷き詰めたような涸れ沢をゆき、途中から尾根（北西尾根）に取り付いてそのまま山頂へと登り詰める。後半は迫力ある北壁を望みながらの展望のいいコースで、クサリ場や岩稜帯もある。所要時間は登り3時間、下り2時間20分と、ここで紹介した清里側からのコースと大差ないが、標高差は200mほど大きい。登山口へのアプローチがややわかりにくいのが難。

文・写真／長谷川 哲

アクセス
清岳荘へは清里町市街からタクシーを利用するのが一般的。以前あった「斜里岳登山口」バス停（清岳荘手前約8km）への路線バスは廃止になった。車の場合は清里町周辺の国道、ならびに要所に標識あり。清岳荘駐車場は駐車料金100円、車中泊は1台520円。

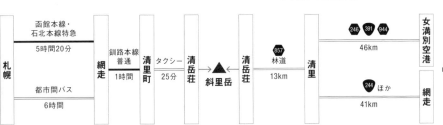

•653

豊里登山口へ

•877   893•

玉石ノ沢

三井（玉石ノ沢）コース

3.00
2.20

斜里町

800

清里市街

素泊まり
清岳荘

857

P WC
680m

887•

北 海 道
清里町

1138•

600

700

1.00
0.50

829•

1075•

800

900

1000

•752

林道終点
（旧清岳荘跡）

清里コース

仙人洞

徒渉を
繰り返す

1282•

1100

1200

1300

1400

斜里岳
1547
▲ △1536

急なガレ場

0.25
0.15

祠のある小ピーク

馬ノ背

下二股

1009•

旧道
羽衣ノ滝

急な下りが続く

上二股まで
小滝の連続

1.20
1.00

1417•

上二股

0.35
0.25

滝神ノ滝

トイレブース

0.40
1.00

1250

0.40
0.50

熊見峠

新道

•1256

好展望の尾根歩き

N

0   500m

1:25,000

2万5000分ノ1地形図　斜里岳

問合せ先
［市町村役場］清里町役場☎0152-25-2131、
きよさと観光協会☎0152-25-4111
［交通機関］清里ハイヤー☎0152-25-2538
［山小屋］清岳荘☎0152-25-4111（きよさと観光協会）

4

阿寒岳

あかんだけ

固有種の
メアカンフスマ

| コースグレード | 初級 |

技術度｜★★☆☆☆　2

体力度｜★★☆☆☆　2

※雌阿寒岳、雄阿寒岳とも

久弥が登った雄阿寒、より高い雌阿寒──山名はひとつでも異なる2座。迷ったら両方トライ！

「阿寒岳」と紹介されているが、雄阿寒岳と雌阿寒岳は阿寒湖を挟んで向き合う別の山。百名山の中でこうした選定はこの山だけだ。しかし湖畔に立って眺めてみれば、確かに対を成してこその名山と感じさせる風格がある。登山者が多いのは標高が高い割に比較的簡単に登れる雌阿寒岳。対して雄阿寒岳は山裾にたたずむ湖と山頂からの展望が魅力。下山後は阿寒湖周辺の温泉や観光も楽しみ。

100
Mountains of Japan

深田久弥と阿寒岳

深田は異なる2座をひとつの山として選んだ理由については、特に触れていない。双方とも登るつもりで阿寒を訪れたが、雌阿寒は火山活動中で願い叶わず、登山口付近（現在の阿寒湖畔コースと思われる）まで行って引き返している。雄阿寒岳はオクルシュベコース（廃道化）を登り、現在の阿寒湖畔からの登山道を下った。ちなみに昨今、阿寒岳、斜里岳、羅臼岳の3座は、1回の山行で続けて登る人が多いが、深田もまた同様の登り方をしている（日程には余裕があったようだが……）。

オンネトーからの雌阿寒岳（左）と阿寒富士

荒涼とした雌阿寒岳山頂。背景は雄阿寒岳と阿寒?

日帰り コース① 雌阿寒岳

歩行時間：3時間35分｜歩行距離：7.1km

　雌阿寒温泉の公共駐車場から道道を阿寒湖方面に200mほど戻ったところが雌阿寒岳の登山口。歩きはじめてしばらくは見ごたえあるアカエゾマツの天然林が続き、林床にはしっとりしたコケが美しい。

　三合目を過ぎると早くもハイマツが現れ、両側からトンネル状にかぶさった中を登っていく。足寄や津別方面の展望が開けてきた地点で斜度が緩み、左にトラバース。その先で岩が露出した大きな沢形を横切る。

　にわかに傾斜が増したハイマツと岩の斜面を登ると、背後に青い瞳のようなオンネトーが見えてくる。阿寒一帯は大きな山が少なく、樹海の広がりが北国らしさを感じさせる。同時に種類は限られるが高山植物も姿を見せはじめ、イワブクロやガンコウラン、メアカンキンバイ、固有種のメアカ

ンフスマなどが目を楽しませてくれる。

　やがてハイマツも姿を消し、八合目から?は赤茶色くガレた急斜面をジグザグに登?ようになる。息が切れるがここが最後の?張りどころ。登りきると目の前に雌阿寒?本峰のポンマチネシリ火口が大きく口を?け、轟音とともに噴出するガスと不気味?色をした赤沼が見える。「血の池地獄」?でも呼びたくなる、一瞬たじろぐ光景だ。

登山口の山の宿野中温泉。立ち寄り入浴可

プランニング＆アドバイス

所要時間だけを見れば1日で2座という強行も不可能ではないが、雰囲気のまったく違う山だけに素直に1日1座でじっくりと登りたい。雌阿寒岳は雌阿寒温泉（野中温泉）およびオンネトーを起点に往復、または周回する人が多い。特に危険箇所はないが、火山活動に伴う規制は事前に確認を。サブコースの阿寒湖畔コースは人が少なく静かな登山を味わえる。雄阿寒岳も特に危険箇所はない。どちらの山も途中に水場はない。登山適期は6月中旬から10月上旬。

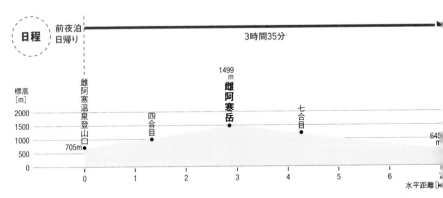

阿寒岳八合目〜九合目間のガレ場を行く

あとは火口の縁を時計回りにたどれば**雌寒岳**の山頂に着く。中マチネシリ火口と剣ヶ峰、阿寒湖、雄阿寒岳の展望がいい。

オンネトーへの下山は火口に沿うように降りやすくザレた道を下っていく。阿寒富士に寄る場合は八合目分岐を左前方へ向かい、コルから火山灰の急斜面を登り返す。

直接下山する場合は分岐をトラバースするように右に入って**七合目**方面へ。オンネトーが見えてくるとハイマツ帯となり、さらに針葉樹林へと入る。緩急つけながら下っていけば**オンネトー登山口**だ。

その他のコースプラン

阿寒湖畔コースは東側から山頂をめざすいにしえのルート。部分的にハイマツがか

おすすめの撮影ポイント

阿寒岳は四合目付近から展望が開けてくる。山頂一帯は活動中の大小の火口やその背後に控える阿寒、雄阿寒岳、阿寒富士など、どちらを向いても絵になる景色。雄阿寒は序盤の太郎湖・次郎湖、八合目付近からの阿寒湖と雌阿寒、さらに山頂からのペケトーとパンケトーなど。山麓からはオンネトーらの雌阿寒＆阿寒富士、阿寒湖畔からの雄阿寒が一番。深田が文末で触れた両山を遠望する双岳台は、寒湖から国道241号を弟子屈方面に約16km。

ぶっているが概ね道はよく、所要時間は往復4時間40分ほど。ただしタクシーが入らないので、アクセスは車限定となる。さらに阿寒湖からスキー場、白湯山を経由して本コースにつなぐこともできる。こちらは達成感も大きい往復10時間ほどの行程だ。

日帰り コース② 雄阿寒岳
歩行時間：5時間30分 | 歩行距離：11.5km

滝口バス停から登山口に入り、古い水門を渡って阿寒湖畔を進む。ほどなく現れる2つ目の水門は阿寒川の水源になっており、流れに沿って太郎湖へと下る。しばし湖畔をたどったのち、薄暗い針葉樹林へ入り緩く登っていく。途中で分岐する次郎湖は、朝は日陰なので帰路に寄るといいだろう。

一合目の標識を過ぎると徐々に斜度が増してくるが、まだ序の口である。この山の核心部は三合目から五合目までの間で、見通しの利かない急登がえんえんと続く。特に四・五合目間はひときわ急で、さらに合目の間隔が妙に長い。実際、この間だけで全行程の4分の1ほどの標高差を稼いでいる。針葉樹はいつしかダケカンバに変わり、

国道241号双岳台からの雄阿寒岳と雌阿寒岳（左奥）

見ごたえある大岩などもあるが、黙々と登っていると気がつかないかもしれない。

　ようやく着いた**五合目**は、実質的に八合目相当の標高がある。平坦な台地から目前の急斜面に取り付くが、大きく折り返しながら登るので先程のような苦しさはない。ハイマツ帯に入り、左に1355mピークを

雄阿寒岳山頂からのペンケトー、パンケトー（左）

雄阿寒岳五合目まではひたすら急登が続く

見ながらザレた斜面を登っていくと、にわかに展望が開け、阿寒湖から雌阿寒岳が見えてくる。ここまで頑張ったごほうびといったところだ。

　八合目の気象観測所跡地（深田が登った時はまだ小屋が残っていた）を過ぎ、小さなコルを経てザレ場の斜面を登ると**雄阿寒岳**山頂に着く。神秘の湖、ペンケトーパンケトーを俯瞰し、さらに屈斜路湖や斜里岳、知床までも遠望する爽快なピークだ

文・写真／長谷川 哲

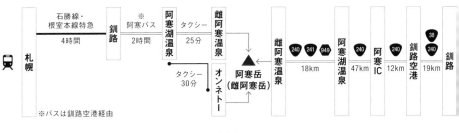

問合せ先
［市町村役場］釧路市役所☎0154-23-5151、阿寒観光協会まちづくり推進機構☎0154-67-3200、足寄町役場☎0156-25-2141、あしょろ観光協会☎0156-25-6131
［交通機関］阿寒バス☎0154-37-8651（路線バス・都市間バスとも）、阿寒ハイヤー☎0154-67-3311

アクセス
雌阿寒岳　登山基地となる阿寒湖温泉へは、釧路からの路線バスのほか、釧路と北見を結ぶ都市間バス「特急釧北号」（要予約）も利用できる。そこから登山口の雌阿寒温泉までは18kmほどあり、オンネトーとともに交通機関はタクシーか車に限られる。どちらも広い公共駐車場がある。オンネトー〜雌阿寒温泉間は徒歩約1時間

雄阿寒岳　登山口の最寄りバス停は「滝口」だが、阿寒湖畔から歩いても4kmほどだ。登山口の駐車場は10数台分しかなく、満車時は500mほど釧路寄りに進んだ国道沿いの駐車場を利用する。

国道241号、阿寒湖温泉、足寄へ

768• 登山口
705m
アカエゾマツの純林

P WC 雌阿寒温泉
738• 945
新道

四合目

•873
三合目
雌阿寒温泉コース

1.00
0.40
八合目

阿寒岳

•734
北海道
足寄町
メアカンフスマ、
メアカンキンバイが
見られる

阿寒湖畔コース

雌阿寒岳
▲1499

赤沼
展望よい
青沼

マイカー利用で周回する場合は
この道をたどる

雌阿寒岳登山口、阿寒湖へ

1.25
0.40

オンネトー
国設野営場
P WC
645m
オンネトー登山口

669•

オンネトーコース

1.10
2.00

八合目分岐

七合目
コル

踏跡あり

釧路市

アカエゾマツ、
ハクサンシャクナゲなど

•944

0.05
1.30
0.20

▲1476

阿寒富士
白糠町

N
0   500m
1:35,000

2万5000分ノ1地形図　雌阿寒岳

ハイマツ
1355•
八合目
雄阿寒岳
▲1370

オクルシュベコース（廃道）分岐
1209•
気象観測所跡

阿寒岳

北海道
釧路市

五合目

•483

•743

急坂の連続

•775

•531

三合目

•873

•708

一合目

•603

阿寒湖

二合目

エゾマツ、トドマツの森

一合目
次郎湖

川沿いの道
滝口バス停 WC
443•
415m
P

太郎湖

240

•706

•482

釧路市街へ

阿寒湖温泉へ

N
0   500m
1:35,000

2万5000分ノ1地形図　雄阿寒岳

大雪山

<small>たいせつざん</small>

ホソバウルップソウ

コースグレード	中級

技術度 ★★★☆☆ 3

体力度 ★★★☆☆ 3

雄大な溶岩台地、
見渡す限りのお花畑。
北海道らしい圧倒的な
スケール感を存分に楽しむ

大雪山は北海道最高峰の旭岳や北鎮岳、白雲岳など複数のピークからなる山群の総称。その魅力は文人・大町桂月の名言「富士山に登って、山岳の高さを語れ。大雪山に登って、山岳の大（おおい）さを語れ」に集約される。雄大な地形、種類豊富で大規模な高山植物群、ヒグマを頂点とする高密度な野生生物──どれだけ歩いても飽きない深みがある。ぜひ自分だけの大雪山を見つけてほしい

<small>100
Mountains of Japan</small>

深田久弥と大雪山

先に大町桂月の言葉をあげたが、深田もまたより具体的かつ的確な一文で大雪山を讃えた。「内地へ持ってきたら、それ一つだけでも自慢になりそうな高原が、あちこちに無造作に投げ出されている。この贅沢さ、この野放図さが、大雪山の魅力である」と。行程は旭岳から裾合平、沼ノ平を経て愛山渓温泉に下り、そこから北鎮岳、黒岳、さらに烏帽子岳から赤岳へと至った。時期は紅葉の頃。彷徨と呼んでもいいようなコース取りは、今では歩けない山も含まれており、さぞ充実したものだったに違いない。

姿見の池からの噴気あげる地獄谷と旭岳を見る

ロープウェイの **姿見駅** を出たら遊歩道を右に入る。ハイマツとお花畑の中を緩く登っていくと、ほどなく姿見の池に出る。噴気と旭岳を投影する湖面はなかなかの見応えだ。傍らの **旭岳石室** は緊急時以外宿泊禁止になっている。

ここからは殺風景な火山礫の斜面をたんたんと登り続ける。とはいえ展望はよく、登るに従って広がる十勝連峰からトムラウシ山方面の山並みが元気をくれる。振り返れば眼下に姿見の池や石室が小さく、あとに続く登山者が点々と蟻のよう。踏み跡は時に何本か錯綜し、視界が悪い時はまぎらわしい。特にここを下山に使う場合は、南斜面に入りこみやすいので注意を。

2065mの八合目を過ぎ、岩稜に沿って登っていくと真四角の大岩・ニセ金庫岩が現れる。S字を切るようにカーブす

中岳分岐付近からの御鉢平（御鉢内は立入禁止）

ると今度は本当の金庫岩。以前は迷いやすい場所だったが、今はガイドロープが張ってある。あとは目の前の斜面をつめれば北海道の最高点、**旭岳** の山頂だ。

展望を満喫したら山頂をあとに東斜面へ入り、キャンプ指定地になっている熊ヶ岳との鞍部へ向かう。急でザレた道は途中から雪渓となり滑りやすい。視界不良時は必ずコンパス等で方角を確認のこと。鞍部から

プランニング＆アドバイス

百名山ハンターの中には旭岳だけを登り「大雪山登頂」とする人も多いようだが、本書では深田の感動のサワリだけでもという気持ちをこめて裾合平経由の周回を紹介する。ロープウェイ等のおかげで入山しやすい山だが気象環境は中部山岳の3000m級の稜線とほぼ同じで、途中に避難できる場所もない。旭岳は視界不良時に道を見失いやすく、実際に遭難も少なくない。人が多いからと安心しないこと。登山適期は7月上旬〜9月下旬が目安。

旭岳山頂。北海道最高点だけに展望は抜群

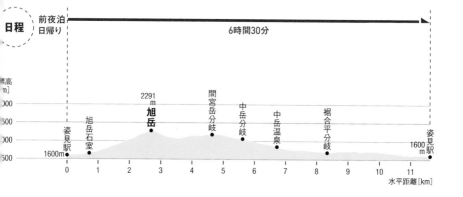

熊ヶ岳の外輪山をかすめ、広い台地上を行くと**間宮岳分岐**となるのでこれを左折する。

　右に見えてくる御鉢平は3万年ほど前に形成されたカルデラで、太古は湖だったという。**中岳分岐**でその殺伐とした景色と別れ、広い尾根を**中岳温泉**に下る。河原に湧く熱く濃い源泉は最高に気持ちいいが、周囲の視線が気になる人は足湯で我慢を。

　ここから沢沿いに下っていけば裾合平の入口で、見渡す限りのお花畑が迎えてくれる。なかでもチングルマの群落は圧巻のひと言で、日本一といっても過言ではない。皆が足を止めカメラを向けるところだが、くれぐれもコースから外れないこと。食事などは**裾合平分岐**のベンチを利用しよう。

　分岐からは旭岳の山裾をトラバースしながら**姿見駅**に戻る。意外とアップダウンがあるので、途切れることなく続くお花畑や、初夏に姿を現す「白鳥の雪渓」などを見ながら、のんびりと戻ることにしよう。

問合せ先
［市町村役場］東川町役場☎0166-82-2111、上川町役場☎01658-2-1211
［交通機関］旭川電気軌道（バス）☎0166-23-3355、大雪山旭岳ロープウェイ☎0166-68-9111、東交ハイヤー☎0166-82-2530、ちどりハイヤー☎0166-83-2645

アクセス
旭岳温泉は人気観光地でもあり、JR旭川駅からも旭川空港からもアクセスはいい。空港からは人数がまとまればタクシーも早い。車は無料の公共駐車場はすぐに満車になるので、その場合はロープウェイ駅前の有料駐車場に停める。

おすすめの撮影ポイント

まずは姿見の池越しの旭岳（朝は強烈な逆光）。木のない山なので終始展望はよく、登るほどに十勝連峰から東大雪の山が開けてくる。山頂は360度の展望。裏旭から熊ヶ岳にかけては花がきれい。御鉢平は中岳分岐付近からよく見渡せる。最大の見どころは裾合平のお花畑で、見頃は（年により前後するが）例年7月中旬頃。またその頃、裾合平分岐付近から旭岳に「白鳥の雪渓」が現れて話題になる。

その他のコースプラン

深田の山旅を再現するコース。前述の裾合平分岐から当麻乗越経由で沼ノ平へ。池塘と湿原が織りなす天然の庭園だ。愛山渓温泉は今も静かな山間の一軒宿。2日目は安足間岳に登り返し、比布岳、北鎮岳方面へ、比較的人が少なく、荒々しい景観とお花畑を独占した気分で歩ける。続く雲ノ平は裾合平に負けず劣らずのお花畑。黒岳から層雲峡温泉に下ってもよいが、余裕があればさらに黒岳石室に1泊しよう。北海岳、白雲岳、赤岳と巡って銀泉台に下山すれば、大雪山の主要な山をほぼ歩いたことになる。

文・写真／長谷川哲

大雪山第二の高峰・北鎮岳（比布岳付近から）

新千歳空港	千歳線快速・函館本線特急 2時間10分	旭川	旭川電気軌道バス 1時間45分	旭岳温泉	旭岳ロープウェイ 10分	姿見
		旭川空港	旭川電気軌道バス 57分			

大雪山

姿見	旭岳ロープウェイ 10分	旭岳温泉	294 1160 51km	旭川鷹栖IC	道央道 125km	札幌
			1160 ほか 38km	旭川空港		

国道39号、上川駅へ

雲井ヶ原湿原

松仙園登山口

見晴橋

愛山渓温泉　愛山渓ヒュッテ
1010m　愛山渓倶楽部
P WC

三十三曲り分岐　三十三曲り分岐～滝の上分岐間
通行止め

反時計回りの
一方通行

愛別岳
2113

1.30
1.00

沼ノ平分岐

3.20
2.20

永山岳
•1978

安定間分岐　愛別岳
お花畑

八島分岐
滝の上分岐
0.20

松仙園

銀明水

比布岳
2197

1.50

沼ノ平

2194
安定間岳

東川町

当麻岳

1.10
0.40

当麻乗越

小塚
大塚

中岳温泉
施設なし

0.30
0.50

1.00
1.10

裾合平分岐

裾合平

0.40
0.50

吹きさらしの尾根道

0.30
0.40

中岳分

1.50
2.00

噴気活動展望台

金庫岩は地獄谷側

大雪山

裏旭キャンプ
指定地

間宮岳
2185

熊ヶ岳

第3展望台

姿見駅
1600m
WC

旭岳
地獄谷
2291

北海道最高点

後旭岳
•2216

1.00
1.30

大雪山旭岳ロープウェイ

旭岳駅

P

WC

旭岳ビジターセンター

旭岳温泉

0.20
0.10

旭岳石室
WC
携帯トイレブース

金庫岩
八合目

1.40
1.00

1900
2000

2100

雪渓が残りやすい。
下り注意

ニセ金庫岩

旭平

1700
1800

砂礫地の
尾根歩きが続く

第一天女ヶ原

第二天女ヶ原

1500

1600

裾平

旭岳キャンプ場

1400

1300

旭岳青少年野営場

勇駒別

湯の沼

1200

1100

小旭岳
•1654

39

上川市街、旭川へ

層雲峡温泉 P

層雲峡バスターミナル WC

層雲峡・大雪山写真ミュージアム 層雲峡神社

層雲峡ビジターセンター

層雲峡駅

大雪山層雲峡ロープウェイ

紅葉谷

954・

985・

黒岳駅 WC

五合目駅

上川岳 ・1884

1417・

黒岳ペアリフト

黒岳七合目 1510m WC 売店

1279・

七合目登山事務所

0.50
1.30

銀岳 2142

凌雲岳 ・2125

桂月岳 1938 ▲

黒岳 1984 ▲

頂上付近は 高山植物多し

北鎮岳 2244 ▲

0.15
0.30

0.20
0.15

北鎮分岐

WC 黒岳石室

高山植物多し 雲ノ平

1.00
1.30

チングルマの群落

ダケカンバ、 ウラジロナナカマドの 紅葉がみごと

秋はマイカー規制と シャトルバス運行あり

中岳 2113

御鉢平展望台

徒渉

1162

吹きさらしの稜線が続く

烏帽子岳 2072

駒草平 奥ノ平

第一花園

御鉢平

1.10
1.40

北海岳 2149 ▲

有毒温泉 立ち入り禁止

ガス時方向注意

1.00
0.40

第二花園

1.20
1.00

第一花園

銀泉台バス停

銀泉台

赤岳 ▲2079

東平

松田岳 2136 ▲

1.10

五色岳 2038・

第二雪渓

夏はコマクサ

1490m WC P

国道273号、層雲峡へ

荒井岳 ▲

小泉岳 2158

0.30
0.20

第四雪渓

雪渓が残りやすい

・2067 東岳

白雲岳分岐

0.40
0.30

0.10

0.20

平坦な高山帯が続く

北海道 上川町

白雲岳 2230 ▲

雪渓が残りやすい

小鉢平

白雲岳避難小屋 WC

板垣新道 ・分岐

小白雲岳 ・1966

緑岳 ▲2020 (松浦岳)

N

0 1km

1:55000

1340・

1309・

トムラウシ山
（トムラウシ）

<ruby>山<rt>やま</rt></ruby>

コースグレード｜**上級**

技術度｜★★★☆☆ 3

体力度｜★★★★☆ 4

標高
2141m

重量感あふれる山容、
花と湖沼が織りなす
繊細な山上庭園——
まさに大雪山系の盟主

表大雪と十勝連峰の中間に位置する古い火山。その山深さから山麓からも稜線からも遠い存在として眺められるが、他の山と一線を画す風格はさすがといえるだろう。多くの登山者の憧れであるとともに「最後まで残りやすい百名山」のひとつともいわれる。トムラウシ温泉の短縮口から往復する人が多いが、この山本来の魅力を堪能するにはやはり表大雪などと結び縦走するのがいい。

100
Mountains of Japan

深田久弥とトムラウシ山

今は通年で車道が通じるトムラウシ温泉だが、1961年に深田が訪れた時は森林鉄道やトラックを乗り継ぎ、さらに山越えして丸1日を要した。宿もなく河原で幕営している。登路は他の山行記などから察するに、廃道となった旧道を含み概ね現在の夏道に沿ったものだったようだ。霧に包まれた山頂を越えてヒサゴ沼で幕営。翌朝、化雲岳から晴天のトムラウシ山を眺め、天人峡温泉へと下山した。北大山岳部員が同行しているものの、当時の登山道事情などを考えればなかなかの強行軍だったといえよう。

山頂北側の北沼から見たトムラウシ山

カムイ天井付近から眺めた十勝連峰

日帰り 短縮コースからトムラウシ山へ
歩行時間：**9時間30分** ● 歩行距離：**17.5km**

短縮コース登山口から針葉樹林を緩く登っていく。**温泉コース分岐**まではほどよいウォーミングアップといったところだ。なお、トムラウシ温泉から登る場合は公共駐車場前の登山口を入り、温泉コース分岐へ。道はよく整備され歩きやすい。

分岐から緩急ある尾根上をたどる。傾斜が緩み樹間に前トムラウシ山が見えると**カムイ天上**。すぐ先で廃道となった旧道を分け、台地状の広い尾根へと入る。以前はぬかるみがひどかったが、近年、工夫をこらした整備が施され格段に歩きやすくなった。

左前方に十勝連峰を望み、右に折れた先でめざすトムラウシ山の山頂部をチラと見る。その先でカムイサンケナイ川に向けて

プランニング＆アドバイス
ピークハンターの多くはトムラウシ温泉側の短縮口から日帰り往復する。長い行程だけに、早立ちと余裕ある行動を心がけたい。天候変化や体調には細心の注意を払い、不測の事態に備えてツエルトや防寒着などビバーク装備も持つべきだ。健脚者はあえてトムラウシ温泉を起点として達成感を得るのもいいだろう。縦走はテント泊装備が加わるうえ、天候判断やルートファインディングなど総合的なスキルが必要。登山適期は7月上旬〜9月下旬。

急斜面をジグザグに下り、沢沿いにしばらく遡ってコマドリ沢出合となる。

出合から右のコマドリ沢に入るが、7月中は急な雪渓が残るので注意したい。源頭付近で右の灌木帯に入り、すぐに露岩の広い斜面に出てこれを横切る。そこから前トム平までは急な斜面が続くが、徐々に開ける展望、あるいはそこかしこから聞こえるナキウサギの声を励みに頑張ろう。

前トム平ではニペソツ山や石狩岳など東大雪の山々、そして前方の岩尾根越しにトムラウシ山が頭を覗かせる。その岩尾根を越えた先で眼下にトムラウシ公園と名付けられた天然の庭園が広がり、ついにさえぎるものなくトムラウシ山が現れる。美しく、かつ畏れにも似た迫力を感じる瞬間だ。

トムラウシ公園に下って池塘を縫い、登り返してトムラウシ山の裾を巻くように登っていく。周囲は奇岩と残雪、その間を埋

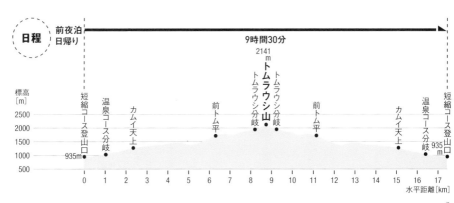

日程 {前夜泊/日帰り

9時間30分

標高[m]

水平距離[km]

夏でも遅くまで雪の残るコマドリ沢

め尽くす花々と、ただ感嘆するばかり……。

やがて、**トムラウシ分岐**のある南沼キャンプ指定地だ。表大雪と十勝連峰を結ぶ縦走路が通じており、山頂へはその少し手前の分岐を右に入る。大岩が累積する複雑な地形はなかなか先が見えないが、ここまで来ればあとひと踏ん張り。最後にひときわ急な斜面をつめれば、**トムラウシ山**の真新しい山頂標が迎えてくれる。大雪山のど真ん中だけに展望はこの上ない。特にそれまで見えなかった表大雪の眺めが感動的だ。

いつまでも感動に浸っていたいが、下山

おすすめの撮影ポイント

まずは前トム平でニペソツ山など東大雪のパノラマが開ける。その先のトムラウシ公園は池塘と岩が絶妙に配された天然の庭園で、夏は大きな雪渓とトムラウシ山を背景に、秋はあざやかな紅葉を狙ってみたい。そこから南沼キャンプ指定地までもチングルマの群落を中心とした庭園風景が続く。山頂からはさえぎるものなく大雪山系の大パノラマが広がる。さらに北沼へと足をのばせば花咲く湖畔と山頂が絵になるが、時間、体力との相談か――。

も長い。トムラウシ公園と新道の登り返しもある。気を引き締め、帰途につこう。

その他のコースプラン

深田の山行を追体験し、天人峡温泉へ縦走してみるのはどうだろう。トムラウシ山から北沼へ下り、ロックガーデンと呼ばれる巨岩帯を通過。ヒサゴ沼で1泊する。避難小屋があるが、緊急時以外はテント泊が基本だ。翌日は花が咲き誇る化雲平から化雲岳へ。そこから雄大な展望の広がる、しかし長い長い尾根道を天人峡温泉へと下る。所要時間は1日目約7時間30分、2日目約6時間。ロックガーデン周辺、化雲岳～小化雲岳間は視界不良時に迷いやすい。

文・写真／長谷川 哲

登山道脇の
ユキバヒゴダイ

問合せ先
［市町村役場］新得町役場 ☎0156-64-5111
［交通機関］北海道拓殖バス ☎0155-31-8811、新得ハイヤー ☎0156-64-5155

アクセス
トムラウシ温泉への北海道拓殖バス（夏期限定）は2021年以降運行未定。東大雪荘宿泊者はJR根室本線帯広駅、新得駅から無料送迎バスあり。それ以外は車かタクシーを利用する。東大雪荘～短縮口間の約8kmの林道も車かタクシーのみ。乗用車で通行可能だが、道は狭く路面はあまりよくない。バス利用者や縦走者はトムラウシ温泉からの登山道を歩く。縦走の場合、異なる入下山口間の代行運転サービス（あーすワン・ワン ☎011-784-0411）も利用可。

化雲岳、天人峡温泉へ　ヒサゴのコル

△WC 水

ヒサゴ沼　合 ヒサゴ沼
避難小屋

美瑛町

天沼

日本庭園

ロックガーデン

大雪山や天人峡温泉からの
縦走コース

・1995

・1512　・1386

・1263

・1244　・1286

・2061

北沼

・1695

ヒサゴ沢

ワセダ沢

地獄谷

1029　・1225

夏期・携帯
トイレブースあり

巨岩の重なる頂上部

1474

・1604

・1207

1734

南沼キャンプ指定地 △
トムラウシ分岐 ○

△ **トムラウシ山**
2141(トムラウシ)

0.20
0.30

1900

1800

1600　1500

1400

北海道

新得町

三川台、オプタテシケ山へ

日本三百名山のオプタテシケ山を経て十勝岳へと続くロングコース

南沼

1.00

1.30

1700

トムラウシ公園 ・

岩礫帯 ○ 前トム平

1300

1200

前トムラウシ山
▲1649

1100

1000

急坂。雪渓が遅くまで残る

900

コマドリ沢出合

カムイサンケナイ川

2.20
2.00

1391

カムイ天上 ○

温泉コース分岐

0.40
0.39

1143

0.20

・1201

935m

P WC

短縮コース
登山口

・822

カムイサンケナイ川

第二支線林道

・881

▲964

1.30
1.00

・1006

ユウトムラウシ川

三股山
▲1213

N

トムラウシ野営場 △
WC

トムラウシ温泉

夏期のみ
トムラウシ温泉

WC P 合 国民宿舎東大雪荘
650m

神威橋

864・

新得へ

緑雲橋

0　　　1km

1:60,000

2万5000分ノ1地形図　トムラウシ山、オプタテシケ山

十勝岳

<small>と　か　ち　だけ</small>

標高
2077m

今も噴煙たなびく活火山。
地底のうごめきを感じながら!?
茫漠たる火口群を
縫うように登る

大雪山系の南西部に連なる十勝連峰の最高峰で、有史以来何度も大爆発を起こしてきた。1988年の小規模噴火以降、激しい爆発はないが、火山性地震や高い噴煙高など活動の活発化を示唆する現象は続き、常時観測火山に指定されている。望岳台からの往復のほか、稜線上を美瑛岳あるいは富良野岳方面に縦走する人も多い。周辺には良質な温泉が多く、下山後のひと風呂も楽しみだ。

火山礫地の
マルバシモツケ

コースグレード | **中級**

技術度 | ★★★☆☆ | 3

体力度 | ★★☆☆☆ | 2

100
Mountains of Japan

深田久弥と十勝岳

深田が十勝岳を登ったのは1960（昭和35）年。噴気は激しかったが、久しく噴火していなかったこともあって「大衆の行楽にふさわしい山」だったようだ。新噴火口下（現在の十勝岳避難小屋付近か）まで観光客らと登山バスに揺られて入山している。くしくもその2年後には大爆発を起こすのだが、登りながら「地底で絶えず何か気味悪くうごめいているよう」だと記しているのが意味深だ。なお、深田が登った前十勝経由の道はその後通行禁止となり、北側を迂回する現在のルートに変わった。

グラウンド火口付近の登山道と十勝岳

望岳台の防災シェルター入口で登山届に記帳し、駐車場の右手から広々とした登山道を歩きはじめる。最初は十勝岳の山頂が見えているが、すぐに手前の火口群に隠れてしまう。

吹上保養センター白銀荘からの道が合流する吹上温泉分岐を過ぎ、やや斜度が増すと美瑛岳方面への道を分ける**雲ノ平分岐**。十勝岳へは避難小屋に向かって直上し、その先で左折して火山礫に覆われた尾根に取り付く。花の種類は少ないが、殺伐とした景色のなかで懸命に咲くマルバシモツケやメアカンキンバイが愛らしい。

高度が上がるにつれて斜度は増し、足も

とがザレて体力を消耗する。頭上のスカイラインが近づくと、にわかに周囲が開けてスリバチ火口の縁に立つ。その火口越しに荒々しく見えるのは美瑛岳。さらに前方か ら左手には広々としたその名もグラウンド火口が広がり、正面奥にめざす十勝岳のピラミダルなピークがそびえている。

雲ノ平付近から見上げた避難小屋と火口群

その基部に向けて、グラウンド火口の縁をたどるように広く緩い尾根上を行く。火山大国日本といえどもこの光景は独特だ。まぎらわしい踏み跡もあるので、視界不良時はルートを見失わないよう注意しよう。

山頂から前十勝にのびる支尾根の下まで来たら、一面ガレた急斜面に取り付いてこれを登る。ペンキ印はあるが踏み跡が錯綜し、浮石も多い。前後には登山者が多いの

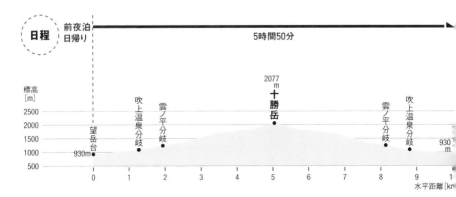

日程 前夜泊 日帰り

5時間50分

標高[m]		

2077m
十勝岳

望岳台 930m ／ 吹上温泉分岐 ／ 雲ノ平分岐 ／ 雲ノ平分岐 ／ 吹上温泉分岐 ／ 930m

水平距離[km]

樹林帯がない山のため、始終展望はいい。避難小屋
付近まで登れば早くも下界が大きく広がってくる。
スリバチ火口から山頂稜線にかけては月面でも歩い
ているかのような光景。山頂からは北に美瑛岳から
トムラウシ山、南に富良野岳方面の連なりが迫力を
伴って展開する。一方、花は十勝岳周辺は種類が限
られる。美瑛岳まで足をのばすと種類も増え、お花
畑と爆裂火口をからめたショットが狙える。

で落石に気をつけよう。

支尾根の肩まで登ると激しく噴煙を上げ
る62-Ⅱ火口をはじめ、いくつもの火口が
見渡せる。山頂まではもうわずかだ。

十勝岳の山頂からはどちらを向いても火
山灰の台地と爆裂火口が目に入り、地球創
生という言葉を連想するような景色が広が
っている。

下りは往路をそのまま戻るが、視界が悪
いときはコース確認をしっかりと。

岩がごろごろした山頂。前方の山は美瑛岳

吹上温泉～十勝岳～上ホロカメットク山

十勝岳西麓の吹上保養センター白銀荘と十
勝岳温泉凌雲閣間は富良野町営バスが運行
しており、これを利用して縦走ができる。
吹上温泉から吹上温泉分岐まではイソツツ
ジがきれいなトラバース道。途中富良野川
の徒渉があるが、通常時の水位なら問題は
ない。所要時間は約40分。

十勝岳から上ホロカメットク山間は始終
展望のいい稜線が続く。悪天時は上ホロ東
側の巻き道を使うといい。上富良野岳から
は通称D尾根を下って十勝岳温泉へ。十勝
岳～十勝岳温泉間の所要時間は約3時間半。

十勝岳から美瑛岳へ周回縦走 十勝岳から
美瑛岳へ縦走し、雲ノ平経由で望岳台に戻
る周回縦走ができる。美瑛岳は豪快な爆裂
火口と花の対比が魅力だ。ただし、全行程
の所要時間は約9時間と健脚向きで、途中
には避難場所もない。視界不良時は十勝岳
と最低鞍部の間が特にに迷いやすいので、
素直に十勝岳から下山のこと。

文・写真／長谷川 哲

アクセス

登山口の望岳台への路線バスはない。JR富
良野線美瑛駅からタクシーを使うか、バス
終点の白金（しろがね）温泉から遊歩道を
1時間強歩く。公共交通機関利用の場合は
JR富良野線上富良野駅発の上富良野町営
バスが使える吹上温泉からの入山も検討す
るといい（「その他のコースプラン」参照）。
望岳台駐車場は50台分以上のスペースが
あるが、シーズン中は早朝から混雑する。

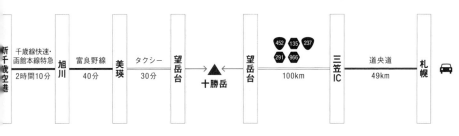

新千歳空港 — 千歳線快速・函館本線特急 2時間10分 — 旭川 — 富良野線 40分 — 美瑛 — タクシー 30分 — 望岳台 → ▲十勝岳 ← 望岳台 — 100km 452 135 237 291 966 — 三笠IC — 道央道 49km — 札幌

白金温泉へ

遊歩道
966
硫黄沢川
富良野川

白金温泉～望岳台間
徒歩1時間

・1116

美瑛町

・1483

美瑛富士
1888 ▲

1716

オプタテシケ山へ

P WC 望岳台
十勝岳望岳台
防災シェルター
930m

遊歩道

・1071

・1339

・1293

雲ノ平

美瑛岳分岐

0.30
0.40

ポンピ沢
急坂
西尾根

美瑛岳
2052 ▲

美瑛富士分岐

0.50
1.30

1962

0.15

吹上保養センター

九条武子歌碑

吹上温泉分岐
・1104

・1188

1430

火山礫地の
尾根

ポンピ沢

白銀荘
1000m
白銀荘前
キャンプ場

0.40

雲ノ平分岐

1.00
1.30

函状の谷

1896

2.30

WC P 吹上温泉
吹上の湯

上富良野駅へ

十勝岳
避難小屋

・1412
昭和火口

スリバチ
火口

・1772

最低鞍部

1681

1842

北海道
上富良野町

1312・

広い火山地形。
ルートに注意

1821

1.40

グラウンド火口

前十勝 ▲

62-Ⅱ火口

1800

2077 ▲
十勝岳

鋸岳

▲2008
平ヶ岳

1619

新得コース

291
1087

十勝岳温泉凌雲閣
十勝岳温泉
1270m P WC

1522・

三段山
▲1748

1921

1.00
0.50

大砲岩

新得町

・1348

夫婦岩

0.40
0.50

0.40
1.00

新得コース登山口へ

安政火口

上ホロ避難小屋

化物岩

上ホロ分岐
1502

D尾根

八ツ手岩

上ホロカメットク山
1920

急坂

1.00

1893 ▲ 上富良野岳

三峰山
1866 ▲

・1803

富良野岳
1912

富良野岳分岐

富良野市

南富良野町

N

0   1km

1:55,000

問合せ先
［市町村役場］美瑛町役場（十勝岳避
難小屋も）☎0166-92-1111
［交通機関］道北バス☎0166-23-4161、
美瑛ハイヤー☎0166-92-1181、上富良
野町営バス☎0167-45-6980

山頂直下からグラウ
ンド火口を見下ろす

幌尻岳

ぼろしりだけ

準固有種の
ユキバヒゴタイ

コースグレード｜**上級**

技術度｜★★★★★ 5

体力度｜★★★★☆ 4

標高
2052m

深い谷を遡り、急峻な
尾根を稜線へ。憧れの頂は
いくつものカールを従えて
静かに待っている

「日本最後の山岳秘境」ともいわれる日高山脈。幌尻岳はその最高峰で、山名の由来はアイヌ語の「ポロ＝大きい、シリ＝山」。北、東、七ツ沼の3つのカールを従えた堂々たる山容が特徴的だ。ルートは4本ほどあり、徒渉をくり返す額平川コースと、長い林道を歩く新冠コースが代表的。しかし、他の一般登山道に比べハードルは高く「最難の百名山」ともいわれる。

100
Mountains of Japan

深田久弥と幌尻岳

蔵王や立山など開発や観光地化に厳しい目を向けた深田だが、ここ幌尻岳ではアプローチでダム工事のトラックの恩恵にあやかり「原始的な自然が壊されるなどと歎く資格はない」と述べている。それだけ日高山脈の稜線は険しく遠かった。北大山岳部員らとともにトムラウシ山登山に先立って入山した。奥新冠ダムから新冠川を遡って七ツ沼カールに上がり、幌尻岳と戸蔦別岳を経て戸蔦別川を下っている。今のような登山道がない時代であり、山頂では登頂者の少なさに触れている。

北戸蔦別岳から見た戸蔦別岳（左）と幌尻岳

幌尻山荘に向けて額平川を徒歩する

通過し、その後はしばらく右岸に道がある。最初の徒歩は四ノ沢出合手前の大岩が張り出した場所。水量もあるので特に慎重に。この先、何度も徒歩しながら上流へ。目印はあるが、的確に状況判断すること。終盤は再び右岸の道をたどり、最後に左岸に渡って**幌尻山荘**に着く。山荘は管理人が常駐し、利用の際は指示に従う。

1日目 額平川に沿って幌尻山荘へ
歩行時間：**4時間30分**｜歩行距離：**10km**

スタートはシャトルバス終点の**第2ゲート**。幌尻山荘まで、途中の取水ダムを挟んで前半が約7.5kmの林道歩き、後半は徒歩をくり返しながら額平川を遡行する。

取水ダムで沢靴に履き替え、右岸の歩道に入る。すぐにクサリの架かったへつりを

プランニング＆アドバイス

数多くの徒歩を伴うが比較的距離の短い額平川コースと、林道歩きは長いが天候に左右されにくい新冠コース。どちらを選ぶか悩ましいが、本書では入山者の多い前者をメインに紹介する。途中の幌尻山荘に2泊しての3日行程を基本に、安全かつじっくりと登ってほしい。登山口へのシャトルバス（2020年は運休、2021年は運行予定あり）と幌尻山荘は完全予約制。天候変化には細心の注意を払い、特に増水時の下山は絶対に避けること。登山期間はシャトルバス運行期間の7月上旬〜9月末。秋は沢の水量が減るが、台風や気温水温の低下に注意。沢靴は必須。

幌尻岳の肩から見た戸蔦別岳と七ツ沼カール

2日目 幌尻岳から戸蔦別岳へと縦走
歩行時間：**8時間50分**｜歩行距離：**9.1km**

寝具や炊事用具などアタックに不要な荷物は小屋にデポしていこう。まずは寝起きの身体に喝を入れるようなジグザグの急登で標高差約500mを登る。尾根の頭に出て

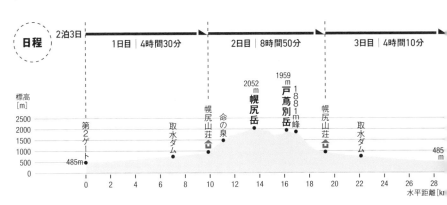

頂平川の遡行区間、なかでも四ノ沢出合はなかなかの渓谷美（流されないよう注意）。日高山脈固有種のエゾトウウチソウが見られればラッキーだ。登山道に入り森林限界を超えたら、北カール越しの幌尻岳、背後の戸蔦別岳やチロロ岳方面、新冠コース分岐付近からのイドンナップ岳などがみごと。山頂ではカムイエクウチカウシ山、1839峰、エサオマントッタベツ岳など日高の名峰がパノラマで並ぶ。さらに「肩」まで行けば、七ツ沼カールと戸蔦別岳の絶妙な構図に息を飲むだろう。

頃斜の緩んだダケカンバ林を行くと、コース中唯一の水場である**命の泉**がある。

　森林限界を超えて岩とハイマツの急斜面を登り切ると、どーんと北カールが現れ、ようやく幌尻岳とご対面だ。日高山脈のカールは北アルプスなどに比べて規模は小さめだが、地形は顕著といわれている。

　ここからは馬蹄形を成すカール壁に沿って進む。足もとに高山植物が揺れ、背後に

2万5000分ノ1地形図　二岐岳、幌尻岳

幌尻岳をめざして北カールを登る。後ろは戸蔦別岳

は北戸蔦別岳や夕張山地などの展望が広がってくる。左に大きく回りこみ、南にイドンナップ岳を見るようになると新冠コースが合流。ほどなく**幌尻岳**山頂の人となる。

　新たに展開する東カール、その先にずらりと並ぶ主稜線上の山々。男性的といわれる日高の山並みを心ゆくまで眺めよう。

　さて、この先の戸蔦別岳経由の道は、ハ

チロロ川林道ゲートへ

•1439　　•1390

•1027　　•1260

•928

•1426

二ノ沢出合

日高町

•1258

•1506

•1533

•1856

セ丁オ1マ丁イ沢

•710

•1333

•1630

トッタの泉

•975

•1583

•1901

北戸蔦別岳
カール

ヌカビラ岳
▲1808

1912
北戸蔦別岳

取水ダムまで
約7.5km林道を歩く

•1470

1392

1700
1600
1500
1400
1300
1200
1100

帯広市

Bカール

696

1246

•1258

2.10
3.20

○1881m峰

•1601

Cカール

722

右岸を行く

取水
ダム

2.10
2.00

幌尻山荘

766

徒渉が続く

•1202

1055
六ノ沢出合

急坂

1.20
0.30

戸蔦別岳
▲1959

七ツ沼カール

吊尾根

1766

七ツ沼カールへは、
急な踏跡が続く。

素泊まりのみ、寝具なし。
利用は予約が必須。
キャンプは禁止

1.50
1.20

1497

命の泉

•1522

急坂

2.10
2.30

肩

北海道

•1334

•1352

•1463

1627

北カール

•1829

2.10
1.40

新冠町

•1193

2.20

1930

•1719

▲2052
幌尻岳

東カール

•1869

新冠ポロシリ山荘へ

イマツかぶりやザレ場、不明瞭な箇所など
が増える。不安があれば山頂から、または
「肩」まで行って往路を引き返すのがよい。

　その肩へは頂稜を北へ向かう。視界いっ
ぱいに飛びこんでくる七ツ沼カールと戸蔦
別岳は、誰しも歓声を上げることだろう。

　急でザレた斜面をジグザグに下り、鞍部
から細い稜線上をたどる。再び広く急にな

新冠コース上部からイドンナップ岳（右）と主稜線

った尾根を登り返すと**戸蔦別岳**。振り返れば七ツ沼カールと北カールを両脇に抱えた幌尻岳が大きい。これも絵になる景色だ。

1881m峰へ続く尾根はかんらん岩から成り、めずらしい植物が多い。なかでもユキバヒゴタイの多さは特筆に値する。

1881m峰で主稜線と別れ、標高差800mを猛烈な傾斜で下る。六ノ沢に出たらこれを少し下り、本流手前で右の踏み跡へ。一部で川べりやぬかるみを歩くが、おおよそ右岸に道があり、**幌尻山荘**の手前で左岸に徒渉する。沢靴を携行し、六ノ沢で履き替えるのが有利だ。

3日目 幌尻山荘から下山
歩行時間：4時間10分 | 歩行距離：10km

最終日は往路を戻る。雨のあとは増水していないか確認し、水の濁りなどの異変や不安を感じたら、停滞して水が引くのを待つこと。下流に向かうほど流れは強くなり、

実際、事故のほとんどは下山時の徒渉区間終盤で起きている。

その他のコースプラン

新冠コースは登山口にあたるイドンナップ（糸納峰）山荘まで最終集落から林道を車で約40km。そこからさらに19kmの林道を歩き、深田も見た奥新冠ダムを過ぎて新冠ポロシリ山荘へ入る。ここで前・後泊し、山頂を往復する。登山道は幌尻沢に沿って進んだあと、急峻な尾根を直登する。歩行時間は全行程で約18時間。山小屋の利用は事前に新冠ポロシリ山岳会（tu-hide-zipang@north.hokkai.net）へ申請・利用届を提出する。林道状況は日高南部森林管理署（☎0146-42-1615）まで問合せを（2021年2月現在通行止め）。

文・写真／長谷川 哲

問合せ先
[市町村役場] 平取町役場 ☎01457-3-7703
[交通機関] 道南バス ☎01457-2-2311、振内交通（タクシー）☎01457-3-3021、平取ハイヤー ☎01457-2-3181
[山小屋] とよぬか山荘（シャトルバス予約も）☎01457-3-3568、幌尻山荘（平取町山岳会）☎01457-3-3838

アクセス
2021年春でJR日高線の廃線が確定。バス転換はするが乗り継ぎ等は不便になることが予想される。近年はJR石勝線占冠駅からタクシーで直接とよぬか山荘に入る人も増えており、割高だが時間は効率的（要予約）。車は国道237号振内市街の北3kmの案内板に従いとよぬか山荘に入り、シャトルバス（7〜9月運行・要予約）に乗り換える。

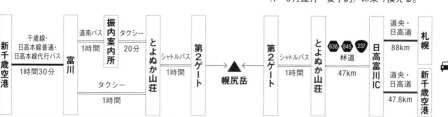

※日高本線の鵡川〜富川〜様似間は2021年4月廃止予定

9

羊蹄山
（ようていざん）

（後方羊蹄山）
（しりべしやま）

ヒカリゴケ

コースグレード | **中級**

技術度 | ★★★☆☆ | 3

体力度 | ★★★★☆ | 4

美しい裾野を引く姿は
ご当地富士の代表格。
周囲のすべてが足もとに広がる
高度感はこの山ならでは

標高
1898m

典型的なコニーデ型火山。写真だけ見れば本物の富士山かと見まごうほどだが、山頂一帯は大小いくつもの火口から成り、複雑な地形をしている。ニセコに近いこともあって、近年はバックカントリースキーのフィールドとしても人気だ。登山道は山麓の4町村からそれぞれ1本ずつあり、アクセスのよさや登山口周辺の利便性から比羅夫（倶知安）コースと真狩コースの利用者が多い。

100
Mountains of Japan

深田久弥と羊蹄山

函館本線の車窓から見た羊蹄山の山容を称賛した深田だが、実際の登山では「何の変化もない道をただひたすらに、富士山のように登」り、「登山というより、体操訓練の一種でしかなかった」と淡白な感想を残している。9月の霧の日だったことを考えれば致し方ないところだが、もしも条件が違っていたらどんな感想を残しただろう。ちなみに「この山を単に羊蹄山と略して呼ぶことに私は強く反対」した山名は、難読を理由に1969（昭和44）年改訂の国土地理院地形図から「羊蹄山」となった。

羊蹄山の山頂から父釜を見下ろす。右奥はニセコアンヌプリ

比羅夫コース六合目付近。まもなくハイマツが現れる

比羅夫（倶知安）コース駐車場の奥は**半月湖野営場**になっており、登山口はその左奥にある。まずは針葉樹林の中をごく緩やかに登り、一合目を過ぎたところから尾根に取り付く。途中の風穴にはヒカリゴケがあるので覗いてみよう。

二合目からは深田もごちた単調な登りが始まる。展望も利かず、合目表示の数字が増えていくことだけがささやかな励みだ。しかし植生的には顕著な垂直分布が見られる道でもあり、特に四、五合目付近のエゾマツからダケカンバへの推移は、樹の大きさも相まって見ごたえがある。

五合目を過ぎて六合目まで来るとダケカンバの丈が低くなり、ハイマツが出てくる。

樹間のニセコアンヌプリが、いつしか視線より低くなっているのがうれしい。

傾斜が増し、周囲が岩礫帯になってくると、九合目の**比羅夫コース分岐**だ。山頂へは左の道に入り、カール状の窪地を斜上していく。周囲は国の天然記念物に指定された高山植物帯で、これまでの単調さを帳消しにする華やかさに包まれる。

登りきったところはいくつもある火口のひとつ、母釜の縁。これを時計回りにたどり3等三角点のある北山に立つ。麓でで

おすすめの撮影ポイント

展望が開けるのは森林限界を抜けてから。比羅夫、真狩両コースとも九合目から外輪山まで広いお花畑が展開する。外輪山上は内側（火口壁内）も外側（下界）もみごとな景色だが、スケールが大きすぎて撮るのが難しい。また、山麓からの山容、特に花満開のジャガイモ畑（6月下旬〜7月上旬）を前景にした絵は風物詩ともいえる（畑内は立ち入り厳禁）。

プランニング＆アドバイス

4本の登山道は所要時間や難易度に大差はない。本書では駐車場の広さや徒歩圏内にバス停があるなどの利便性を考えて、比羅夫（倶知安）コースを登り、真狩コースを下るプランで紹介する。独立峰かつ標高差もあるため、天候変化や体調に十分に注意したい。特に強風時や視界不良時の外輪山上では無理をしないこと。途中に水場はない。登山適期は6月中旬から9月下旬。上部の花は7月上旬〜8月上旬頃。

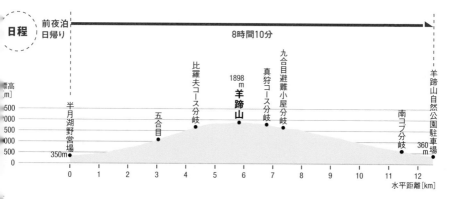

はわからない複雑な地形に目をやりながら最大火口の父釜の縁を周り、左から京極コースが合流すると、ほどなく**羊蹄山**山頂に着く。独立峰であり、また周囲にこれ以上高い山がないことから、抜群の高度感にあふれている。

下山口の**真狩コース分岐**へはそのまま時計回りに進むのが近いが、やや険しい岩尾根の道となる。強風時などは反時計回りに進んで母釜と父釜の間を通るのが安心だ。真狩分岐から**九合目避難小屋分岐**までの間はお花畑が広がり見ごたえがある。この分岐を北に進めば羊蹄山避難小屋だ。

道はしばらくトラバースしたのち、一気に下り始める。比羅夫コースに比べてジグザグが大きめだが、単調なことに大差はない。四合目と三合目の下で大きくトラバース気味に下ったあと、シラカバ林の中を緩く下っていく。二合目下の**南コブ分岐**から入る南コブはちょっとした展望台。山頂で視界に恵まれなければ寄ってみてもいい。登山口に出たらキャン

プ場の中を抜けて**羊蹄山自然公園駐車場**へ。道道のバス停まではさらに30分ほどだ。

京極コースは北東斜面を登り、途中、札幌近郊の山の展望がいい。喜茂別コースは東斜面を登り、ほぼ山頂直下に出られる。基本的に単調な登りが続く点は他のコースと同様だが、利用者が少ないぶん、荒れ気味と感じる部分があるかもしれない。どちらも登り4時間半、下り3時間ほど。

文・写真／長谷川 哲

火口壁の砂礫につけられた道を行く

羊蹄山避難小屋

問合せ先
［市町村役場］倶知安町役場☎0136-22-1121、真狩村役場☎0136-45-2121
［交通機関］ニセコバス☎0136-44-2001、道南バス☎0136-22-1558、ニセコ国際交通（タクシー）☎0136-22-1171、ニセコハイヤー☎0136-44-2635
［山小屋］羊蹄山避難小屋（羊蹄山管理保全連絡協議会）☎0136-23-3388

アクセス
比羅夫コース、真狩コースとも国道、道道沿いに案内標識がある。駐車場は広く、キャンプ場も併設。それぞれ登山口から国道、道道のバス停まで徒歩30〜40分程度なので、車利用の場合も入下山口を変えて歩くことができる。

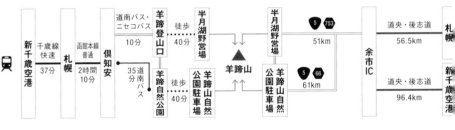

半月湖

羊蹄登山口バス停～半月湖野営場間
徒歩40分

350m
半月湖野営場
🅿 WC 💧 ⛺

一合目
風穴

1.30
2.00

三合目
•785

•456

•933

•386

比羅夫コース

五合目

1.10
1.40

急登続く

比羅夫コース分岐

1500

•784

•889

0   1km

1:40,000

倶知安町

後方羊蹄山の高山植物帯

母釜

子釜

北山
1843 ▲

0.40
0.50

•784

九合目
星ヶ池

0.30

0.20

(後方羊蹄山)

羊蹄山

1893

1898 △

旧避難小屋跡

•1247

羊蹄山避難小屋 🏠

父釜

喜茂別コース

九合目
避難小屋分岐

0.25
0.15

•1684

お花畑

真狩コース分岐

0.40

岩稜帯

北 海 道
ニセコ町

•786

•1198

1500
1400
1300
1200
1100
1000
900

ガレ

七合目

後方羊蹄山の
高山植物帯

•416

•537

•416

1321

五合目

真狩コース

•1091

▲503

800
700
600
500

3.20
2.30

四合目
•861

▲322

•375

三合目

•697

•602

•650
南コブ

南コブ分岐

0.25
0.15

登山口
🅿 ♨ WC
金刀比羅宮
羊蹄山自然公園駐車場
360m

羊蹄山真狩
キャンプ場

•467

▲448

•328

羊蹄
青少年の森

羊蹄山
自然公園

新陽

66

自然公園駐車場～
羊蹄自然公園バス停間
徒歩30分

真狩へ •236

•333

羊蹄自然公園バス停へ

真狩村

100
Mountains of Japan

東北

10

岩木山
（いわきさん）

標高
1625m

三角形の山容はまさに
文字の山形を表している。
見てよし、登ってよしの
魅力を持つ津軽の名峰

十二単の裾をバラリと広げた山容をなして津軽平野のど
真ん中に鎮座し、人々の平安を願っている。百名山中、
地域の人々から「お山」と親しみをこめて呼ばれている
のは岩木山だけではないだろうか。それだけに津軽の
人々の心のよりどころになっている。岩木山神社奥宮が
建つ山頂は360度の大パノラマが展開し、八甲田連峰や
白神山地、県内の名峰などが一望の下だ。

名花ミチノク
コザクラ

100
Mountains of Japan

深田久弥と岩木山

深田久弥は岩木山には1930（昭和5）年8月に嶽温泉から登っている。濃
霧で視界が悪く、八合目で雨衣を着て握り飯を歩きながら食べた。下りは
百沢方面への道を取ったが、大沢の急斜面の下りではガクンガクンと膝こ
ぶしが痛めつけられるほど通過に難儀した。その後も雨の中、「濡れるだ
け濡れろ」とブラリブラリと歩いて岩木山神社の裏手に出て、ようやく百
沢へ到着したという。天気が天気だけに眺望も悪く、散々な山行だったよ
うだ。一度きりの岩木山だったのが残念だ。

コースグレード｜**中級**

技術度｜★★★☆☆ 3

体力度｜★★★☆☆ 3

広がる菜の花畑と岩木山（鰺ヶ沢町山田野地区から）

岩木山神社里宮の大鳥居越しに望む岩木山

日帰り 岩木山神社から山頂を経て嶽温泉へ

歩行時間：6時間35分｜歩行距離：11.3km

岩木山神社前バス停をあとに**岩木山神社里宮**の鳥居を抜け、参道をたどる。拝殿前を左に折れ、杉林を進んでいく。**桜林公園**の中を抜け、スキー場に出る。スキー場左側の砂利道を進むと**登山口**があり、ここから本格的な登山道になる。

小沢を渡ると階段状の急登になるが、長くは続かない。徐々に高度を上げ、カラスの休場を経て展望のない道を登ると鼻コクリに着く。鼻コクリとは鼻が地面に着くほど急な坂という意味だが、津軽弁では鼻コグリといい、岩木山はどこも鼻コグリだ。

じわじわと高度を稼ぎ、大きな**姥石**で小休止。標柱には「女人禁制時代女性の登山者は一歩も上に登山する事は出来ない」と書いてある。さらに展望のない道を登って

いく。道が平坦になり右へカーブすると避難小屋の**焼止りヒュッテ**がある。大沢の急登の前に大休止していこう。

大沢へ入ると、沢通しの急な登りになる7月下旬まで残雪があり、雪に慣れない人は軽アイゼンを用意しておきたい。

坊主ころがしの急登を終えると、水量豊富な錫杖清水が湧いているので、のどを潤していこう。なおも登ると、その年の作凶を占った直径20mほどの小池、種蒔苗代

小池がある種蒔苗代

プランニング＆アドバイス

登山適期は6月中旬〜10月下旬。深田久弥は本項の逆コースを歩いたが、百沢コース上部の大沢は急な下りのため、本項では登りとした。下山は途中の八合目からバスが利用でき、悪天候時や疲労時にも便利だ。岩木山の固有種・ミチノクコザクラの花期は6月中旬〜8月上旬にかけて大沢付近で見られるが、大沢は6月中旬以前は雪が多く、この時期の登山は軽アイゼン等を用意しておく。

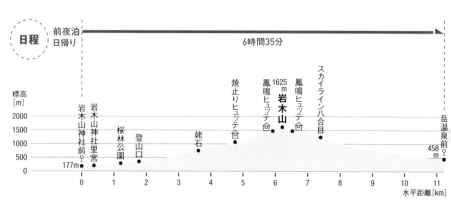

山頂の岩木山神社奥宮と八甲田の山並み

がある。この付近は6月中旬の雪解けを待って、岩木山固有の植物であるミチノクコザクラが咲きだす。種蒔苗代から第一御坂を急登すると嶽コースからの道と合流する。その一角に鳳鳴ヒュッテが建っている。

山頂へはもうひと頑張りだ。大石がゴロゴロする第二御坂を右手から登る。左に回りこみ第三御坂を登りきると、安全の塔や岩木山神社奥宮が建つ**岩木山**山頂だ。

下山は右降りで、急坂でのスリップに注意しながら、ゆっくり**鳳鳴ヒュッテ**まで下りる。ここで右の嶽コース（リフト乗り場方面）へ入る。左に鳥の海噴火口を見て下ると鞍部右側に「登山道入口（八合目駐車場）」の標識がある。まっすぐ進むとリフト乗り場だが、標識に従い八合目駐車場方

面へ。樹林帯を下ると、嶽温泉へのバス便がある**スカイライン八合目**の駐車場に着く。

バスを利用しない場合は、リフト乗り場角の嶽コースの入口から山道に入る。はじめは急坂だけに、ゆっくり下ろう。ブナ林の一本道で展望はないが、森林浴を楽しみながら下る。途中、巨木の森分岐、湯の沢分岐を見送り、道が二分したら左の道へ。まもなく稲荷神社があり、嶽温泉に出る。**岳温泉前バス停**は温泉街の商店前にある。

その他のコースプラン

弥生コースは弥生いこいの広場が起点。施設の食堂を背に、左側の道を進むと登山口。樹林帯の道を進み、三合目で旧道と合流。展望のない中を黙々と登ると六合目姥石で、ひと登りで大石がある。やがて目の高さの灌木帯となり、展望が開けてくる。小湿原がある八合目を過ぎると西に向かって急登になる。笹道の道は崩れやすく歩きにくい。残雪時は滑落に要注意だ。大きな岩を回りこむと九合目で、急斜面の岩場の道を登ると岩木山山頂に着く（約4時間）。ほかに赤倉コース（登り3時間30分）と長平コース（登り4時間35分）がある。

文・写真／いちのへ義孝

問合せ先
［市町村役場］弘前市役所岩木総合支所 ☎0172-82-3111
［交通機関］弘南バス（シャトルバスも）☎0172-36-5061、岩木スカイライン（リフト）☎0172-83-2314、弘前駅前タクシー ☎0172-28-8888

アクセス
バスは1時間に1〜2便。スカイライン八合目〜岳温泉間はシャトルバス（所要30分）が運行されている。マイカーは岩木山神社の約300m先に約50台分の無料駐車場がある。嶽温泉にも無料駐車場約20台。両駐車場間はバスで移動する。

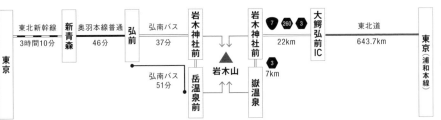

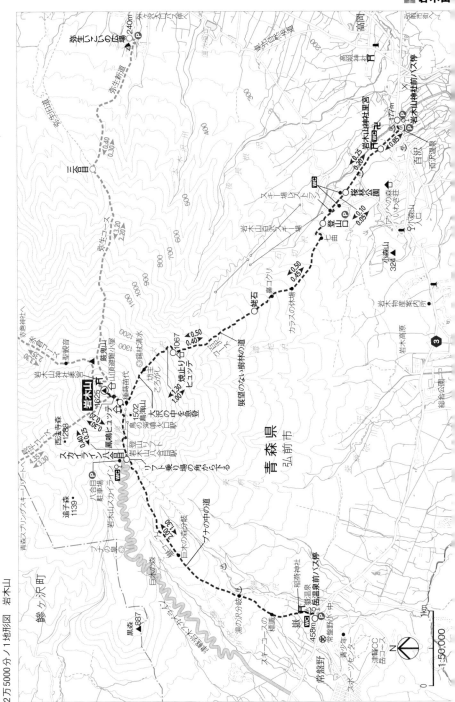

2万5000分ノ1地形図　岩木山

鰺ヶ沢町

1：50,000

八甲田山

<small>は っ こ う だ さ ん</small>

標高
1585m
（大岳）

八甲田連峰最高峰の
足もとに広がる大湿原。
見渡す限りの雲上の楽園を
歩いてみよう

雪田植物の
ヒナザクラ

八甲田山域の中央を走る国道103号を境に、北側を北八甲田、南側を南八甲田連峰と区別している。北八甲田連峰にある最高峰の八甲田大岳は登山道がよく整備され、多くの登山者で賑わっている。山中にある高層湿原の毛無岱は、もともと木々が生えていないところから木無岱と呼ばれていたとか。津軽弁の訛り、「キ」が「ケ」になって毛無岱となったという。ちょっと気になる話である。

100
Mountains of Japan

深田久弥と八甲田山

1936（昭和11）年夏、友人らと蔦温泉に滞在し、天気のいい日に友人と八甲田大岳をめざした。岩清水という気持ちのいい原まで行ってひと休みとあるが、仙人岱・八甲田清水であろうか。登る途中、美しい高山植物が見られ、山頂からの展望は気に入ったようだ。さらに井戸岳、赤倉岳に登り、下山は井戸岳から毛無岱へ、この毛無岱をまるで庭園のようだと称賛している。急いで下りたが、酸ヶ湯から蔦温泉行きのバスに乗り遅れて歩いて帰った。両区間は15kmほどもあるだけに、さぞ長く感じたことだろう。

コースグレード｜初級

技術度｜★★☆☆☆　2

体力度｜★★☆☆☆　2

秋の仙人岱湿原からの八甲田大岳

赤倉岳噴火壁の五色岩

左折するとすぐに赤倉岳と井戸岳、大岳を望む湿原展望台がある。展望台から山へ向かって進んで宮様分岐を見送り、アオモリトドマツ林を二度抜ける。道は急登になり登り終えると赤倉岳噴火口壁に着く。

ここから火口壁沿いに登ると小祠がありその約30m先に**赤倉岳**山頂の標柱が立っている。標柱から緩く下ると**井戸岳**火口壁に出る。山頂は対岸の岩場だが、植生保護のため立入禁止。火口壁に沿って半周し、荒れたガレ場を下ると**大岳避難小屋**だ。

日帰り 山頂公園駅から大岳、酸ヶ湯へ

歩行時間：**4時間45分** | 歩行距離：**9km**

八甲田ロープウェー山麓駅から約10分の空中散歩で標高約1300mの**山頂公園駅**に達する。駅舎を出ると案内板があり、駅舎正面からの道と左手に無線塔への道がある。途中で交差し、8の字の散策路になっている。左手の無線塔方面に進むと、少し先に田茂萢岳山頂がある。ここから下がっていくと、駅舎正面からの道と合流する。

上毛無岱の階段から下毛無岱池塘群を望む

プランニング＆アドバイス

登山適期は6月上旬から10月下旬。ただし6月上旬は山中の樹林帯では残雪があり、山道がわかりにくいので要注意。新緑は6月から、紅葉は10月から。標高こそ1500m強の山だが、高緯度にあるだけにいったん天候が崩れると低体温症などの恐れがある。夏の登山でも防寒対策は怠らないこと。下山地の酸ヶ湯温泉（☎017-738-6400）は混浴の「ヒバ仙人風呂」で知られる。立ち寄り入浴も受け付けているので、汗を流して帰りたい（男女別の風呂「玉の湯」もある）。

大岳へは避難小屋の脇から火山灰の道を登っていく。植生保護の柵が見えたらすぐに**大岳**山頂に着く。360度の展望を楽しんだら**大岳避難小屋**へと下る。避難小屋前に

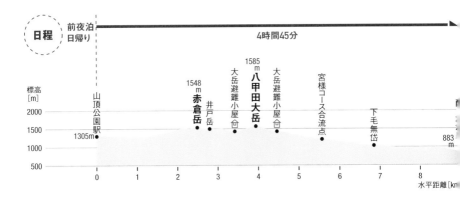

八甲田山最高点・大岳山頂。背後に岩木山が浮かぶ

…はベンチがあり、ゆっくり休める。

　西にのびるガレ道を下るとすぐ樹林帯になり、抜け出ると右から宮様コースが合わ…る（**宮様コース合流点**）。ここからは上…毛無岱で、見渡す限りの湿原が広がる。木…道を緩く下ると途中に展望台があるので、…今登ってきた山々の景色を楽しんでいこう。

　展望台の少し先に、**下毛無岱**への急な木…の階段がある。階段上部から雲上の楽園・…大湿原を見ながらゆっくり下ろう。下りき…った地点には池塘と湿原が待っている。少…し先に展望台があるので、今歩いてきた方…向をゆっくり振り返ってみよう。長さ約…kmになる錦の屏風、特に紅葉時がみごと…で、すばらしいのひと言だ。

　後ろ髪を引かれるのを振りきって木道を進む。木道が切れると樹林帯に入り、黙々と歩を進める。城ヶ倉分岐を過ぎ、眼下が開けると足もとに酸ヶ湯温泉が見えてくる。荒れた道を下ると**酸ヶ湯温泉**正面に出る。

その他のコースプラン

　マイカー登山者や酸ヶ湯温泉に前泊した場合は、酸ヶ湯温泉から花の多い仙人岱経由で山頂に立つコースもおすすめだ（約2時間10分）。酸ヶ湯温泉上部駐車場の一角にある小さな鳥居が出発点。途中チラリと南八甲田の主峰・櫛ヶ峰を見ながら、荒れた樹林帯の中を登っていく。火山性ガス臭がしてくると地獄湯ノ沢で、沢沿いに登ると木道が敷かれた仙人岱湿原に出る。南端に仙人岱避難小屋が建ち、湿原の中央に八甲田清水が湧き出している。ここから北に向かうとすぐ小岳分岐で、大岳へは直進する。このあたりは花が一斉に咲きだすので見ごたえ充分。荒れた道や蛇篭の道を登ると鏡沼で、山頂まではもうひと登り。

文・写真／いちのへ義孝

おすすめの撮影ポイント

…点の山頂公園駅から10分ほどの湿原展望台からは、…湿原を前景にめざす赤倉岳、井戸岳、大岳の3山を…収められる。コース後半のハイライト、上毛無岱か…下毛無岱へは280段の階段がついている。階段に…番号がついており、250段前後が絶景ポイント。…ただし階段は木製で滑りやすいので、歩く際はスリ…プに注意。

アクセス
青森駅からのバスは1日5〜6便で、冬期は減便される。八甲田ロープウェー（所要約10分）は9時〜16時20分（季節・混雑期には運行期間変動あり）で、15〜20分間隔の運行。マイカーは八甲田ロープウェー山麓駅前に駐車場がある。約6km進むと酸ヶ湯温泉で、その200m先に上部駐車場がある。ともに無料。両駐車場間はバスで移動できる（約15分）。

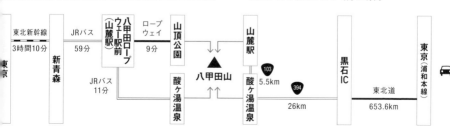

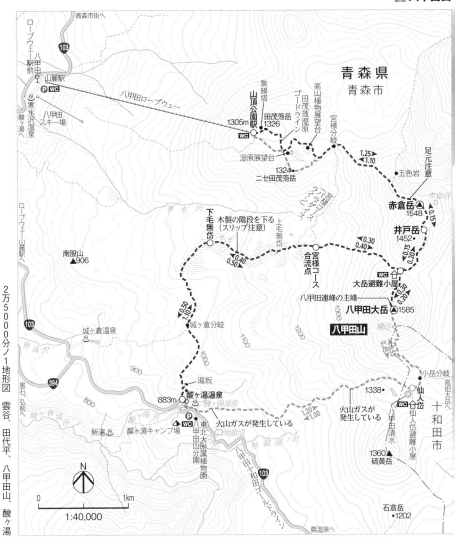

青森県
青森市

ロープウェー駅前へ
八甲田ロープウェー駅前
山麓駅
P WC
寒水沢温泉
八甲田スキー場
酸ヶ湯へ

八甲田ロープウェー

無線塔
山頂公園駅
1305m
WC
田茂萢岳
1326
高山植物展望台
田茂萢湿原ゴードライン
宮様分岐

足元注意
五色岩

1.25
1.10

湿原展望台
1324
ニセ田茂萢岳

赤倉岳
1548
0.15
井戸岳
1452

寒水沢

下毛無岱
木製の階段を下る
（スリップ注意）
上毛無岱

0.30
0.40

0.15
0.20

南股山
▲906

0.40
0.50

合流点
宮様コース

WC 谷
大岳避難小屋

0.30
0.20

八甲田連峰の主峰
八甲田大岳 1585

0.50
1.10

城ヶ倉分岐

八甲田山

城ヶ倉温泉

鏡沼

湯坂
883m
酸ヶ湯温泉
P WC
酸ヶ湯キャンプ場
新湯
八東北大附属植物園
酸ヶ湯分岐
地獄沼

小岳分岐
仙人岱
WC
1338
火山ガスが発生している

1.20
1.00

火山ガスが発生している

八甲田清水
仙人岱避難小屋

1360
硫黄岳

十和田市

石倉岳
1202

2万5000分ノ1地形図 雲谷、田代平、八甲田山、酸ヶ湯

N
0 1km
1:40,000

湿原展望台からの3山（左から赤倉岳、井戸岳、大岳）

問合せ先
［市町村役場］青森市役所☎017-734-1111
［交通機関］JRバス東北☎017-723-1621、成長タクシー☎017-763-1515、国際タクシー☎017-781-1733、三八五観光タクシー☎017-743-0385（青森市）、八甲田ロープウェー☎017-738-0343

八幡平

<small>はちまんたい</small>

標高
1613m

キヌガサソウ

コースグレード｜初級

技術度｜★★☆☆☆ 2

体力度｜★★☆☆☆ 2

重厚なアオモリトドマツ林、湖沼をちりばめた草原とふたつの展望地を踏む高原逍遥

岩手・秋田県境に横たう八幡平は、重厚な原生林と草原とが織り成すなだらかな山容の火山高原台地だ。車道の八幡平アスピーテラインが県境を越えて東西に通り抜け、同じく車道の樹海ラインが南から県境へと突き上げており、その頂を踏むだけなら日本百名山の中でも最も容易な山頂だ。八幡平は観光地と太古の原生とがとなり合った山塊で、その魅力は高原逍遥に凝縮されている。

100
Mountains of Japan

深田久弥と八幡平

深田久弥が八幡平を訪れたのは、1939年1月の山スキーでの山行であったようだ。現在のJR花輪線の八幡平駅から馬ゾリで山麓まで行き、シールをつけたスキーの装備で蒸ノ湯へとスキーを走らせ、下山は岩手県側の旧松尾鉱山へ下りたと思われる。「途中だだっ広い雪原で猛吹雪に襲われ方向がわからず遭難一歩手前という目にあった」とその著書に記している。八幡平の冬期の厳しさは今も昔もさほど変わらないが、用具が発達した現在、いくぶん入山しやすくはなっているだろう。

源太森から眺めた八幡沼と畚岳（左奥）からつながる八幡平の山頂

日帰り 茶臼口から八幡平山頂に立ち県境登山口へ下る

歩行時間：3時間20分｜歩行距離：7.3km

茶臼口バス停から車道を横切り、案内板のある登山口から笹原へ入る。すぐに岩手山を背にした急坂となり、いったん前方に茶臼岳がそびえる平坦地に出て木道に乗る。さらにもう一段急坂を登りきると十字路分岐のある茶臼山荘（無人）の前だ。直進路がコースだがその前に左に折れ入り、八幡平三大展望地のひとつの**茶臼岳**を往復していきたい。所要は7～8分ほどだ。山頂からは眼前にそびえ立つ圧巻な岩手山や眼下の湖沼群、畚岳（八幡平三大展望地）から連なる裏岩手連峰などが一望できる。

茶臼山荘に戻りコースを緩やかに下りると、木造展望デッキのある**黒谷地湿原**だ。

プランニング＆アドバイス

登山適期はバスが運行する4月下旬から10月中旬までだが、初夏はまだ残雪がある。登山口に早い時間に着くには盛岡駅からタクシーや車の利用が便利。八幡平一帯は個性豊かな温泉の宝庫だ。利用しない手はなく、前後泊する余裕ある山行がおすすめ。山上にあるふたつの山小屋は無人開放の避難小屋で、利用には寝具（シュラフ）等や食事の準備が必要。緊急時には、黒谷地湿原やガマ沼分岐からエスケープ用のアスピーテラインへの短絡路がある。

近くに熊の泉と呼ぶ清水や車道へのエスケープルートがあり、休憩に最適だ。

黒谷地からはアオモリトドマツ樹林内を緩やかに高度を上げていく。安比高原の分岐を右に見送り、お花畑となっている明るく開けた斜面づたいに進む。八甲田も望め登りきると平坦路となり、まもなく八幡平

大型の展望デッキが設置されている八幡平の山頂

三大展望地のひとつの源太森の入口だ。**源太森**は樹林からわずかに抜きん出た小高い丘だが、見晴らしは抜群だ。目の前の光る八幡沼と、ひたすらなだらかに広がる八幡平山頂部が印象強い。

八幡沼北側に開けた広い八幡沼湿原を、木道で縦断する。八幡平の核心部だ。沼は周回できるが、体力や時間が許せば足を向けてもいいだろう。

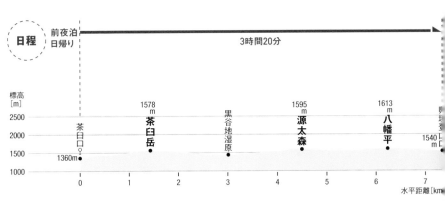

日程
前夜泊
日帰り

3時間20分

標高[m]

	茶臼口	茶臼岳 1578m	黒谷地湿原	源太森 1595m	八幡平 1613m	県境登山口 1540m
1360m		●	●	●	●	

水平距離[km]

陵雲荘（無人）の入口前からは立派な幅広歩道となり、沼を横に見ながらひと登りすると、2基の木造展望デッキが置かれたガマ沼分岐だ。左から県境登山口からのコースが合流する。最も賑わいを見せるエリアで、右の整備のよい遊歩道を10分ほどたどれば**八幡平**の山頂だ。アオモリトドマツ樹林に包まれた山頂には、三角点標石と大きな山頂標柱、高台式の木造展望デッキがあり、その上から周囲が見渡せる。

標柱横の長沼コースを見送り、南に向けてよく整備された歩道に入って下山をはじめる。すぐの曲がり角で田代沼コースを右

2万5000分ノ1地形図　茶臼岳、八幡平

1:55,000

融雪の様子がドラゴンアイと呼ばれる初夏の鏡沼

問合せ先
[市町村役場] 八幡平市役所☎0195-74-2111、鹿角市役所☎0186-30-0248
[交通機関] 岩手県北バス☎019-641-1212、羽後交通バス☎0187-43-511、秋北バス☎0186-23-2183、県都タクシー（盛岡駅）☎019-636-258、生保内観光ハイヤー（田沢湖駅）☎0187-43-1221
[山小屋] 茶臼山荘・陵雲荘☎0195-74-2111（八幡平市役所・ともに無人小屋）

アクセス
バスは秋田新幹線田沢湖駅から蒸ノ湯経由の便もある（羽後交通、秋北バス運行）。マイカーは茶臼口バス停そばに5〜6台駐車可。あとは車道沿いのスペースを利用。「その他のコースプラン」併用の車を回収するには、先述の田沢湖駅からのバスに蒸ノ湯で乗車し、八幡平頂上で盛岡方面へのバスに乗り換えてマイカーを停めている茶臼口に戻る。

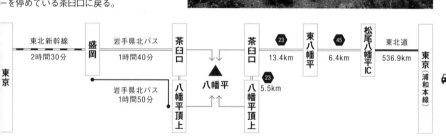

安比高原へ
・952
・1273 菰ノ森
・1159
赤川林道終点
・1124
・1143
・1152
・1302 兄畑(草ノ湯)コース 草ノ湯
・1388
・1251 元安比温泉 施設なし
倉形沢
杣角山 1495
岩手県
八幡平市
・1464
・1239
△1458
・1257
1530 草ノ湯分岐
・1184
安比岳 1493
・1321
・1211
長沼コース
・1604 藤助森
・1265
・1414
・1475
恵比須森 1496
・1446 大黒森
1568
・1591
陵雲荘 WC
八幡沼展望テラス
源太森 △1595
源太分れ
0.50 0.40
黒谷地湿原 1446
・1527
0.35 0.40
・1428
八幡平 1613
ガマ沼
0.40 0.35
ヒゲ通り
花多い
黒谷地 P
茶臼山荘 WC
1564
WC 見返峠
・1578
・1580
1460
23 1461
1578 茶臼岳
・1184
県境登山口
八幡平頂上 P 1540m
八幡平アスピーテライン
0.10
1436
・1358
0.50 0.40
1448
・1070
パークサービスセンター WC
318
蚤岳登山口 (裏岩手縦走路入口)
・1410
1306
P 1360m 茶臼口バス停
・1031
蚤岳へ
藤七温泉彩雲荘
・1346
石ガタ沼

松尾八幡平に、盛岡へ

に分け、曲がりくねった道を下ってメガネ沼の縁を通る。鏡沼の縁をなぞるとさらに立派な遊歩道に突き当たり、まもなく一段と賑やかなアスピーテライン上の**県境登山口**に下り立つ。樹海ラインが合流し、八幡平頂上バス停やレストハウスがある。

その他のコースプラン

秋田側からのコースは、アスピーテラインに沿った田代沼コースと、静寂に包まれた長沼コースのふたつある。メインコースの下降路に最適で、長沼コースがおすすめだ。ふけの湯温泉バス停と宿をあとに、方々から湯煙立ち昇る露天風呂の間を通り登山口へ。タチギボウシ群落がみごとな大谷地湿原や、水面にネムロコウホネの花を浮かべる長沼を経てひと登りすると、オニシモツケやタチギボウシが群生するブシ谷地に出る。この先が難所のロープの張られた急坂で、登りきると起伏のゆるやかな草原とアオモリトドマツのコンビネーションが大きな山頂標柱の横まで続く（登り約3時間下り約2時間半）。

文・写真／仁井田研一

八幡平アスピーテラインから望むとつ茶臼岳の岩手山

13 岩手山
（いわてさん）

端正かつ荒々しい姿の活火山。
岩手のふるさとの山であり、
山腹から山頂へと群生する
コマクサがみごと

標高
2038m
（薬師岳）

岩手の県都・盛岡の風景は岩手山によって生きているといわれ、「南部富士」「南部の片富士」などの愛称で多くの人々に親しまれている。このみごとな山容は、有史以来数回の火山爆発で形づくられた。しかし近年、火山活動の活発化により1998年から2004年まで登山禁止や規制になった活火山であり、特に大地獄谷、黒倉山、姥倉山一帯が顕著だったことは記憶にとどめたい。

砂礫帯に群生する
コマクサ

コースグレード｜**中級**

技術度｜★★★☆☆　3

体力度｜★★★★☆　4

100 Mountains of Japan

深田久弥と岩手山

『日本百名山』の中で「岩手山は、日本の汽車の窓から仰ぐ山の姿の中で、最も見事なものの一つだろう」と記している。また複雑な火山地形に山道があり、コースの取り方で趣違う山旅ができるとし、深田は登山者の途絶えた11月初めに網張温泉から姥倉山を越え、お花畑コースから不動平を経て雪降る山頂を踏んだ。下山は往路の姥倉山から松川温泉へ下った。またある年の夏、啄木の故郷、旧渋民村（盛岡市玉山区渋民）を訪ねて岩手山を仰ぎ、実に男らしい立派な山であったと回想している。

旧渋民村（盛岡市玉山区）からは最も端正な岩手山が望める

石仏が並び立つ御鉢の登山道を行く

日帰り 馬返しから山頂を経て焼走りへ

歩行時間：**7時間35分**｜歩行距離：**11.8㎞**

　古くから信仰登山で開けた柳沢コースの出発点である**馬返し**には大きな駐車場があり、岩手山のメイン登山口となっている。豊富に湧き出る鬼又清水の広場からナラやブナの林を登る。小さな祠のある**一合目**を過ぎると、時おり展望が開ける。

　二合五勺の分岐から左側は展望のよい旧道で石パネ状の岩礫道。直進すると新道で、

プランニング＆アドバイス

岩手山頂まで最短時間でも歩行4時間以上を要し、日帰り登山の場合は登山口を早朝出発が鉄則だ。御神坂や網張温泉方面のバス路線は廃止。松川温泉、七滝、上坊などコース利用時の交通手段や宿予約など確実にすませたい。山頂直下の平笠不動や九合目不動平には避難小屋がある。また、夏期のみ管理者常駐の岩手山八合目避難小屋では2020（令和2）年、新型コロナウイルス感染防止のために入室制限などを実施した。山でのエチケットやマナーはより一層重要な時代になった。

林内を登るが要所に旧道への分岐道もあり、いずれも傾斜が緩む七合目で合流する。少し進むとハイマツ帯に大きな**八合目避難小屋**が建っている。食堂はないが夏期は管理人が常駐し、団体の休憩基地といったスペースがある。

　御神坂や鬼ヶ城尾根、お花畑の各コースが合流する九合目の**不動平**は山頂へ続く御鉢を目前にする平坦地。シラネアオイやミヤマキンバイなど咲く高山植物帯に不動平避難小屋が建っている。

東岩手火山の御鉢。荒涼たる火口跡や山頂を望む

　火山砂を急登して御鉢の外輪に立つと風景は一変し、荒涼とした中に火口丘の妙高岳や岩手山神社奥宮が現れる。山頂へと御鉢の縁をたどる道には石仏が並び、足もと

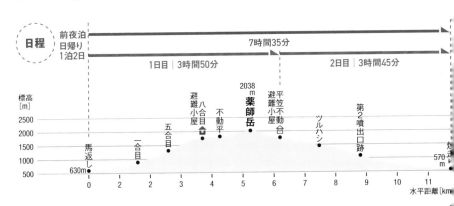

日程：前夜泊／日帰り／1泊2日

7時間35分

1日目｜3時間50分　　2日目｜3時間45分

標高[m]

馬返し 630m ／ 一合目 ／ 五合目 ／ 避難小屋 八合目 ／ 不動平 ／ 薬師岳 2038m ／ 平笠不動 避難小屋 ／ ツルハシ ／ 第2噴出口跡 ／ 焼走り 570m

水平距離[km]

にはコマクサやイワブクロ、オヤマソバなどが咲く。西側へと御鉢の縁を進み、焼走りコース分岐を過ぎると岩手山の山頂である薬師岳に到着する。東西に山体が成り立つ複雑な火山地形を俯瞰し、八幡平や秋田駒ヶ岳、鳥海山、早池峰山など360度の眺望だ。東の裾野には、山腹から流れ下った焼走り溶岩流も見える。

下山は山頂から往路を少し戻り、「焼走・上坊コース下山口」道標から外輪西側へザクザクした火山砂礫の急斜面を降下する。**平笠不動避難小屋**の前からはハイマツなどの灌木帯からダケカンバ林を下り、三十六童子を祀る祠がある集塊岩の横に出る。

山腹の東に巻いて続くコースは**ツルハシ**で上坊コースを左に見送り、植物保護ロープの張られたコマクサ群生地に着く。国内有数の規模で咲くコマクサは、6月下旬から1カ月ほど楽しめる。

この砂礫帯斜面を横切って下り、**第2噴出口跡**をあとに林の斜面を下っていく。右

手の林越しに溶岩流を垣間見ると、焼走りの登山口まではもうひと頑張りだ。たどり着いた**焼走り**には溶岩流の散策路や日帰り温泉、キャンプ場などの施設がある。

その他のコースプラン

深田久弥が登山起点とした網張温泉から網張登山リフトを利用すると体力的には楽だが、下山時にリフト利用するには、運転時間内に犬倉駅に戻ることが必須である。日帰り登山コースとしては若干距離も長いので、早朝登山開始を基本とし登山道とリフト利用の併用も考えたい。コースの魅力は岩手山の成り立ちの火山地形走破。黒倉山肩の切通し分岐から眺望のよい鬼ヶ城尾根へ、または大地獄分岐に下り、湖沼のあるお花畑コースもある。いずれも九合目不動平で柳沢コースと出合う。

文・写真／藤原直美

問合せ先
［市町村役場］滝沢市役所☎019-684-2111、八幡平市役所☎0195-74-2111、雫石町役場☎019-692-2111
［交通機関］休暇村岩手網張温泉（登山リフト）☎019-693-2211、岩手中央タクシー☎019-622-8686、盛岡タクシー☎019-622-9121（ともに盛岡駅）、西根観光タクシー（八幡平市大更）☎0195-76-3131
［山小屋］岩手山八合目避難小屋・不動平避難小屋☎019-684-2111（滝沢市役所）、平笠不動避難小屋☎0195-74-2111（八幡平市役所）

アクセス
各登山口までマイカーやタクシーなど利用。馬返しへはJR盛岡駅からタクシーで。馬返しには駐車場やトイレやキャンプ場もある。下山口の焼走りはバスがなく、事前にタクシーの手配が必要。近隣の温泉などに泊まり、路線バスで盛岡に出る方法もある。

祠や石仏が立つ大パノラマの薬師岳山頂

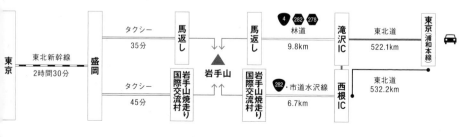

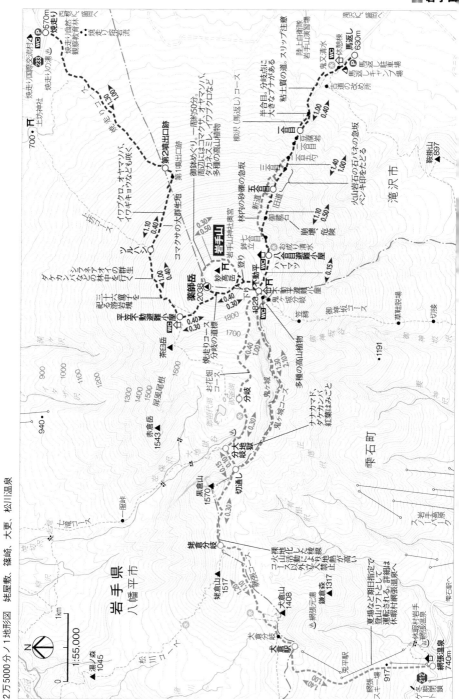

2万5000分ノ1地形図 姥屋敷、篠崎、大更、松川温泉

岩手県
八幡平市

滝沢市

雫石町

14

早池峰山
（はやちねさん）
（早池峰）
（はやちね）

ハヤチネ
ウスユキソウ

コースグレード｜**中級**

技術度｜★★★☆☆ 3

体力度｜★★★☆☆ 3

北上高地の最高峰。
好展望の岩礫地に
花々が咲き競う花の名山。
早池峰だけの固有種も多い

標高
1917m

岩手県東部・北上高地にゴツゴツと拳のように、あるいは見る方向によっては鋭い鋒の姿を見せる。山頂からは東に三陸の海を遠望し、小田越の峠を挟んで対峙する薬師岳や奥羽山系の岩手山、秋田駒ヶ岳、好天であれば鳥海山も見渡す。南面の岩場には、ハヤチネウスユキソウやナンブトラノオ、ナンブトウウチソウなどの固有種の高山植物も咲き誇る。

100
Mountains of Japan

深田久弥と早池峰山

早池峰山は深田久弥の愛読書『遠野物語』にも登場し、早くから早池峰という響きのよい名前として胸にとどめていた。8月の終わりに花巻から岳川に沿って遡り、河原の坊コースの御座走り岩や打石付近でハヤチネウスユキソウを見出し、城壁のような巨岩の間をよじ登って霧吹きすさぶ悪天の山頂に立った。宿泊した岳集落の民家の床の間では無形文化財指定の由緒ある獅子頭も目にし、早池峰登頂はもちろんのこと、早池峰神社参拝も加え充実した山行だったであろう。

小田越の登山口から見上げた早池峰山

登山者が集う早池峰山の山頂広場

日帰り 小田越から山頂を往復

歩行時間：4時間25分｜歩行距離：4.8km

　花巻市大迫の岳にある早池峰神社前を通って河原の坊へ。ここには早池峰自然保護センター(総合休憩所)や無料駐車場がある。小田越には駐車場はないのでマイカーなどで入山する場合、河原の坊に駐車し車道を2kmほど小田越登山口まで歩く。

　小田越は標高1249mの峠、早池峰山と

プランニング＆アドバイス

登山適期は6〜10月。山頂避難小屋のトイレは携帯トイレブースだけなので、携帯トイレは必須（岳、河原坊、小田越、山頂避難小屋で購入可)。深田久弥もたどった河原の坊コースは、2016年の大雨により登山道が崩壊してコース閉鎖中、再開の目途は立っていない。北面ルートの門馬コースは森林帯を山頂直下まで登りつめる静かな山登りが期待できる（約4時間)。早池峰山頂から鶏頭山を経由し岳へ下る縦走は距離が長く健脚者向け（約6時間)。いずれのコースも熊よけ鈴の携行など熊対策を。

薬師岳の両登山口だ。近くには小田越監視員詰所小屋があり、夏場には車道の横に仮設トイレが設置される。

　小田越から早池峰山への登山道は、アオモリトドマツを主にコメツガやダケカンバなど針葉樹と広葉樹の混交林に続く木道を進む。木道が途切れると林内の道はしだいに傾斜が増し、大きなゴロ石を越して登ると森林限界の**一合目・御門口**に着く。広々とした展望を楽しみながら休憩しよう。

森林限界の一合目から岩だらけの斜面を登る

　目前にはこの先のコース、連続する岩場にハイマツなどの低木が入り組む様子が見え、振り返れば対峙する薬師岳が大きく望める。歩き出す足もと一帯には次々と花が咲く高山植物帯、ロープで仕切られた登山

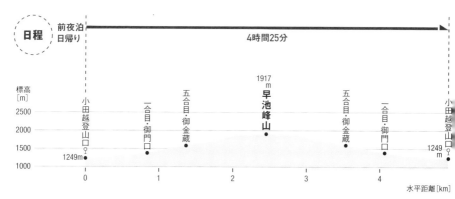

東西にのびる頂上稜線を五合目から望む

コースが上部へと続く。

　ゴロゴロした蛇紋岩の岩礫は雨などで濡れていると滑りやすいので、注意が必要だ。5月下旬頃から林内にはムラサキヤシオやミネザクラが咲き、花の季節へと山は賑わいを見せ始め、岩礫の斜面や草地にヒメコザクラなど次々に咲く。三合目では、岩の陰からひょっこり姿を現すオコジョに出会うことも。6月中旬には名花・ハヤチネウスユキソウが咲き始め、カトウハコベ、ミヤマオダマキなど周囲に咲く花々も勢いを増して上部へと開花をつなげていく。

　御金蔵岩のある**五合目・御金蔵**は天候によっては登頂を見極める地点でもある。風当たりの強い竜ヶ馬場といわれるハイマツの尾根斜面を登っていくと、遠野の山々や五葉山などの眺望が広がる。巨岩に張り付けられた鉄ハシゴの下部ではハヤチネウスユキソウはもちろん、ナンブトラノオ、ナンブイヌナズナなどのオンパレードだ。

　鉄ハシゴを登りきると八合目。巨岩を縫って渡り進み、平坦な稜線上の剣ヶ峰分岐には10分ほどで着く。西側に続く穏やかなハイマツ帯に木道が続く。賽の河原に咲くお花畑を散策しながら門馬コース分岐を過ぎ、山頂避難小屋へ急登すると早池峰神社奥宮の広場にたどり着く。目の前の**早池峰山**の頂は巨岩が累々と重なり、その間に花々も咲く。全方位の眺望とともに楽しんだら往路を慎重に戻ろう。

その他のコースプラン

　早池峰国定公園に属す薬師岳も登山口は同じ小田越にあり、山頂まで約1時間30分。登山口から林内に続く6月の登山道には群生するオサバグサが咲き誇っていたが、ニホンジカの食害で激減。中腹で出合う岩奥に見られるヒカリゴケは7月頃がよい。森林帯を抜け出る尾根直下まで登ると展望も広がり、稜線を15分ほど東へ進むと早池峰など好展望の薬師岳山頂に着く。山頂から遠野側や小田越山荘側への道は整備状態の確認が必要。

文・写真／藤原直美

アクセス
小田越への県道25号は、花巻市側、宮古市側とも例年6月第2日曜～8月第1日曜の土・日曜及び祝日にマイカー規制が実施される。規制期間中、小田越登山口まで岳からシャトルバスが運行される。また規制対象外車輌となるタクシーなどは通行可。規制期間中の夜間や早朝の時間帯は車両通行規制が解除されている。マイカー登山者は無料駐車場のある河原の坊に車を停めて小田越まで歩く（約40分）。問合せは花巻、遠野、宮古の各市役所へ。

標高1400m以上は多種の高山植物が
見られる。花期は6～9月

宮古市

早池峰剣ヶ峰
1827▲

（早池峰）
早池峰山
1917

門馬コース分岐

縦走コース

中岳へ

1800　千丈岩

避難小峰山頂

剣ヶ峰分岐

鉄ハシゴ

WC

ハヤチネウスユキソウ

1700　打石

御座走り岩

ハイマツ帯

1600

1.00
0.45

五合目・御金蔵

ナンブイヌナズナ
ナンブトウチウチソウ

1500

携帯トイレ
ブースあり

1400

頭垢離

ハヤチネ
ウスユキソウ

0.50
0.40

1300

2021年2月現在、河原坊コースは
上部の登山道崩落により閉鎖中。
立ち入りはできない

一合目・御門口

森林帯を抜け、上部は
展望のよい岩場の
登山道が続く

1200

タカ沢

奥烏沢

コメガモリ沢

0.40
0.30

1100

河原坊登山口
河原の坊

オオシラビソなどの
樹林帯

1000

マイカー規制時は
岳からシャトルバス利用

河原の坊キャンプ場

25

小田越コース

WC

P

1249m

携帯トイレの販売

早池峰総合休憩所
（ビジターセンター）

標高1050m

小田越
登山口

WC

高合　小田越山荘

岩手県

登山道に沿って
オサバグサが咲く

早池峰山植物監視員詰所

花巻市

うすゆき山荘

P

WC

花巻市街

河原坊～小田越間
登り40分、下り30分

分岐

横通り

鉄ハシゴ

1.30
0.40

樹林帯。露岩があり、
足もと注意

N

0　　　　500m

1:30,000

早池峰山の眺望

▲1645
薬師岳

遠野市

2万5000分ノ1地形図　早池峰山、高桧山、松草、陸中川内

問合せ先

［市町村役場］花巻市役所大迫総合支所 ☎0198-
48-2111、遠野市役所 ☎0198-62-2111、宮古市役
所川井総合事務所 ☎0193-76-2111
［交通機関］ファミリー観光岩手（バス）☎019-
671-7555、文化タクシー（花巻市）☎0198-23-
3181、大迫観光タクシー（花巻市大迫）☎0198-
48-2234
［山小屋］うすゆき山荘・早池峰山頂避難小屋
☎0198-48-2111、小田越山荘 ☎0198-62-2111

一合目から振り返って見た薬師岳

15

鳥海山
（ちょうかいさん）

標高
2236m
（新山）

まばゆい
残雪を踏んで花の楽園へ、
外輪山を最も高い位置から
ダイレクトに突き上げる

優美な裾野を日本海に落とす鳥海山は、出羽富士とも呼ばれる東北第二の高峰だ。山形と秋田の県境にまたがる孤高を誇る独立峰で、その姿ゆえ古くから崇められた霊峰だ。最も高い火山岩ドームの新山を背に大物忌神社が鎮座し、つねに雪を残す千蛇谷が外輪山と新山を隔てている。日本海に面した東北の高山ゆえ環境は厳しいものの、チョウカイフスマなど固有種の多い花の山だ。

固有種の
チョウカイフスマ

100
Mountains of Japan

深田久弥と鳥海山

深田久弥はその著書で東北第一の名峰と記している。標高は尾瀬の燧ヶ岳にわずかに及ばないものの、品格は東北一といっても過言ではないだろう。深田は鳥海山を2度ほど足を踏み入れている。1度目は4月中頃に山スキーにて。2度目は秋に吹浦コースから登っている。御浜小屋を経て外輪山から七高山に立ち大物忌神社に参拝しているが、新山に立ったかは記されていない。今でこそ最高点の新山が鳥海山山頂となっているが、以前は1等三角点の置かれた外輪最高点の七高山が山頂とみる登山家も多い。

コースグレード｜**中級**

技術度｜★★★☆☆ 3

体力度｜★★★☆☆ 3

御浜付近から鳥ノ海（鳥海湖）越しに見た鳥海山山頂部

鳥海山公園道路湯ノ台滝ノ小屋線終点の駐車場手前が**登山口**だ。ブナ灌木帯へもぐりこみ、荒木川源頭部を渡るとまもなく**滝ノ小屋**だ。すぐに湯の台コースと合流し、小沢の徒渉などを経て急路の八丁坂を登りきると、広々した溶岩台地の**河原宿**に着く。前方の緑の斜面に立ちはだかるのは心字雪と呼ぶ雪渓登路だ。大雪路と小雪路のふたつの雪渓を通るが、先行者のトレース参考に慎重に登りたい。雪渓を降りるとまもなく、急路の**薊坂**に取り付く。登りきれば外輪山一角の**伏拝岳**に飛び出て、千蛇谷越しに岩屑を積み上げた新山が眺められる。

外輪山の稜線をなぞるように右に伝えば、大展望の待つ外輪山最高点の**七高山**だ。鳥海山最高点の新山へは、今来たコースを少し戻り、右手の千蛇谷側へと険しい岩場道

心字雪の大雪渓から下方を俯瞰する

を慎重に下りて行く。千蛇谷源頭部の急峻な雪渓にも注意したい。下りきると山頂と泊り場の**大物忌神社**を分ける七高山分岐に突き当たる。まずは左へ向かい泊り場の大物忌神社（頂上御室小屋）へ。小屋に着いたなら軽荷で新山へ向かうが、神社起点の周回路を取りたい。

社の西横から岩屑の積み重なる岩場の急斜面をよじ登る。切り通しと呼ぶ大岩壁のすき間をすり抜けると、**新山**は目前だ。大展望の山頂だが、狭く転落の危険性もあり、また混み合うことも多く長居は無用だ。

新山を背に鎮座する大物忌神社

プランニング＆アドバイス

日帰り希望なら早朝に歩き出すプランとすること。余裕をもたせるには山小屋利用が最善だが、歩き出しの標高が高いので健脚者であれば日帰り可能（頂上御室小屋の営業期間外も同様）。残雪は時季変化が激しく、踏み抜きなどに要注意。夏でもアイゼンを携行したい。外輪山にはハシゴ場の通過が、また新山一帯は巨岩が折り重なり、落石や転落に要注意。山上の山小屋は食事つきだがすべて要予約。滝の小屋は6月下旬〜10月下旬、山頂御室小屋、御浜小屋は7月上・中旬から9月中旬の営業。

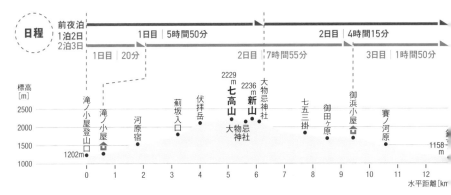

日程
前夜泊 1泊2日 2泊3日

| | 1日目 20分 | 1日目 5時間50分 | 2日目 7時間55分 | 2日目 4時間15分 | 3日目 1時間50分 |

標高[m]

2229m 七高山　2236m 新山　大物忌神社

滝ノ小屋登山口 1202m　滝ノ小屋　河原宿　薊坂入口　伏拝岳　大物忌神社　七五三掛　御田ヶ原　御浜小屋　賽ノ河原　1158m

水平距離[km]
0　1　2　3　4　5　6　7　8　9　10　11　12

鳥海山最高点・新山山頂からの日の出

下山は北東方向の岩場をつたって、胎内（たいない）くぐりルートを下りる。胎内くぐりの岩洞を通り抜けると七高山分岐のある往路に合流し、**大物忌神社**へ帰り着く。

2日目 大物忌神社から鉾立へ下山

歩行時間：4時間15分　歩行距離：6.8km

　下山は、外輪山との間に横たう千蛇谷雪渓に沿って、新山の中腹を巻くように下降する。雪渓が急落する上部付近で雪渓を渡り、対岸の足場の悪い急坂を登れば外輪コースに合わさる。少し下りると**七五三掛（しめがけ）**で、**御田ヶ原（おだがはら）**からは石畳風の歩道づたいとなり、緩やかな登りの八丁坂を越すと扇子森（せんすもり）だ。花期なら、一面に咲くニッコウキスゲの群落などが見られるだろう。

　左足もとに鳥ノ海火口湖を俯瞰すると**御浜小屋（おはまごや）**に着く。あとは緩やかに下るのみだが、六合目の**賽ノ河原（さいのかわら）**は雪渓がある時に視界が悪いと迷いやすい。スッパリ切れ落ちた奈曽渓谷（なそ）を右足もとに見ると、まもなくレストハウスやバス停、駐車場などがある**鉾立（ほこたて）**に下り立つ。

その他のコースプラン

　七高山にダイレクトに突き上げる祓川（はらいがわ）コースは、祓川ヒュッテ（素泊まり・4月下旬～10月管理人常駐）の建つ五合目の矢島口（やしまぐち）が起点。懸崖地の縁を下降する康新道と併用で周回が可能。多雪エリアの北面からのコースだけに、大雪渓登行や一面を埋めるお花畑など変化に富む。途中には七ツ釜避難小屋（ななつがま）もあり、緊急時に心強い。八合目上部で康新道を右に分けると雪渓ルートの大雪路が始まる。登り約4時間、下り約3時間。登山口の祓川へは由利高原鉄道矢島駅からタクシー（ハートワン交通☎0184-55-2246）かマイカーで入る。

文・写真／仁井田研一

アクセス

滝ノ小屋登山口へのバスはなく、最寄り駅からタクシー利用となる。アクセス路の公園道路湯ノ台滝ノ小屋線は6月下旬～11月中旬の間通行可。帰路の鉾立からの予約制登山バス「鳥海ブルーライナー号」は6月～10月第2週の運行。ダイヤはにかほ観光協会のホームページで確認できる。縦走コースのため、マイカーの場合は往路を戻るか、鳥海湖と千畳ヶ原経由の周回コースが考えられる。また、酒田第一タクシー（☎0234-22-9444）では滝ノ小屋登山口と鉾立間の運転代を行っている（往路のタクシー代込みで約15000円）。

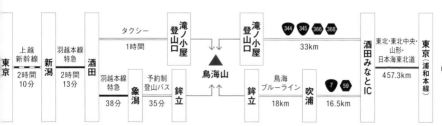

象潟市街へ
鉾立山荘
鉾立ビジターセンター
展望台
181 鉾立
1158m
WC P
TDK小屋（東雲山荘）
•998
稲倉岳 ▲1554
•1148
•1400
•1286
奈曽谷から新山への眺めがよい
稲倉山荘
•1161
秋田県
にかほ市
•1243
▲1342
•1456
•1355
•1572
このあたり雪渓が残る周囲はお花畑が広がる
最晴台
▲1395
大平へ
•1522
賽ノ河原
蟻ノ戸渡
•1577
とよ
河原宿
清水大神
御田代
康新道
祓川
1.20
1.40
0.30
0.40
御浜小屋 WC
鳥ノ海御浜神社
鳥海湖
扇子森 1759
八丁坂
御田ヶ原
ヒナウスユキソウなど花の山道
旧道は通行禁止
•1694
0.30
七五三掛
御田代
雪渓を横断する
0.20
0.30
1.35
2.00
鳥海山
新山 2236
荒神ヶ岳
七高山 2229
虫穴岩
新山・外輪分岐
0.30
1528
長坂道T字分岐
鳥海湖・御浜分岐
1652▲ 鍋森
仙人平
三峰▲
二峰▲
笙ヶ岳▲1635
•1296
1652▲
万助道
•1396
千畳ヶ原
八丁坂
チョウカイアザミが咲く
2005 文殊岳
大物忌神社（頂上御室小屋）
伏拝岳
行者岳 2159
ハシゴ（滑落注意）
0.20
百宅口分岐
•1822
1618•
山形県
遊佐町
•1135
•1147
•1576
御浜小屋～河原宿間下り約2時間30分
月山森 1650▲
1783•
薊坂入口
0.50
0.35
1.30
1.10
視界不良時方向注意
雪渓の踏み抜き注意
•1489
酒田市
•1250
•906
▲1404
•1176
1555•
WC
河原宿
滝ノ小屋
WC
滝ノ小屋登山口
•1202m
•1066
0.50
0.20
0.50
0.20
0.30
八丁坂
•812
•685
•1107
湯の台コース
鳥海高原ライン
酒田市街へ

N
0   1km
1:50,000

2万5000分ノ1地形図 鳥海山、湯ノ台、小砂川

問合せ先
［市町村役場］遊佐町役場☎0234-72-5886、遊佐鳥海観光協会☎0234-72-5666、酒田市八幡総合支所☎0234-64-3115、にかほ市役所☎0184-43-3200、にかほ観光協会☎0184-43-6608
［交通機関］酒田合同自動車（タクシー・酒田駅）☎0234-72-4433、遊佐タクシー（遊佐駅）☎0234-72-3333、象潟合同タクシー（鳥海ブルーライナー号）☎0184-43-2030
［山小屋］滝ノ小屋☎0234-72-5886、頂上御室小屋（大物忌神社）☎0234-77-2301、御浜小屋☎0234-77-2301、鉾立山荘☎090-3124-2288

外輪山と千蛇谷コース分岐付近から見た千蛇谷

73

16

月山
（がっさん）

標高
1984m

豪雪に育まれた
いっぱいに広がるお花畑と、
極楽浄土と謳われた
色濃い山岳信仰の霊峰へ

山形県のほぼ中央にそびえる月山は、羽黒山、湯殿山とともに出羽三山としてよく知られ、山伏姿の先達に導かれた、三山駈けを行う白装束の講中人を今でも多く見かけられる。別名も多く、犂牛（くろうしの）山または井首山、横たう牛のような姿から臥牛（がぎゅう）山とも呼ばれており、開山は崇峻天皇の悲運の皇子、蜂子皇子によるものとったえられている。

山頂の月山神社社務所

コースグレード	初級

技術度	★★☆☆☆	2
体力度	★★☆☆☆	2

100
Mountains of Japan

深田久弥と月山

その昔、俳人の松尾芭蕉も登拝した月山に、深田久弥は1962年8月に訪れた。芭蕉同様に古例に習い羽黒山へ詣で、ついで月山を踏み、そして湯殿山へ参拝する三山の順路をたどった。出羽三山の信仰理念は擬死再生といわれ、羽黒山は生まれ変わりのはじめで現在の世を表し、月山は黄泉の世界への旅立ちで、未来の世を表す湯殿山は生まれ変わりを果たすとされている。深田久弥もその著書に「羽黒山から月山に登り、奥院の湯殿に参拝するのが、昔からの順路であった」と記している。

姥ヶ岳から月山山頂（右）を仰ぎ見て木道づたいに金姥へと向かう

長い岩場の急登が続く鍛冶月光坂

日帰り 姥沢から山頂を経て八合目へ

歩行時間：5時間15分 ｜ 歩行距離：9.1km

広い駐車場のある**姥沢バス停**から車道歩きでバス転回所のある登山案内所へ。美化協力金を納め、さらにコンクリ舗装の急路を登れば**リフト下駅**だ。15分ほど揺られた**リフト上駅**でリフトを降りると、そこはもう花園の真っただ中。令和の鐘越しに姥ヶ岳を見上げる広場から木道に乗ると間もなく、直上する稜線路と草原を横切るよう

プランニング＆アドバイス

月山周辺には温泉宿から宿坊などが多くあり前泊や後泊がおすすめ。前泊の際はリフト運行時間に合わせて送迎してくれる宿を探すといいだろう。山上の月山頂上小屋と佛生池小屋は6月下旬〜10月開設。名にし負う豪雪の山塊だけに夏でも遅くまで残雪があり、多量の残雪が道を寸断し、視界が悪い時は迷いやすい。またスリップや夏期は雷も多いのでくれぐれも要注意。ビギナーが入山しやすいのは7月頃からで、それでも軽アイゼンなどがあれば安心だ。

に巻く迂回路との分岐に着く。天候しだいで決めたい。いずれ牛首分岐で合わさる。

分岐から直上すると**姥ヶ岳**の山頂だ。ベンチが置かれ休憩には最適で、鳥海山や朝日連峰が目の前に望める。山頂からは残雪とお花畑のコラボレーションとなる。

金姥、柴灯森、牛首の各ピークとひときわ高い月山山頂部を前方に見上げて稜線をなぞるが、濡れた木道は滑りやすく要注意だ。**金姥**の分岐で湯殿山口コースを左に見送り、柴灯森の右斜面を巻くと**牛首**の分岐だ。迂回路ルートや姥沢コースを合わせ、急な岩場の鍛冶月光坂に取り付く。月山の最難所だ。浮石などに注意を払い、刀鍛冶が行われた鍛冶小屋跡を越すとまもなく山頂台地に飛び出る。あたり一面お花畑が広がる台地状の草原で、神饌ノ池や山小屋、トイレなどもあり賑やかだ。

佛生池小屋の前にある仏生池

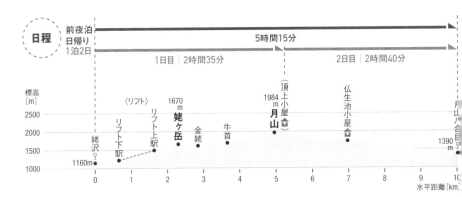

ニッコウキスゲ咲く弥陀ヶ原から見上げた月山

ひときわ高い月山山頂部には、石畳参道に導かれるように月読命が祀られる月山神社が鎮座する。ぜひお参りしていきたい。

帰路は神社の東側を回りこみ、大雪田を横目にお花畑を通り神社北側へ。しばらく行くと1等三角点標石が置かれた三角点山頂への登路が左斜面に現れる。**月山**山頂からは東側足もとに月見ヶ原や行者ヶ原など豊富な残雪とお花畑を眺めながら、北側へ向かって下降する。行者返しなど信仰にちなむ地名も多く、短い岩場の急坂もあるが、おおむね緩やかだ。

佛生池小屋付近はお花畑となっており、小屋からもさらに緩やかに下りていく。傾斜がほぼなくなり弥陀ヶ原に下り立つと、十字路分岐に突き当たる。左は八合目バス停や駐車場への最短路で、直進は御田原参篭所経由。右は池溏群周遊コースだ。いずれも**月山八合目バス停**に向かうので、体力や時間に合わせて選べばよい。

その他のコースプラン

極楽浄土の花々をゆっくり愛でるには、姥沢口からのリフト利用が最適だが、リフトに乗らず牛首分岐へのダイレクトルートもある。案内所を越してリフト下駅手前の小さいコンクリ橋を渡り、すぐのカーブから右の小道へ。旧姥沢小屋横を通りブナなどの樹林に入る。すぐに樹林を抜け開けた草原の斜面となり木道に乗る。足もとを飾るお花畑と白い残雪が行く手に光り、天候がよければ雪上で滑りを楽しむスキーヤーの姿が見られる。リフト上駅からの迂回路コースが合わさり、残雪の急坂を登りきると間もなく牛首分岐で、リフトコースと合流する。このコースはマイカー利用やリフト運休時の下降ルートとして利用価値大。

文・写真／仁井田研一

問合せ先
［市町村役場］西川町役場 ☎0237-74-2111、庄内町役場立川総合支所 ☎0234-56-2211、鶴岡市役所羽黒庁舎 ☎0235-62-2111、月山朝日観光協会 ☎0237-74-4119
［交通機関］山交バス ☎023-632-7280、西川町営バス ☎0237-74-4118、月山ペアリフト ☎0237-75-2025、庄内交通（バス）☎0235-24-5333
［山小屋］月山頂上小屋 ☎090-8781-7731、月山佛生池小屋 ☎090-8783-9555

アクセス
往路・帰路ともシーズン中のみバス便がある。月山ペアリフトは4月10日頃から運行するが一般が登りやすいのは6月中下旬以降。マイカーの場合、姥沢に約500台可能な駐車場がある。マイカー利用は縦走の場合車の回収が難しく、迂回路コースやダイレクトコース利用の周回ルートがベター。

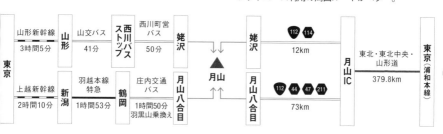

休暇村羽黒、鶴岡駅へ
•953
211 ▲1403
1390m 月山高原ライン
月山八合目バス停
レストハウス WC P 御田原参籠所
御田原神社
1454 弥陀ヶ原 1438
1126•
•888 十字路分岐 無量坂
1111 1299•

山形県
鶴岡市
△1046
1576 羽黒コース 庄内町
•813 1.30

•942 1128• 1209• 1208• 一ノ岳 1744
1679
1408•
•1111 1759 佛生池小屋
雨告山 二ノ岳 WC
1309• 1828
オモワシ山 行者返し
•1086 1204• 1302• 1536 モックラ坂
1909 1744
1479• 大峰
•1302 1479• 1.10
1.20
1619• 1579• 月山 1767•
1984 月山神社本宮
芭蕉句碑 WC
湯殿山神社本宮 頂上小屋
1281• 1386• 1.00 肘折口コース
0.50 鍛冶小屋跡
丹生鉱泉 柴灯森 牛首 急登 1798•
1038 1530 1729 1.00
900 水月光 湯殿山口 0.50
湯殿山参籠所 コース 金姥 残雪時 △1817
湯殿山有料 薬師岳 スリップ注意
道路 1262• 1688 0.30 0.20
湯殿山仙人沢 姥ヶ岳 0.20 姥沢・
仙人岳 1670 1523• リフト上駅分岐 1628•
1265• 0.30 1696
•1099 1421• 0.30 0.20
湯殿山 リフト上駅 WC
1500 1510m 0.55 1638•
西川町 1.05
所要15分 1482•
1102• 月山リフト 1521•
•1120 1285• 1395•
リフト下駅 1306•
0.15 1417•
•1008 0.10
登山案内所あり 姥沢小屋
(美化協力金徴収) 倒壊 1265•
•1015 姥沢バス停 1167• 1340△
1160m 1238•
114 民宿多い
•1014 1127•
国道112号、月山ICへ 1278•

朝日岳

（あさひだけ）

白花のヒメサユリ

標高
1871m
（大朝日岳）

ヒメサユリの大群落を
愛でながら、「遠い朝日」
とも謳われる原始性豊かな
連峰の大縦走

朝日連峰は、山形と新潟の県境に南北約60kmにわたっ
て峰を連ねるスケールの大きな隆起山塊だ。豪雪で知ら
れた越後山脈に属し、飯豊連峰とは兄弟山塊ともいわれ
ている。連峰の主峰は南にそそり立つ鋭鋒の大朝日岳で、
北端をボリュームある以東岳が司る。その間の峰々は飯
豊に比べて小ぶりだが、切れこみの深い鋭鋒が多い。稜
線は高山植物が豊富で、花々の宝庫となっている。

コースグレード｜中級

技術度｜★★★☆☆ 3

体力度｜★★★★☆ 4

100
Mountains of Japan

深田久弥と朝日岳

深田が最初に朝日連峰を歩いたのは、1926（大正15）年7月のこと。かなり
昔の話で、連峰の縦走で踏破している。アクセス面を含め、さぞかし「遠
い朝日」を実感したことだろう。飯豊連峰も同様だが、朝日連峰の真価は
起伏のあるその長い稜線をなぞる縦走にあるといっても過言ではない。百名
山ブームも数を追うあまり、最短コースのみに特化する傾向が強く、特に
ツアーはリスクを少なくしたいことからなおさらだ。時間の制約もあるこ
とからだろうが、余裕ある山行は山岳遭難などの事故の軽減にもつながる。

縦走路に踏み入り、中岳への途中から見た大朝日岳と大朝日小屋

起点の朝日連峰古寺案内センター（宿泊・入浴可）

1日目 古寺鉱泉から大朝日岳へ

歩行時間：**6時間20分**　歩行距離：**8.7km**

　広い駐車場と**朝日連峰古寺案内センター**のある古寺鉱泉登山口から、川沿いの小道を遡り板張りの橋を渡る。**旧古寺鉱泉**宿の左から裏手のブナ林に急坂に取り付き、ヒメコマツ立ち並ぶ緩やかな尾根に出る。視界はなく、ブナとヒメコマツの合体の樹を見て、道が尾根から斜面沿いになると一服清水だ。さらに先が**ハナヌキ峰の分岐**で、左の鞍部からブナ林がしばらく続く急坂に取り付く。大きな段差やえぐれた路面もあり、古寺山の肩に飛び出るとようやく急登からは解放される。夏なら、この先でヒメサユリの大群落が見られる。

　古寺山の山頂からは前方にそびえ立つ小朝日岳や大朝日岳、一文字に長く連なる連峰稜線が一望できる。小朝日岳は山頂を迂回する巻き道があるが、急峻な残雪が初夏頃まで道をふさいでいるので、山頂経由が無難。**小朝日岳**は見晴らしが抜群によい。

　山頂を出ると足場の悪い急坂の下降となり、鞍部の熊越に下り立つ。稜線状の尾根に取り付くが、この先も沿道はヒメサユリでいっぱいだ。花の響演は、連峰屈指の銘水・銀玉水付近まで続く。

　水場からは、夏頃まで残雪が埋める厄介な急斜面に取り付く。登りきると白い花崗岩が点在し、ハイマツと高山植物が競演する高山になる。霊山朝日嶽神社奥宮への入口を見送ると、泊まり場の**大朝日小屋**はすぐ。天候し

ハナヌキ峰分岐への登りにある合体の樹

プランニング＆アドバイス

縦走適期は6月下旬〜10月中旬。稜線上の小屋と大鳥小屋（タキタロウ山荘）はシーズン中管理人が常駐し管理協力金が必要だが、食料とシュラフ携行の素泊まりのみ。大朝日小屋の水場は銀玉水か金玉水利用だが、初夏はまだ残雪に埋もれていることが多い。竜門小屋と狐穴小屋と大鳥小屋（タキタロウ山荘）はシーズン中に小屋前に導水されている。以東岳小屋は北斜面を10分ほど下った碧玉水を利用。古寺鉱泉前泊なら初日は竜門小屋まで足をのばせる。翌日は大鳥小屋まで縦走可能。

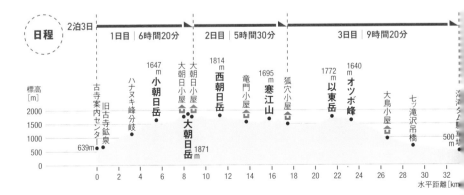

日程　2泊3日　1日目｜6時間20分　2日目｜5時間30分　3日目｜9時間20分

だいで**大朝日岳**を往復するといい。細長い山頂からは飯豊や足もとの祝瓶山、翌日たどる主脈稜線などが見渡せる。

秋の寒江山の斜面越しに眺めた相模山

2日目 大朝日小屋から狐穴小屋へ
歩行時間：5時間30分｜歩行距離：8.8km

いよいよ長い険しい縦走が始まる。まずは金玉水入口のある鞍部へ緩やかに下り、立ちはだかる中岳に取り付く。山頂は踏まず東斜面を巻き、急下降からややきつい登りで**西朝日岳**へ。次の竜門山で日暮沢コースを右に分け、**竜門小屋**に下りていく。

ヒナウスユキソウなどが咲きそろう稜線通しに、南寒江山、三角錐を誇示する**寒江**

南北に細長い形をしている大朝日岳の山頂

おすすめの撮影ポイント

まずブナ樹林の新緑・黄葉は押さえておきたい。ヒメサユリの群落の撮影も朝日連峰では欠かせない被写体。花のみアップよりも前景に大きくあしらうなど、工夫次第で緑の山並みが生きてくるだろう。稜線上に泊まることから、月山を照らす朝日や、日本海に沈む夕陽などの撮影も容易だ。稜線に広がる高山植物も重要モチーフで、秋なら朝夕陽に照らされ、赤く染まる草紅葉も撮影ポイントとなっている。起伏の大きな山並みの、朝夕に立体感が表現できればベストだ。また山形県最大湖沼の大鳥池はタキタロウ伝説もあり、神秘的な色合いが出せれば上出来。なまめかしいほど滑らかな太いブナも魅力的だ。

山、さらに三面コースが分岐する北寒江山と登り越していく。北寒江山から少し下れば花崗岩砂礫地の三方境で、大井沢への天狗口コースを右に分ける。眼下には、量感ある以東岳を背に建つ泊まり場の**狐穴小屋**が見えてくる。

3日目 狐穴小屋から以東岳、泡滝ダムへ
歩行時間：9時間20分｜歩行距離：15.5km

小屋を出て、小さな起伏をいくつか越し、笹原の緩やかな登りをこなすと中先峰だ。池溏のある鞍部の金堀から、前方に立ちはだかる以東岳へ取り付く。このあたりではヒメサユリとニッコウキスゲの競演も見られる。**以東岳**の肩の松虫岩まで登ると、以東岳小屋が見えてくる。登りきると1等三角点の以東岳だ。眼下には熊の敷皮に例えられる大鳥池が見え、背後には歩いてきたばかりの主脈稜線が長々と横たわる。

下山ルートは、一気に視界が失せる直登コースよりも、起伏と足場の悪い岩場の通過はあるが、連峰屈指のお花畑が広がる稜線通しのオツボ峰コースがおすすめ。

お花畑の快適な草原から、急下降が続くブナ林へと潜りこむ。大鳥池畔に下り立つと、左から直登コースが合流する。制水門

の堰堤を通り、キャンプ場がある白い大きな**大鳥小屋**（タキタロウ山荘）前に出る。池とブナ樹幹越しに以東岳が仰望できる。

　休憩ついでに給水して、小屋を出発する。しばらくブナ林の平坦路が続き、先端付近から一気に急落する。ジグザグに下りていくが、このブナの急斜面は湧き水が豊富だ。川縁に近づき、しばらく緩やかに下ると、**七ッ滝沢の吊橋**に出る。ひとりずつ静かに渡る。さらに大鳥川右岸沿いの快適なブナ林を緩やかに下降し、まもなく枝沢の冷水沢の吊橋を渡る。長い右岸の道も、前方に泡滝ダム堰堤が見え出すと、長かった山旅もフィナーレを迎え、車道を少したどれば**泡滝ダムの駐車場**だ。

その他のコースプラン

　朝日鉱泉からのルートは大朝日岳にダイレクトに至るルート。中ツル尾根コースを登路に、鳥原山コースを下降路するのが最適。朝日鉱泉を早朝発てば健脚者なら日帰り可能だが、無理せず大朝日小屋か鳥原小屋（ともに素泊まり）で1泊したい。登路の中ツル尾根コースは、二俣まで吊橋を渡り返す沢沿いのルートで、尾根に取り付くと一気に大朝日岳の山頂に達する。下りの鳥原山コースは、湿原や樹林、沢の徒渉ありの変化に富んだ長いルート（登り下りとも約6時間）。朝日鉱泉へは左沢駅から朝

日登山バス（要予約）で所要約50分。マイカーは山形道月山ICから大井沢経由約33km。駐車スペースは約10台。

文・写真／仁井田研一

水面に以東岳が投影する大鳥池

問合せ先
[市町村役場] 大江町役場☎0237-62-2111、鶴岡市役所朝日庁舎☎0235-53-2111
[交通機関] 大沼タクシー☎0237-62-2248、朝日タクシー☎0237-62-6088（ともに左沢駅）、落合ハイヤー（鶴岡市朝日）☎0235-53-2121、庄内交通バス☎0235-24-5333
[山小屋] 大江町朝日連峰古寺案内センター☎090-4638-7260、大朝日小屋☎0237-62-2111（大江町役場）、竜門小屋・狐穴小屋☎0237-76-2416、以東岳小屋・大鳥小屋（タキタロウ山荘）☎0235-55-2233

アクセス
往路の古寺鉱泉へのバスはない。帰路の泡滝ダム〜鶴岡駅間には7月下旬〜9月下旬に朝日夏季観光バスが運行される（朝日庁舎で路線バスに乗り換え・2021年は運行未定）。ただし土・日曜、祝日のみの運行。マイカーの場合、古寺鉱泉駐車場（約200台収容）へは山形道月山ICから県道27号、真室川小国大規模林道、古寺林道を経由する。ただしマイカーは縦走後の車の回収が困難なため、大朝日岳の往復登山もしくは起点を朝日鉱泉起点の周回コースにする（「その他のコースプラン」参照）。

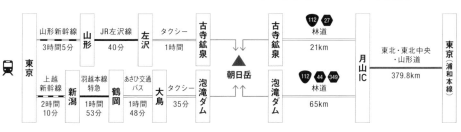

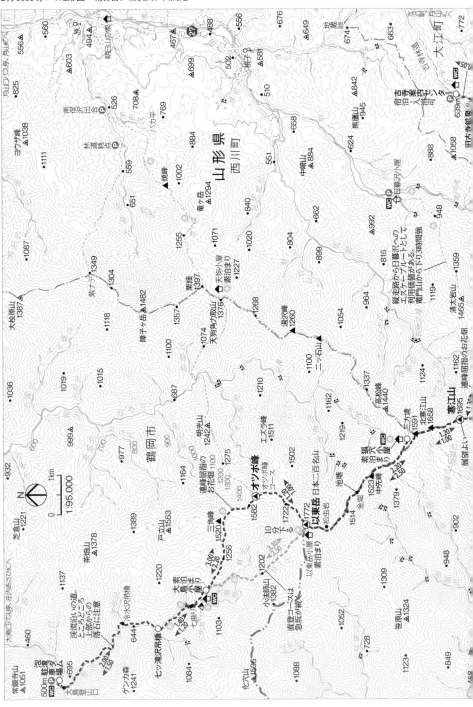

山形県

西川町

鶴岡市

大江町

18 蔵王山
（ざおうざん）

さえぎるもののない
尾根をたどって
蔵王山の主峰・熊野岳から
シンボルの御釜を眺める

蔵王山域は雁戸山のある北蔵王、屏風岳に代表される南蔵王、そしてここで紹介する中央蔵王に大別される。中央蔵王には蔵王のシンボルである御釜があり、交通の便のよさから多くの観光客も押し寄せる。西側の地蔵岳にはゴンドラで運び上げてもらえるので、初心者でも難なく登ることができる。地蔵岳から蔵王山最高峰の熊野岳への稜線は樹木もなく、展望抜群の稜線漫歩が楽しめる。

熊野岳に咲く
コマクサ

コースグレード｜初級

技術度｜★★☆☆☆ 2

体力度｜★☆☆☆☆ 1

100
Mountains of Japan

深田久弥と蔵王山

深田は高湯温泉（現在の蔵王温泉）から登り、熊野岳、刈田岳を経て東麓の峩々（がが）温泉に下るコースを歩いている。詳細は不明だが、おそらく蔵王温泉から地蔵岳、熊野岳、刈田岳とたどり、大黒天、賽の磧を経て峩々温泉に向かったのであろう。御釜については「蔵王の宝玉」と表現しており、そのために馬ノ背の逍遥は一段と精彩を加えると讃えている。御釜の水は妖しく濃い緑色で、噴火口特有の一種凄惨な趣があるとも記している。深田は蔵王の中で、御釜に最も魅力を感じていたようだ。

蔵王のシンボル御釜。エメラルドグリーンの湖面が美しい

蔵王山神社（熊野神社）がある熊野岳山頂

蔵王山頂駅近くにある巨大な地蔵尊石像

日帰り 蔵王山頂駅から熊野岳、樹氷高原駅へ

歩行時間：**2時間40分** ｜ 歩行距離：**6.7㎞**

蔵王温泉の蔵王山麓駅から蔵王ロープウェイに乗り、樹氷高原駅で乗り換えて**蔵王山頂駅**へ向かう。山頂駅は標高1660mで、目の前南側には地蔵岳の丸い山頂が見える。近くには全高2.36mの地蔵尊石像があるので立ち寄っていこう。地蔵岳山頂には10分ほどで立てるが、北側にトラバース道があり、そちらを歩く登山者も多い。

地蔵岳から東に行くと、目の前に主峰・熊野岳の大きな山体が姿を見せる。樹木のまったくない尾根は展望抜群。緩く下れば、ケルンがある**ワサ小屋跡**に着く。ここからはいろは沼に向かう道が分岐しているので、

下山路として利用することにしよう。

さらにガレた道をたどり、石がゴロゴロした斜面を登れば**熊野岳**山頂だ。蔵王山神社（熊野神社）や避難小屋、斎藤茂吉の歌碑があり、さえぎるもののない山頂からは360度のパノラマが楽しめるが、広い山頂なので、1カ所からすべてを見ることはできない。山頂を散策しながら、それらの山々を同定してみるのもよいだろう。また、東側には大きく口を開けた火口湖、御釜が見下ろせ、エメラルドグリーンの湖面の美しさに息をのむ。垂直に切れ落ちた火口壁と、静かにたたずむ水面の対比が印象的だ。

プランニング＆アドバイス

ゴールデンウイークの頃までは残雪があるので、足回りに注意。いろは沼の花を楽しむなら6〜8月がいいだろう。紅葉は9月下旬〜10月中旬が見頃。ここでは蔵王山麓駅起点の周回コースを紹介したが、「その他のコースプラン」で紹介した、熊野岳〜刈田岳〜大黒天のコースをつないだ縦走コースもおすすめだ。なお、噴火警戒レベルが2となると熊野岳〜馬ノ背〜刈田岳周辺の立ち入りができなくなるので、事前に火山情報を確認されたい。

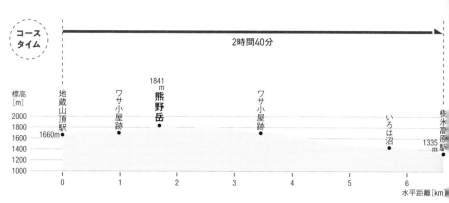

おすすめの撮影ポイント

ワサ小屋跡付近から見上げる熊野岳のワシ岩は巨大で迫力がある。熊野岳の北側に連なる雁戸山への稜線も、すっきりとした連なりで美しい。何といっても最大の被写体は御釜だろう。絵葉書的な写真となるが、雲が湧きやすい山域なので、雲をまとった御釜を狙えば、変化のある写真が撮れる。夏にいろは沼に咲く花も、湿原の風景としてまとめるのに好適。

下山路は熊野岳山頂からワサ小屋跡まで戻り、いろは沼を経て観松平（かんしょうだいら）から樹氷高原駅に向かおう。ワサ小屋跡から西に分岐する道を緩く下る。オオシラビソ林の中を下っていけば、やがていろは沼に着く。ここは池塘が点在する湿原で、夏にはコバイケイソウ、ハクサンチドリ、キンコウカ、ワタスゲなどが風に揺れ、蔵王のオアシスともいえる場所だ。東に目を移せば、熊野岳が顕著なピークを見せている。

いろは沼から見る熊野岳は鋭いピークを見せる

いろは沼からさらに下ると、ほどなくゴヨウマツの巨木が点在する観松平に着く。主なゴヨウマツにはそれぞれ名前がつけられているので、名前を確認しながら散策するといいだろう。観松平を抜ければ、ユートピアゲレンデ上部の草地に飛び出す。あとは眼下の樹氷高原駅まで下るだけだ。

その他のコースプラン

熊野岳から馬ノ背、刈田岳を経て蔵王エコーラインの大黒天（だいこくてん）に下るコースを紹介しよう。熊野岳から南へは、御釜の西側を回りこむように馬ノ背の広い尾根が続いている。レストハウスを右に見て少し登れば刈田嶺神社が建つ刈田岳山頂で、その先の避難小屋の脇から大黒天に下る階段状の登山道が続いている。剣ヶ峰（けんがみね）のガレ場の先で、濁川源頭部の荒々しい深い谷間が見えてくる。その迫力十分な光景に圧倒されることだろう。再び現れた階段を下れば、大黒天バス停は目の前だ。

文・写真／渡辺徳仁

アクセス

蔵王ロープウェイの始発は8時30分、樹氷高原駅の最終便は17時。マイカーの場合は、蔵王山麓駅前の駐車場を利用する。刈田岳経由で大黒天バス停に下山した場合（上記「その他のコースプラン」参照）、ミヤコーバスでJR東北本線白石駅または東北新幹線白石蔵王駅へ（約1時間半）。ただし1日2便で大黒天バス停の最終は13時過ぎと早い。

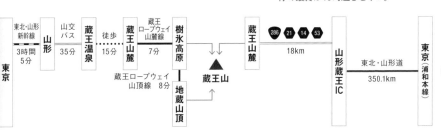

| 東京 | 東北・山形新幹線 3時間5分 | 山形 | 山交バス 35分 | 蔵王温泉 | 徒歩 15分 | 蔵王山麓 | 蔵王ロープウェイ山麓線 7分 | 樹氷高原 | | 蔵王山 | 蔵王山麓 | 286 21 14 53 18km | 山形蔵王IC | 東北・山形道 350.1km | 東京（浦和本線） |

蔵王ロープウェイ山頂線 8分 → 地蔵山頂

山形県
山形市

川崎町

蔵王山

上山市

宮城県
七ケ宿町

蔵王町

2万5000分ノ1地形図　蔵王山

問合せ先
［市町村役場］山形市役所📞023-641-1212、上山市役所📞023-672-1111、蔵王町役場📞0224-33-2211
［交通機関］山交バス📞023-632-7272、ミヤコーバス📞0224-25-3204、山交ハイヤー📞023-681-1515、山形タクシー📞023-622-4561（いずれも山形市）、白石タクシー📞0224-26-2154、白石観光タクシー📞0224-26-2181（いずれも白石市）
［山小屋］熊野岳避難小屋（蔵王山神社内）📞023-629-2967（蔵王山神社総代会事務局・佐藤栄吉）、熊野岳避難小屋（蔵王山頂東方）・刈田岳避難小屋📞022-221-2821（宮城県庁観光課）

熊野岳から望む雁戸山の双耳峰（中景）

87

19

飯豊山
いいでさん

いにしえの登拝路を踏み、
まばゆい豊富な残雪と
イイデリンドウが咲く
天上の楽園へ

標高
2128m
（大日岳）

福島・山形・新潟3県にまたがる飯豊連峰（主峰は2105mの飯豊本山）は、ボリュームある2千m級の峰々を連ねた花崗岩の隆起山塊だ。豪雪で名高い越後山脈に属し、つねに豊富な雪田が見られる。山地帯はブナ原生林が取り巻き、おおらかな稜線には明るい草原が開け、高山植物の宝庫となっている。奥深いことから「深い飯豊」と謳われ、信仰の霊峰でもある。

固有種の
イイデリンドウ

コースグレード	上級
技術度	★★★☆☆ 3
体力度	★★★★☆ 4

100
Mountains of Japan

深田久弥と飯豊山

深田久弥が飯豊山を訪れたのは1962年の夏、飯豊を世に知らしめた藤島玄氏に案内され、総勢8名で北側の杁差岳（えぶりさしだけ）から入山している。ボリュームある稜線を南下する縦走で、山小屋1泊、テント3泊の長い山旅だったようだ。その時の様子の写真が、藤島玄氏著書の『越後の山旅』上巻に載っている。藤島玄氏は日本山岳会および越後山岳会の創設会員で、飯豊だけではなく越後の山々を深い考察で全国に紹介した岳人だ。その功績を称えて杁差岳に藤島氏のレリーフ像が建てられている。

草履塚から眺めた主峰・飯豊本山。稜線を雲が渡っていく

収容50人の三国小屋（三国岳避難小屋）

1日目 川入から飯豊切合小屋へ
歩行時間：8時間10分 ｜ 歩行距離：9.1km

福島県喜多方市川入地区からの御沢コースは、古くから開かれた飯豊の代表的な登拝路だ。今でも信仰の名残が色濃く残る。シーズン中の週末などに登山バスが運行される川入集落をあとに、林道歩きで御沢キャンプ場（タクシーやマイカーはここまで）へ、さらに林道を15分ほど進んで御沢橋を渡ると御沢登山口だ。

大杉と石祠の前を通り、ブナ樹林にもぐりこむ。樹林内の急登がひたすら続くが、下十五里、中十五里、上十五里など、昔の信仰登山の面影を残す広場がほどよくあり、休憩適地となっている。樹林内は最も汗をしぼられるが、急がずゆっくり高度を上げていきたい。

横峰からは勾配も緩くなり、飯豊山最短ルートの小白布沢からのコース（通行条件

あり）が右から合わさる。横峰には、信仰登山が盛んな頃簡易小屋が建っていた。しだいに地蔵山の西斜面を巻くようになり、秀峰水と呼ばれる極上の湧き水に着き、ようやく人心地つける。

後ろ髪を引かれながら清水をあとにすると地蔵山分岐で、五段山からのコースと合わさる。左に折れて下降し、いよいよコース最難所・剣ヶ峰の狭い岩稜帯に取り付く。2カ所のクサリ場とへばりつくような岩場があり、慎重に登り越したい。

本コース最難所・剣ヶ峰のクサリ場

プランニング＆アドバイス

登山適期は7月上旬〜10月下旬まで。夏は暑さが大敵で、登山口のある川入集落の民宿（高見☎0241-39-2130）などに前泊し、早朝の涼しい時間帯に風通しの悪いブナ林を抜けたい。最短ルートの小白布コースは、現在コースとしては認知されておらず、暗黙の了解で利用されているに過ぎないが、川入集落の民宿を利用すると、この登山口まで送迎してくれる。三国・飯豊切合・本山の各小屋とも管理人が常駐するのは夏期と9・10月の特定日のみ（三国小屋は9月まで）。食事の提供は飯豊切合小屋のみだが、他の小屋も事前予約で食品の販売をしてくれる。シュラフはすべての小屋で持参すること。

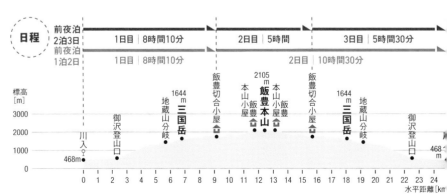

登りきると山頂に三国小屋（三国岳避難小屋）の建つ**三国岳**に出て、弥平四郎コースが左から合わさる。北には七森越しに飯豊本山が見える。三国岳をあとにアップダウンのある足場の悪い稜線の縁を、着実にたどる。頑丈な金属バシゴが設えられている駒返しを慎重に登り越したら、稜線上の起伏を繰り返す。炎天下なら七森などの日陰は大変ありがたい。しばらくすると両側が切れ落ちた、足場の悪い岩場が現れる。短いが通過には細心の注意を払いたい。

　岩場を越えてほっとひと息ついたら、急路をひと登りで種蒔山へ。山頂標柱を越したあたりからは高山の様相となり、お花畑の草原が広がりだす。大日杉コースが右から合わされば白いザレ地に下り立ち、宿泊地の**飯豊切合小屋**に着く。

飯豊切合小屋の前から眺めた日の出

種蒔山〜切合小屋間からの飯豊連峰最高峰・大日岳

2日目 飯豊切合小屋から飯豊本山を往復

歩行時間：5時間｜歩行距離：6.6km

　小屋を出るとまもなく、遅くまで雪渓が残る急坂の草履塚の登りにかかる。草履塚からは一気に視界が開けて高山風の景観となり、高嶺の花々が足もとを飾りだす。草履塚北峰からいったん姥権現の前に下り立ち、すぐに御秘所の岩稜に差しかかる。クサリは張られてはいるが慎重に通過したい。

　岩がゴロゴロする御前坂が最後の長い急登となり、登りきれば**本山小屋**（飯豊山避難小屋）だ。小屋と神社の間を通り、固有種イイデリンドウの咲くおおらかな山稜を15分ほどで待望の飯豊山主峰・**飯豊本山**山頂に到着する。山頂からの眺めはすばらしく、天候さえよければ大展望はほしいまま。

　山頂から健脚者ならいっきに御沢登山口

七森〜種蒔山間の短い岩場の通過

まで下りられるが、**飯豊切合小屋**にもう1泊すれば、余裕ができて体力的にも楽だ。

3日目 飯豊切合小屋から川入へ下山
歩行時間：5時間30分｜歩行距離：9.1km

切合小屋から往路を引き返すが、長い下りでの転倒に注意。

その他のコースプラン

大日杉コースは山形県側の古くからの登拝路。メインコースの剣ヶ峰の岩稜帯通過のようなリスクは少ないが、盛夏頃まで2カ所雪渓を踏むので滑り止め用のアイゼン等が必要。登山口の大日杉登山小屋へはJR米坂線羽前椿駅からのタクシー（めざみ交通☎0238-72-2137）かマイカーのみ。クサリの下がるザンゲ坂の急登が最初の関門。飯豊特有の重厚なブナ林が地蔵岳まで続く。地蔵岳から鋭角に折れ、鞍部まで下る。花々が飾る庭園風の趣のある御坪から種蒔山の北斜面へ出ると、いよいよ雪渓が

1等三角点の置かれた飯豊本山の山頂

現れる。最後の大きな雪渓は急峻で、手前から上部に向かい緩やかな傾斜を選んで雪渓を渡る。コース中には目洗清水など3カ所の水場があるが、種蒔山北斜面の大又沢源頭部の沢は雪渓で埋められていることが多い。

文・写真／仁井田研一

会津盆地の東縁から見た早春の飯豊連峰

問合せ先
［市町村役場］喜多方市山都総合支所☎0241-38-3831、飯豊町役場☎0238-72-2111
［交通機関］飯豊山登山アクセスバス（山都駅～川入）☎0241-38-3831（喜多方市役所山都総合支所）、山都タクシー（山都駅）☎0241-38-2025
［山小屋］三国小屋・飯豊本山小屋☎0241-38-3831（喜多方市役所山都総合支所）、飯豊切合小屋☎090-9746-0392

アクセス
山都駅～川入間の飯豊山登山アクセスバスは7月中旬～9月上旬の金～月曜運行（2便・2021年の運行未確定）山都駅からタクシーを利用すれば御沢キャンプ場まで入るので、歩行時間を30分ほど短縮できる。マイカーは御沢キャンプ場の駐車場（約80台・車中泊の場合有料）を利用する。

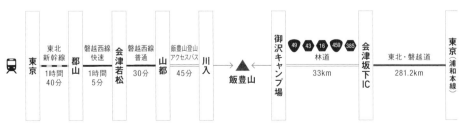

東京		郡山		会津若松		山都		川入	飯豊山	御沢キャンプ場		会津坂下IC		東京（浦和本線）
	東北新幹線 1時間40分		磐越西線快速 1時間5分		磐越西線普通 30分		飯豊山登山アクセスバス 45分				林道 49 43 16 459 385 33km		東北・磐越道 281.2km	

宝珠山

飯豊山荘へ

ダイグラ尾根

アップダウンが激しく
行程も長い

山形県
小国町

飯豊山本山
2105▲

飯豊山

飯豊山神社
WC
飯豊本山小屋

御前坂
0.15

御西小屋、
大日岳へ

0.30
2.30

御秘所
姥権現
草履塚
▲1908

クサリのある岩稜

雪渓

飯豊切合小屋
WC

雪渓
種蒔山
▲1791

七森

短い岩場
(滑落注意)

滑落注意　駒返し

三国小屋
▲1644

新潟県
阿賀町

•1491

疣岩山
▲1654

猪鼻

巻岩山

松平峠

十森
新長坂

長坂峰

上ノ越

鏡山
1339

祓川山荘

弥平四郎登山口

代塚山
▲1232

福島県
喜多方市

西会津町

N

0   1km

1:65,000

地蔵岳
1539▲

鋭角に折れる

滝切合

詰らいの丘

東面は足もと注意

目洗清水

御坪

1900
1800
1700
1600
1500
1400
1300
1200
1100
1000

飯豊町

0.30
2.00

御田の杉

大日杉登山口小屋
610m

ザンゲ坂
P
WC

吊橋破損し通行不可

900
800
700

五段山▲

牛ヶ岩山
▲1402

岩稜のクサリ場が続く

剣ヶ峰

地蔵山
▲1485
峰秀水

地蔵山分岐

1.30
1.15

巻き道

横峰

笹平

上十五里

長坂尾根

急坂続く

中十五里　銀明水

0.30
2.00

下十五里

御沢登山口

P
WC

林道歩き
御沢登山口まで
0.40
0.35

御沢キャンプ場

民宿高見荘

川入バス停
468m

川入

林道飯豊檜枝岐線
(一ノ木線)

一ノ木

大花山
▲883

▲1269
鍋越山

国道113号、羽前椿駅へ

川入切合

飯豊トンネル

車止め
ゲート
P

2万5000分ノ1地形図　川入、大日岳、飯豊山、長者原

山都駅、会津坂下ICへ

20

吾妻山

あづまやま

標高
2035m
（西吾妻山）

噴煙上げる一切経山から長大な吾妻連峰を西進、樹林と湿原の連峰を存分に味わい尽くす

福島県花
ネモトシャクナゲ

コースグレード | **中級**

技術度 | ★★☆☆☆ | 2

体力度 | ★★★☆☆ | 3

吾妻連峰は、福島県と山形県の県境に横たわる2000m級の山脈だ（最高峰は西吾妻山）。新しい火山の東側はガレた山肌がむき出しで、古い火山の西側は樹林に覆われ、湿原も広がっている。展望の峰、湿原の花などが登山者を楽しませてくれるが、縦走することでこの山の奥深さをよりいっそう知ることができるだろう。長い縦走路の中間地点には避難小屋（弥兵衛平小屋）があり、充分利用できる

100
Mountains of Japan

深田久弥と吾妻山

深田は五色温泉から家形山、一切経山へ、また残雪期には白布温泉から人形石、西吾妻山に登っている。五色温泉からのコースは昔も今も歩く人はまれで、一般向きではない。ここで紹介するコースを歩いてみれば、深田久弥が「茫漠としてつかみどころのない山」「厖大な山群」と記した吾妻連峰の姿を実感することができるだろう。「魔女の瞳」とも称される五色沼を見て、オオシラビソの尾根を歩き、広大な弥兵衛平の湿原などの逍遥は、深田が味わえなかったこの山の魅力を知る山旅となる。

人形石直下のいろは沼から望む西吾妻山（左）。右方は梵天岩のピーク

1日目 浄土平から弥兵衛平小屋へ

歩行時間：6時間25分｜歩行距離：11.2km

　浄土平バス停から南に向かい酸ヶ平への分岐に入り、坂を登れば湿原に出る。**酸ヶ平分岐**から北へ、避難小屋を過ぎてガレた坂を登り尾根を北へ向かう。**一切経山**山頂からの眺めは吾妻、安達太良、蔵王などの連峰もさることながら、北側にひっそりとたたずむ五色沼のコバルトブルーの湖面は、息をのむほどに美しい。その北側に家形山、そこから西へはこれから縦走する烏帽子山、昭元山、東大巓などが連なる。

　一切経山からガレた道を五色沼の西岸まで下る。遭難碑を過ぎてひと登りで高湯への分岐に出て、右に見送れば**家形山**山頂に着く。その先のヤブ道を進めば、**兵子**の岩峰直下に出る。岩峰に登ってみるのもいいだろう。さらにニセ烏帽子山、そして**烏帽子山**に立てば、抜群の眺望が得られる。南側の谷地平、西側の昭元山、東大巓、西吾妻山などが手に取るようだ。

　大きな石がゴロゴロした斜面を下り、登り返せば昭元山。その先の**東大巓**を過ぎれば**弥兵衛平小屋への分岐**があり、木道を北に行くと**弥兵衛平小屋**（明月荘）に着く。

家形山から望む五色沼と一切経山

2日目 弥兵衛平小屋から西吾妻山へ

歩行時間：4時間20分｜歩行距離：10.1km

　小屋から昨日の**分岐**まで戻り、西に向かおう。弥兵衛平の広い湿原に続く木道からは、遠くに飯豊連峰、朝日連峰、月山、蔵王連峰が望まれ、正面には人形石から西吾妻山への隆起が連なっている。やがて**藤十**

プランニング＆アドバイス

縦走計画は雪が消える5月下旬から。紅葉は9月下旬〜10月中旬で、ベストは10月上旬。一切経山の噴火警戒レベルが2になると、浄土平から一切経山周辺が立入規制されるので、事前に火山情報を要確認。兎平の吾妻小舎は有人小屋で、登山基地として利用できる（要予約）。弥兵衛平小屋は避難小屋なので、食料、シュラフなど必携。縦走プランでなく、一切経山と東吾妻山などを巡る山旅、あるいは白布温泉から西吾妻山をめざす場合は、日帰りの初心者向け登山としておすすめだ。

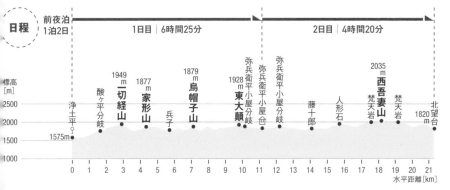

4

郎のピークを巻いて登り、いろは沼の池塘群を越えれば、展望のよい**人形石**に着く。

人形石から南に向かって木道をたどり、大凹の水場から急坂を登り返す。もうひとつのいろは沼を過ぎれば大岩が連なり抜群の展望が楽しめる**梵天岩**で、めざす西吾妻山の山頂は、目の前に隆起している。西側の天狗岩の手前の分岐を南にたどれば吾妻山最高点の**西吾妻山**山頂に着くが、樹林に囲まれて展望は得られない。

山頂から少し西に下ると避難小屋の西吾妻小屋がある。北に向かい、天狗岩から**梵天岩**に戻る。人形石の南にある分岐を西にたどり、カモシカ展望台を経て**北望台**へ。

その他のコースプラン

もうひとつのピーク、東吾妻山へ。浄土平からメインコースを一切経山まで往復、分岐まで戻ったら西へ。鎌沼を半周し、姥ヶ原への分岐を右に取る。木道を南に向か

抜群の展望が楽しめる梵天岩

おすすめの撮影ポイント

浄土平にはワタスゲ、コバイケイソウが群生するので、一切経山とともによくまとまる。一切経山の北側にある五色沼は、ぜひ晴れた日に撮影してほしい。コバルトブルーの色彩は圧巻だ。山頂から少し西側に下った大岩からがベストアングル。烏帽子山山頂からの大展望もいい。弥兵衛平の湿原も絵になる場所が多い。2カ所あるいろは沼や大凹付近にはチングルマの群生があり、見逃せない。

えば、まもなく東吾妻山への分岐に出る。南側の東吾妻山へはオオシラビソの中の登りだが、やがて樹林帯を飛び出し好展望の東吾妻山山頂に着く。下山は鳥子平に向かう。樹林の中時おり小湿原が現れ、景場平の広い湿原に出る。東吾妻のオアシスだ。その先で磐梯吾妻スカイラインに出て、東側に沿う山道をたどる。兎平を経て浄土平へ

文・写真／渡辺徳仁

問合せ先
［市町村役場］福島市役所 TEL024-535-1111、米沢市役所 TEL0238-22-5111
［交通機関］福島交通（バス）TEL0243-23-0123、山交バス TEL0238-22-3392、福島観光自動車（タクシー・福島駅）TEL024-504-7100、マルミヤタクシー（米沢駅）TEL0238-55-2001
［山小屋］吾妻小舎 TEL024-591-3173（微温湯温泉）、弥兵衛平避難小屋・西吾妻小屋 TEL0238-22-5111（いずれも米沢市役所）

アクセス

浄土平へのバスは近年運休が続いている。下山時のリフト・天元台ロープウェイは6月上旬〜10月末前後の運行で、北望台発の最終は15時40分。縦走登山だけにマイカーは不向きで、利用する場合は天元台高原から西吾妻山のみか、浄土平から一切経山〜東吾妻山のどちらかとなる。

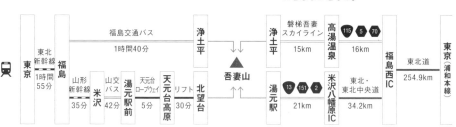

2万5000分ノ1地形図　土湯温泉、吾妻山、天元台、白布温泉

米沢駅へ
白布温泉
入浴施設
白布森の館
天元台
ロープウェイ
1192
天元台
石切
1321
1042
WC
湯元駅
湯元駅前
天元台高原駅
1118
新高湯温泉
1160
こわ清水
大平温泉へ
1393
1527
1595
1546
1697
箕輪
1193
1361
1491
1392
1509
1675
1802
大木崖
1287
しゃくなげ
1520
1489
1553　リフト3本乗り継ぐ(所要30分)。
歩く場合は約1時間の下り
天元台高原スキー場
1534
つがもり
1704
人形石～北望台間20分
1776
弥兵衛平
1808
藤十郎
1860
1191
1490
人形石
弥兵衛平小屋分岐
東大巓
0.40
1.00
若女平
1325
大木崖
1461
1820m
北望台
WC
中大巓
1964
人形石
0.45
0.50
0.40
1596
展望はない
1805
かもしか展望台
お花畑
1836
1722
弥平衛平～人形石間は
大部分が木道歩き
1700
1645
1807
1708
天狗岩
2004
吾妻神社
大凹
1600
いろは沼
1783
白布温泉まで長い下りが続く。
(白布温泉へ3時間30分)
1890
梵天岩
0.30
0.20
西吾妻小屋
WC
西吾妻山
2035
1589
吾妻山
1745
継森
1911
白布峠
西大巓
1982
お花畑
吾妻連峰最高点だが
展望はない
360度の展望
1843
1753
西吾妻小屋から
往復1時間20分
1693
福島県
北塩原村
1676
1438
吾妻山神社
1933
1636
1635
山頂駅～西大巓間
登り2時間、下り1時間30分
1465
1389
1647
山頂駅
1392
1548
1405
1342
中吾妻山
1931
1335
パノラマゴンドラ
1332
1300
姥ヶ森
1303
1075
1652
1673
グランデコ
スキーリゾート
1219
1079
1474
1196
1095
1286
1474

6

△1628
梅森
•1663
•1250
大滝
前川
滑川温泉へ
•1207
△1326
N
0   1km
1:50,000

山形県
米沢市
•1751
•1320
大滝沢
•1335
•1184
高倉山
•1461
高倉山
•1357
•1221

•1576
△久蔵森
•1641
•1537
薬師森
姥湯温泉
P
登山口
P
姥湯
•1264
1181
神楽林道
•1403
•1276
東湧大緑樹山荘

WC
兵衛平小屋
(明月荘)
•1723
•1622
大日岳
1621△
三階滝
堀田林道
1411
1579
福島市

大倉新道分岐
•1719
1893
昭元山
烏帽子山
1879
展望よい
1.15
ニセ烏帽子山
1836
兵子
1823
兵子
1.00
0.50
敷石が
点在する道
家形山
1877
遭難碑あり
慶応吾妻山荘
休業中
•1577
1.40

ヤブ深い
•1702
•1692
•1545
大倉新道
•1773
五色沼
0.40
0.45
日本三百名山。
360度の大展望
一切経山
1949
•1561

•1666
谷地平小屋
1548
1513•
小滝
•1504
前大巓
1911
1928
0.40
0.35
酸ヶ平避難小屋
WC
通行止め
浄土平ビジターセンター
浄土平天文台
•1590
70

•1647
吾妻山
駕篭山稲荷神社
1786
•1782
お花畑
1798
鎌沼
酸ヶ平
蓬莱山
0.25
酸ヶ平分岐
1802
0.40
0.30
レストハウス
WC
浄土平
バス停
1575m
1707
吾妻小富士

猪苗代町
•1526
•1430
•1511
•1723
姥ヶ原
•1732
姥ヶ原へ
50分
•1622
P
吾妻小舎
兎平キャンプ場
兎平

急登
東吾妻山
1975
展望よい
0.40
0.30
ショートカット道。
スリップ注意
烏子平
1606
烏子平

•1343
1911
展望台
景場平
•1685
ワタスゲ
1.00
1.30
•1694
0.20
0.30
土湯へ
高山
△1805
1454

安達太良山

（あだたらやま）

ベニサラ
サドウダン

標高
1700m

東側の山腹を覆う灌木帯と
西側の爆裂火口の
火山の景観を見ながら、
展望抜群のコースを歩く

安達太良山は高村光太郎の詩集『智恵子抄』の誰もが知る一節により、日本人の心の山となった感がある。標高1700mの本峰を中心に、南北に和尚山、鉄山、連峰最高点（1728m）の箕輪山、鬼面山と連峰を形成している。登山道も縦横にのびているので、これらの縦走、あるいは特定のピークを目的とした登山計画を立てれば、初心者からベテランまで存分に楽しむことができる。

100
Mountains of Japan

深田久弥と安達太良山

深田は晩秋の頃、奥岳から勢至平を経てくろがね小屋で1泊。翌日は現在は廃止された道で稜線上の馬ノ背に立ち、安達太良山山頂、さらに船明神山から南西の保成（母成）峠を経て岩代熱海（現在の磐梯熱海）に向かっている。下山後の温泉も楽しめたことだろう。現在は奥岳から薬師岳までゴンドラリフトが通じ、一般登山者も手軽に山頂を踏めるようになった。母成峠への下山は交通の便が悪いので、現在はこのルートをたどる人はまれだ。むしろ西側の沼尻温泉に下る方が現実的であろう。

コースグレード │ **初級**

技術度 │ ★★ ☆ ☆ ☆ 2

体力度 │ ★★ ☆ ☆ ☆ 2

薬師岳からの錦繍の安達太良山。左が本峰、右は矢筈ヶ森

ガレ場を登っていけば、山頂の岩峰が頭を出す

日帰り 山頂駅から本峰に立ち奥岳へ

歩行時間：3時間55分　歩行距離：8.2km

　ここでは最も多くの登山者に歩かれている、奥岳からゴンドラリフトで薬師岳に向かい、安達太良本峰（乳首山）からくろがね小屋に下り、勢至平を経て奥岳に戻る周回コースを紹介しよう。

　奥岳からゴンドラリフト「あだたらエクスプレス」に乗り、一気に**山頂駅**（標高1350m）まで運び上げてもらう。歩けば1時間10分を要するところだが、わずか6分で着く。すぐ近くには薬師岳の展望台（人工物はない）があるので立ち寄っていこう。本峰から矢筈ヶ森、鉄山、箕輪山へと連なる稜線がよく見える。ゴヨウマツやシャクナゲの多い登山道を緩く登っていけば、**仙女平分岐**に着く。その手前にガレた広場があるので、小休止するとよい。分岐から傾斜を増した道を登れば、やがて道はガレて

きて、山頂の岩峰が目の前に姿を現す。乳首山の別名を実感できることだろう。

　安達太良山山頂からはさえぎるもののない360度のパノラマを楽しむことができる。北側に鉄山、箕輪山へと続く連峰の主脈、その先には吾妻連峰が横たわり、西には磐梯山、南には和尚山が大きい。

　本峰から牛ノ背を北にたどれば、沼ノ平の噴火口が見えてくる。まるで月世界のような荒涼とした景観は、智恵子抄のイメージとはまるで違った様相を呈している。沼ノ平に下る道は1997年の火山性ガス遭難事故以来、通行禁止になっている。

あだたらエクスプレスで薬師岳へ

プランニング＆アドバイス

ここで紹介したコースは最も利用されているコースで、逆コースでもよい。特に危険箇所はないが、強風時にはゴンドラが運行休止になることがある。また、牛ノ背と馬ノ背も強風の通り道だけに通過注意。日帰り登山が主だが、くろがね小屋泊の余裕のある山旅もおすすめだ。西側の沼尻登山口から胎内岩〜鉄山〜本峰〜船明神山を経て沼尻登山口に戻る噴火口周回コースは展望抜群だけに、いつか歩いてほしいコースだ（約6時間半）。

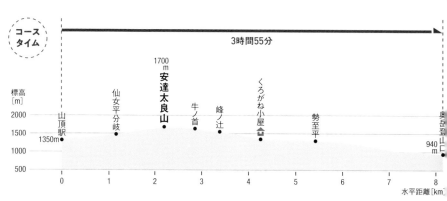

コースタイム　3時間55分

標高[m]

山頂駅 1350m
仙女平分岐
1700m 安達太良山
牛ノ首
峰ノ辻
くろがね小屋
勢至平
奥岳登山口 940m

水平距離[km]

薬師岳の展望台から見る本峰〜鉄山へと続く稜線は最初の見どころ。特に10月上旬〜中旬の紅葉の時期はあざやかな紅葉に圧倒され、本邦屈指の紅葉の名所といっても過言ではない。牛ノ背から見る沼ノ平も、まるで月世界を思わせる光景だ。6月中旬に勢至平に咲くレンゲツツジ群生は、遠景に安達太良本峰から矢筈ヶ森を配してまとまる。ただし開花期の最盛期を逃さないこと。付近に咲くベニサラサドウダンやタニウツギも見逃せない。

矢筈ヶ森手前の**牛ノ首**で右折し、**峰ノ辻**へ下る。**峰ノ辻**からは本峰がよく見える。そこから北に折れ、鉄山を正面に見て緩く下れば、**くろがね小屋**に着く。通年営業の温泉つき山小屋で、日帰り入浴も可能だ。

くろがね小屋からは、馬車道と呼ばれるほぼ平坦な道を東に進む。金明水の水場を過ぎ、しばらく進めば**勢至平**に着く。ここには峰ノ辻から篭山の北側を経るコースの

牛ノ背から見る月世界のような沼ノ平噴火口

分岐がある。さらに平坦な道を進むが、初夏にはレンゲツツジやタニウツギ、ベニサラサドウダンなどの花が迎えてくれる。

勢至平の南東端で馬車道と別れ、馬車道をショートカットする登山道を下る。樹林の中を下りきれば馬車道に出合い、すぐに烏川の橋を渡る。ここからは烏川渓谷沿いに「あだたら高原自然歩道」が整備されているので、渓谷の景観を楽しみながら**奥岳登山口**に戻るのもおすすめだ。

南北に連なる安達太良連峰の主脈を歩くコースを紹介しよう。北端の野地温泉からブナの中を南に登って旧土湯峠へ。ガレた鬼面山の山頂から南に下り、箕輪山をめざす。山腹はブナの森だ。大石が多い箕輪山山頂は展望抜群。いったん下って登り返す。鉄山避難小屋を過ぎてまもなく、鉄山山頂に着く。岩の道をいったん下り、馬ノ背、矢筈ヶ森、牛ノ首とたどれば、本峰は目前。ピストンで戻ってもいいが、くろがね小屋泊として余裕のある山旅とするのもよい。

文・写真／渡辺徳仁

アクセス
奥岳へは二本松駅から直接タクシーで向かう方法もある（約30分）。また、10月〜11月上旬の週末を中心に岳温泉〜奥岳間にシャトルバスが運行（往路の1便は二本松駅始発）。マイカーは奥岳の無料駐車場（秋の繁忙期は有料・約1500台）を利用する。あだたらエクスプレスの運行時間は8時30分〜16時30分。

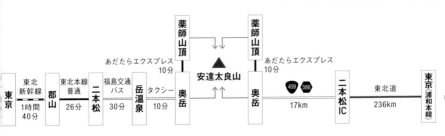

野地温泉
野地温泉バス停
1180m
P
0.15
0.20
1272
旧土湯峠
鬼面山 ▲1482
0.45
1.00
土湯トンネル
1205
996
851
772
1096
福島県
福島市
1002
1130
1079
912
788
864
1170
30
1292
934
974
1404
1483
1000
999
115
945
横向温泉へ
1520
箕輪山 ▲1728
1400
1300
1516
1323
1155
1459
1500
塩沢登山口～くろがね小屋間
登り2時間10分、下り1時間40分
1569
笹平
1506
949
821
959
塩沢登山口へ
猪苗代町
1655
天狗岩
1642
鉄山避難小屋
1600
荒竜岩
二本松市
1097
1709 鉄山 ▲1709
立ち寄り入浴平
くろがね小屋
1311
勢至平
1216
林道に出る
あだたら自然歩道高原
沼尻登山口へ
1388
1452
馬ノ背
1418 WC 金明水
1394
一帯はシャクナゲ群生地
1280 レンゲツツジ群落
1164
奥岳登山口 奥岳の湯
1641
立入禁止区域
牛ノ首
矢筈ヶ森 ▲1673
篭山 ▲1548
あだたら高原スキー場
P WC 940m
386
沼尻登山口へ
峰ノ辻
峰ノ辻への近道
仙女平分岐
五葉松平
1350m
WC
あだたらエクスプレス
二本松市街
1667 船明神山
1700 ▲
安達太良山
1519
1413
山頂駅
山頂駅 0.40 0.30
▲1322 薬師岳
1092
岳温泉
1506
1518
1519
1388
1262
924
810
1427
1509
石筵登山口へ
安達太良温泉へ
大玉村
郡山市

1:50,000

2万5000分ノ1地形図　安達太良山

問合せ先
［市町村役場］二本松市役所☎0243-23-1111
［交通機関］福島交通（バス）☎0243-23-0123、
岳温泉観光協会（シャトルバス）☎0243-24-
2310、昭和タクシー☎0243-22-1155、あだた
らエクスプレス☎0243-24-2141
［山小屋］県営くろがね小屋☎090-8780-
0302、鉄山避難小屋☎024-521-7251（福島
県庁自然保護課）

本峰、篭山、矢筈ヶ森（左から）レンゲツツジ咲く勢至平から見る

磐梯山

ばんだいさん

固有種の
バンダイクワガタ

コースグレード｜**中級**

技術度｜★★☆☆☆ 2

体力度｜★★★☆☆ 3

猪苗代湖を見下ろす
展望コースを登り、
対照的な明治時代の
噴火跡を見ながら下山する

標高
1816m

福島県を代表する山が磐梯山だ。1888（明治21）年7月の大爆発により裏磐梯の風光明媚な高原湖沼群ができてからは、周辺は一大観光地と化した。山は秀麗な表側と、爆裂火口のある裏側とが対照的な姿を見せている。展望抜群のコースは、夏に咲く花とともに、訪れる者を存分に楽しませてくれる。周辺には温泉も多く、登山基地としても利用できるのがうれしい。

100
Mountains of Japan

深田久弥と磐梯山

深田が歩いたコースは、ここで紹介するコースそのままである。深田は磐梯山爆発の歴史をひもとき、「爆発によって表側と裏側では大変趣の違った山になった」と紹介している。表の猪苗代湖も、裏の湖沼群も、それぞれ別の爆発によりできたとも記している。ただ、猪苗代湖は、深田が疑問を持って書いているように、806（大同元）年の噴火ではなく、9万年前と4万2千年前の噴火によってできたもののようだ。磐梯山の魅力を味わい尽くすには、ここで紹介するコースがベストである。

4月下旬の磐梯山（右は赤埴山）。山頂直下に虚無僧の雪形が残る

歩行時間：6時間20分 ┃ 歩行距離：13.4km

　表登山口からスキーゲレンデにのびる作業道をたどる。レストハウス赤べこ（冬季のみ営業）からは傾斜がきつくなるが、やがて**一合目**に着く。振り返れば眼下に猪苗代の町と猪苗代湖が広がっている。小休止し、きつかった登りの疲れをいやそう。

　その先は石のゴロゴロする斜面を登るが、赤埴山への道が分岐しているので、立ち寄っていこう。二合目の**赤埴山**からは、磐梯山の山頂が目の前に大きくそびえているのが見える。

　赤埴山を下り、左手に鏡ヶ池を見ながら**沼ノ平**に向かう。6月なら沼ノ平から黄金清水にかけて、磐梯山の固有種・バンダイクワガタが咲いている。やがて渋谷コースを右手に見送り噴火口上部に出れば、三合

プランニング＆アドバイス

磐梯山は花の名山でもある。6〜8月に訪れれば、登山道周辺に咲く花を存分に楽しめることだろう。ただし、樹林の中を歩く八方台から弘法清水、川上温泉から火口原、渋谷登山口から沼ノ平のコースは、花に恵まれないのが残念だ。ここで紹介したコースと翁島登山口からのコースは、花を楽しむのに絶好である。登山適期は5月GW後から紅葉の10月下旬まで。11月には初冠雪を見る。

目の天狗岩だ。そこからひと登りで黄金清水が湧く台地に着く。夏ならミヤマキンバイをはじめ、多くの高山植物を見ることができる。

　黄金清水の先の急斜面を登れば、四合目の**弘法清水**。岡部小屋と弘法清水小屋の2軒の休憩小屋（有人・宿泊は不可）がある

黄金清水に咲くミヤマキンバイ。正面は天狗岩

ので、ひと休みしていこう。弘法清水から急坂に汗を流せば、五合目の**磐梯山**山頂だ。五合目の理由は、磐梯山の標高が富士山の約半分のことから。磐梯山の登山道を整備した地元の有力者小林才二氏が、1913（大正2）年に定めたものと伝えられる。

　山頂からの展望はさえぎるものがない。眼下に広がる猪苗代湖、北側から東に飯豊吾妻、安達太良の連峰群や、北側には檜原

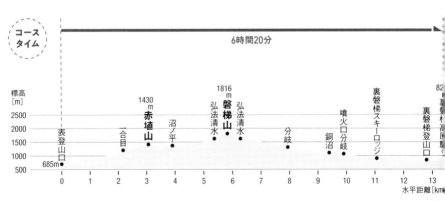

コースタイム　6時間20分

標高[m]	表登山口 685m	一合目	1430m 赤埴山	沼ノ平	弘法清水	1816m 磐梯山	弘法清水	分岐	銅沼	噴火口分岐	裏磐梯スキーロッジ	裏磐梯登山口 82 裏磐梯高原駅

水平距離[km]

湖、裏磐梯の湖沼群が手に取るようだ。

　下山はいったん**弘法清水**まで戻り、西側へのびる道を下る。中ノ湯跡が近づくと、道は急坂となるので、注意して下ろう。

　中ノ湯跡は、八方台コースと裏磐梯コースとの**分岐点**だ。北にたどれば、やがて火口原にある銅沼に着く。その名の通りの色をした沼と荒々しい爆裂火口壁が、明治の噴火の跡をとどめて目の前に迫ってくる。

　銅沼の先の噴火口分岐を下れば、スキー

場下部の**裏磐梯スキーロッジ**に着く。あとは林道を北にたどって国道459号に出て、**裏磐梯高原駅バス停**に向かうだけだ。

その他のコースプラン

　八方台コースは最も多くの登山者に利用されている。中ノ湯跡までは美しいブナ林のプロムナードだが、その先は展望のない樹林の中の登りが続き、いささか魅力に欠ける。翁島コースはリゾートスキー場の脇からほぼ一直線に登る。背後に猪苗代湖を見ながら、花の中を直登する展望抜群のコース。川上コースは川上温泉が起点。下部はうっそうとした樹林の中を歩く。火口原に出れば眺望が開け、爆裂火口を登って弘法清水へ。最も登山者が少ないのが渋谷コース。磐梯国際スキー場跡から樹林の中を登って沼ノ平へ。熊に注意。

文・写真／渡辺徳仁

火口原から見上げる火口壁

問合せ先
［市町村役場］猪苗代町役場☎0242-62-2111、北塩原村役場☎0241-23-3111
［交通機関］磐梯東都バス☎0242-72-0511、猪苗代タクシー☎0242-62-3636、あいづタクシー☎0120-69-2468、磐梯観光タクシー☎0242-62-2364（猪苗代町）

アクセス
表登山口へのバス便はなく、タクシー利用となる。復路の裏磐梯高原駅からのバスは1日6便で、最終は17時50分。マイカー登山の場合は各コース登山口からの往復登山か、裏磐梯高原への下山後にタクシー（約30分）で表登山口に戻ることになる。

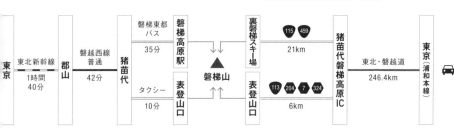

桧原湖
小野川発電所 ・740

蛇平
磐梯山噴火記念館
桧原
裏磐梯中
裏磐梯国民宿舎
秋元湖

840・
851
磐梯山スリーＤワールド
・816
裏磐梯ビジターセンター
・807
秋元
759
若宮
千貫

北塩原村
825m
裏磐梯高原駅バス停
湯平山
磐惣温泉廃業
・921

京ヶ森・1019
裏磐梯登山口
459 ゲート
通行止めがある
0.10
0.30 0.35
裏磐梯高原
・883
△757
山神原
川上登山口(北)
829
川上
729m
川上温泉
713m
・724
△1018
・1141

・892
・996
裏磐梯スキーロッジ
889
裏磐梯スキー場
・890
川上登山口(南)
877・

望湖台
裏磐梯コース
0.20 0.30
・978
二股
土湯沢温泉廃業
・750

1092・
64
こがね平
・1101
噴火口分岐
1108
0.30
銅沼
1159
樹林の中の道
・1085
1.30 2.10
・1016
猪苗代町
1006・
684・

八方台登山口
1194m WC
丸山 1359・
中ノ湯跡
0.30 0.40
火口原
1.15
0.50
・948
1300
1200
1100
1000
900
800
700

1116・
0.30 0.25
磐梯ゴールドライン
八方台コース
広いブナ林の中の道
分岐 0.50 1.10
・1222
川上コース分岐
三合目
1550
櫛ヶ峰
1457
1636
1400
1500
崩壊地の急坂。一部コース不明瞭
磐梯国際スキー場跡
渋谷登山口
1.25 2.00
1.00 1.10
697

・999
磐梯河東駅へ
とび滝
清滝
岡部小屋
弘法清水小屋
黄金清水
0.30 0.20
弘法清水
渋谷コース分岐
1406
0.35
沼ノ平
1220
渋谷
0.20
1330
866
645m
ファミリースノーパーク
ばんだい×2

磐梯町
1816
磐梯山
急坂
1416
1.40 2.00
翁島コース
猪苗代コース(表登山道)
赤埴山
1430
1317
1099
・813
琵琶沢原
632・
芹沢

・1026
・1153
猪苗代リゾートスキー場
一合目(天の庭)
急坂
一般車通行規制
赤埴林道
1014
猪苗代スキー場
沼杭
・535
桜ケ丘

・889
翁島登山口
805m
押立温泉
押立
630・
天鏡台
766・
820・
レストハウスあかべこ
902
作業道
1.20 1.00
722・
表登山口 685m WC
会津藩士松平家墓所
見祢
615・
見祢の大石
2
会津薬師神社
神明町
115

2万5000分ノ1地形図 磐梯山、猪苗代
N
磐梯山牧場
頭無
0 1km
磐根 1:60,000
磐梯山青少年交流の家
・578
葉山
諏訪前
半坂
猪苗代駅・猪苗代磐梯高原へ
542・

磐上原

23

会津駒ヶ岳

あいづこまがたけ

標高
2133m

ミズナラやブナ、
オオシラビソの森を登り、
高山植物が咲き乱れる
湿原の尾根を歩く山旅

ハクサン
コザクラ

尾瀬北東の会津駒ヶ岳は、福島県では燧ヶ岳につぐ標高を誇る。山腹はミズナラやブナなどの原生林に覆われているが、山頂稜線は視界が開け、中門岳に続く稜線には池塘が多く、夏は高山植物で彩られる。まさにそこは天上の楽園と称するにふさわしい。日帰りの計画も可能だが、山頂直下の駒ノ小屋に泊まれば、余裕ある山旅ができるのもうれしい。

100
Mountains of Japan

深田久弥と会津駒ヶ岳

深田は1936（昭和11）年6月半ばに残雪期の会津駒ヶ岳に登っている。この時期の会津駒ヶ岳は、水場付近から上部は深い残雪に覆われている。深田は快晴の日の単独行に浮かれ、雪のために下山路を見失って、上ノ沢を下山するという暴挙を遂げている。3時間の悪戦苦闘の末に下山しているが、軽率に残雪期の沢を下ることがいかに愚かな所業であるかとも記している。現在は残雪期でも多くの踏み跡があるので迷うことはないだろうが、この時期の登山は、地図やコンパスのほかにGPSも持参した方がよい。

コースグレード｜中級

技術度｜★★☆☆☆ 2

体力度｜★★★☆☆ 3

駒ノ大池から霧をまとった会津駒ヶ岳を望む

中門岳標柱が立つ中門ノ池。実際の山頂は少し先

日帰り 駒ヶ岳登山口から山頂部往復
歩行時間：8時間｜歩行距離：15.1km

駒ヶ岳登山口バス停から西にのびる舗装された林道に入る。これを登っていくと、左手に林道をショートカットする登山道が現れるので、それをたどろう。上部で林道と合わさると、**林道終点（滝沢登山口）**に着く。マイカーならここまで入れる。

一角にある木のハシゴを上がるとすぐに急坂となり汗を絞られるが、マイペースで行こう。ミズナラの巨木の中を登り、ブナやダケカンバ林がオオシラビソ林に変わる頃、**水場入口**に着く。水場は2分ほど下ったところにある。ここが稜線までの中間地点だが、ここから先に水場はないので、必要な水を補給していこう。

水場から先は傾斜がやや緩くなる。しば

らく登ってオオシラビソ林が切れる頃、北側に大戸沢岳が見えてくる。小さな湿原を過ぎ、その先の傾斜湿原に出ると、右手に会津駒ヶ岳のなだらかな山容が姿を現す。前方の稜線上には駒ノ小屋が見え、夏には傾斜湿原にチングルマ、コバイケイソウなどの群生が広がっている。

駒ノ小屋前の駒ノ大池からは、会津駒ヶ岳の山頂が目の前に見え、池の周辺を彩るハクサンコザクラの群生が美しい。そこか

山頂直下の傾斜湿原の上に建つ駒ノ小屋

プランニング＆アドバイス

会津駒ヶ岳への登山口は、ほかにキリンテ口と尾瀬御池口がある。御池からの登山者はまれだが、キリンテから大津岐峠を経由し、富士見林道を歩くコース（P108参照）もよく利用されている。ここで紹介したコースを登り、キリンテ口に下山する計画は、会津駒ヶ岳のすべてを味わうコースとしておすすめだが、時間もかかる。駒ノ小屋（要予約）に宿泊すれば余裕のある行動が取れるので、1泊2日の山旅として計画してみてはいかがだろう。

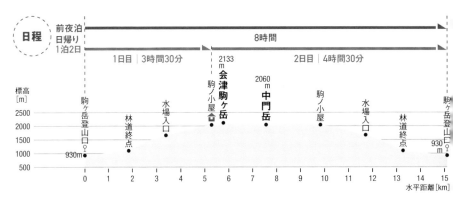

日程 前夜泊／日帰り／1泊2日

8時間

1日目｜3時間30分　　2日目｜4時間30分

標高[m]

- 駒ヶ岳登山口　930m
- 林道終点
- 水場入口
- 駒ノ小屋／会津駒ヶ岳 2133m
- 中門岳 2060m
- 駒ノ小屋
- 水場入口
- 林道終点
- 駒ヶ岳登山口 930m

水平距離[km]

樹林帯を抜けると現れる小湿原とそこに咲く花。さらに稜線直下の傾斜湿原に咲くチングルマやコバイケイソウを前景に、背景に会津駒ヶ岳の山容を配してもよくまとまる。ハクサンコザクラ咲く駒ノ大池を前景に、正面の会津駒ヶ岳を狙ってもいい。山頂からの燧ヶ岳の眺望も胸のすく風景だ。中門岳に向かう湿原には高山植物が多く、花を中心とした写真はいくらでも撮れる。

ら**会津駒ヶ岳**山頂までは約20分。山頂は周囲の樹木がやや邪魔になるものの、良好な展望が得られる。特に南側の燧ヶ岳や日光の山々が印象的だ。条件がよければ富士山までも見ることができる。

次に、北側に続く尾根を中門岳に向かおう。木道がのびるなだらかな尾根には、ハクサンコザクラ、チングルマ、コバイケイソウ、ワタスゲなどが風に揺れ、まさに天上の楽園である。東側には三岩岳の大きな

富士見林道から燧ヶ岳を望む（その他のコース）

山容が横たわっているのも見ごたえがある。中門ノ池には中門岳の標柱があるが、本当の**中門岳**の山頂はさらに5分ほど先にある。木道が山頂をひと回りしているので、足をのばしてみよう。

あとは往路を下山するだけだ。

駒ノ小屋から南に向かう富士見林道をたどる。オオシラビソの道だが眺望はよく、正面に燧ヶ岳の端正な双耳峰が見える。道はわずかなアップダウンを繰り返すが、やがて小さな湿原が現れ、大津岐峠に着く。分岐を左に折れ、キリンテに向かう長い下りとなる。オオシラビソからブナに変わり、ジグザグに飽きてくる頃、キリンテ沢に出合う。国道352号は近く、キリンテバス停は至近の距離にある。

文・写真／渡辺徳仁

問合せ先
［市町村役場］檜枝岐村役場☎0241-75-2503、尾瀬檜枝岐温泉観光協会☎0241-75-2432
［交通機関］会津バス☎0241-62-0134、田島タクシー☎0241-62-1130、会津交通（タクシー）☎0241-62-1244（田島）・☎0241-78-2017（舘岩）、祇園タクシー☎0241-62-0074
［山小屋］駒ノ小屋☎080-2024-5375

アクセス
会津高原尾瀬口駅からタクシーを利用すれば林道終点の滝沢登山口まで入ることができ、歩行時間が20分ほど短縮できる。マイカーは滝沢登山口の路肩の駐車スペースを利用するが、満車時は駒ヶ岳登山口そばの村営グラウンド駐車場に車を置く。

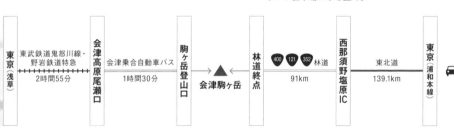

| 東京（浅草） | 東武鉄道鬼怒川線・野岩鉄道特急 2時間55分 | 会津高原尾瀬口 | 会津乗合自動車バス 1時間30分 | 駒ヶ岳登山口 | ▲会津駒ヶ岳 | 林道終点 | 400 121 352 林道 91km | 西那須野塩原IC | 東北道 139.1km | 東京（浦和本線） |

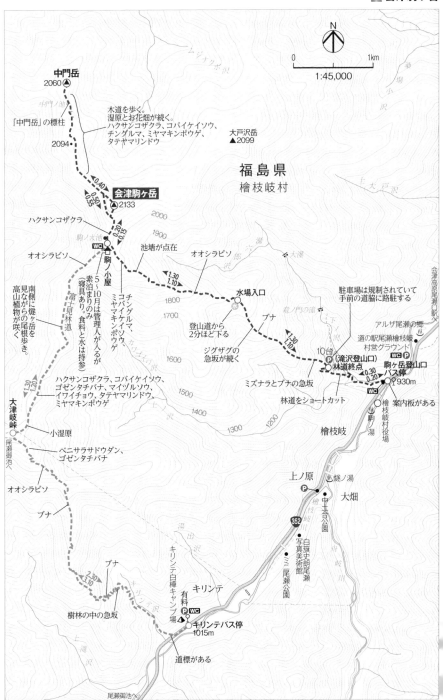

中門岳
2060▲

「中門岳」の標柱

2094●

木道を歩く。
湿原とお花畑が続く。
ハクサンコザクラ、コバイケイソウ、
チングルマ、ミヤマキンポウゲ、
タテヤマリンドウ

大戸沢岳
▲2099

福島県
檜枝岐村

会津駒ヶ岳
▲2133

0.40
0.30
0.55

ハクサンコザクラ

オオシラビソ

高山植物が咲く
見ながらの尾根歩き
南側に燧ヶ岳を

0.20
0.15

駒ノ大池

WC 駒ノ小屋
5～10月は管理人が入るが
素泊まりのみ。食料と水は持参
（寝具あり）。

富士見林道

池塘が点在

2000
1900

チングルマ、
コバイケイソウ、
ミヤマキンポウゲ

オオシラビソ

1.30
1.10

水場入口

1800

登山道から
2分ほど下る

ブナ

ジグザグの
急坂が続く

1700

1.30
1.10

駐車場は規制されていて
手前の道脇に路駐する

アルザ尾瀬の郷
道の駅尾瀬檜枝岐
村営グラウンド

10台
P（滝沢登山口）
WC P
林道終点
0.30 駒ヶ岳登山口
0.20 バス停
930m

1.30
1.20

ハクサンコザクラ、コバイケイソウ、
ゴゼンタチバナ、マイヅルソウ、
イワイチョウ、タテヤマリンドウ、
ミヤマキンポウゲ

ミズナラとブナの急坂

林道をショートカット

WC

檜枝岐村役場

案内板がある

駒
湯

大津岐峠

小湿原

ベニサラサドウダン、
ゴゼンタチバナ

檜枝岐

尾瀬御池へ

オオシラビソ

ブナ

1500
1400
1300
1200

上ノ原
P
燧ノ湯

大畑

352

白猿史朗尾瀬
写真美術館

尾瀬公園

ブナ

2.30
3.10

樹林の中の急坂

キリンテ白樺キャンプ場

キリンテ

有料
P WC
キリンテバス停
1015m

道標がある

尾瀬御池へ

2万5000分ノ1地形図　会津駒ヶ岳、檜枝岐、燧ヶ岳

深田クラブ選「日本二百名山」

200
Mountains of Japan
100+100

	山名	都道府県	標高m		山名	都道府県	標高m
1	天塩岳	北海道	1558	51	黒姫山	長野	2053
2	石狩岳	北海道	1967	52	戸隠山	長野	1904
3	ニペソツ山	北海道	2013	53	飯縄山	長野	1917
4	カムイエクウチカウシ山	北海道	1979	54	雪倉岳	新潟・富山	2611
5	ペテガリ岳	北海道	1736	55	針ノ木岳	長野・富山	2821
6	芦別岳	北海道	1726	56	烏帽子岳	長野・富山	2628
7	夕張岳	北海道	1668	57	赤牛岳	富山	2864
8	暑寒別岳	北海道	1492	58	毛勝山	富山	2415
9	樽前山	北海道	1041	59	奥大日岳	富山	2611
10	駒ヶ岳	北海道	1131	60	有明山	長野	2268
11	白神岳	青森	1235	61	餓鬼岳	長野	2647
12	姫神山	岩手	1124	62	燕岳	長野	2763
13	秋田駒ヶ岳	秋田	1637	63	大天井岳	長野	2922
14	和賀岳	秋田・岩手	1439	64	霞沢岳	長野	2646
15	焼石岳	岩手	1547	65	鋸岳	山梨・長野	2685
16	栗駒山	岩手・宮城	1626	66	農鳥岳	山梨・静岡	3026
17	神室山	秋田・山形	1365	67	上河内岳	静岡	2803
18	森吉山	秋田	1454	68	池口岳	長野・静岡	2392
19	以東岳	山形・新潟	1772	69	大無間山	静岡	2330
20	船形山	山形・宮城	1500	70	櫛形山	山梨	2052
21	杁差岳	新潟	1636	71	笊ヶ岳	山梨・静岡	2629
22	二王子岳	新潟	1420	72	七面山	山梨	1989
23	御神楽岳	新潟	1386	73	小秀山	長野・岐阜	1982
24	守門岳	新潟	1537	74	経ヶ岳	長野	2296
25	中ノ岳	新潟	2085	75	南駒ヶ岳	長野	2841
26	八海山	新潟	1778	76	安平路山	長野	2363
27	荒沢岳＊	新潟	1969	77	金剛堂山	富山	1650
28	佐武流山	新潟・長野	2192	78	笈ヶ岳	富山・石川・岐阜	1841
29	鳥甲山	長野	2038	79	大日ヶ岳	岐阜	1709
30	帝釈山	福島・栃木	2060	80	位山	岐阜	1529
31	会津朝日岳	福島	1624	81	能郷白山	岐阜	1617
32	女峰山	栃木	2483	82	御在所岳	三重・滋賀	1212
33	仙ノ倉山	群馬・新潟	2026	83	釈迦ヶ岳	奈良	1800
34	白砂山	群馬・新潟・長野	2140	84	伯母子岳	奈良	1344
35	岩菅山	長野	2295	85	金剛山	奈良	1125
36	浅間隠山	群馬	1757	86	武奈ヶ岳	滋賀	1214
37	榛名山	群馬	1449	87	氷ノ山	兵庫・鳥取	1510
38	妙義山	群馬	1104	88	上蒜山	鳥取・岡山	1202
39	荒船山	群馬・長野	1423	89	三瓶山	島根	1126
40	御座山	長野	2112	90	三嶺	徳島・高知	1894
41	武甲山	埼玉	1304	91	東赤石山	愛媛	1706
42	白石山（和名倉山）	埼玉	2036	92	笹ヶ峰	愛媛・高知	1860
43	茅ヶ岳	山梨	1704	93	英彦山	福岡・大分	1199
44	乾徳山	山梨	2031	94	雲仙岳	長崎	1359
45	大岳山	東京	1266	95	由布岳	大分	1583
46	三ツ峠山	山梨	1785	96	大崩山	宮崎	1644
47	御正体山	山梨	1681	97	市房山	熊本・宮崎	1721
48	毛無山	山梨・静岡	1964	98	尾鈴山	宮崎	1405
49	愛鷹山	静岡	1504	99	高千穂峰	宮崎	1574
50	天狗岳	長野	2646	100	桜島	鹿児島	1117

内容は弊社刊『山と渓谷』2021年1月号付録「山の便利帳2021」に準ずる。
＊＝日本三百名山（下巻P122）では山上ヶ岳（奈良・1719m）が選ばれている。

100
Mountains of Japan

北関東・信越

24 那須岳
25 越後駒ヶ岳（魚沼駒ヶ岳）
26 平ヶ岳
27 巻機山
28 燧ヶ岳（燧岳）
29 至仏山
30 谷川岳
31 雨飾山
32 苗場山
33 妙高山

34 火打山
35 高妻山
36 男体山
37 日光白根山（奥白根山）
38 皇海山
39 武尊山
40 赤城山
41 草津白根山
42 四阿山
43 浅間山
44 筑波山

那須岳
(な す だけ)

標高
1917m
（三本槍岳）

噴煙たなびく
ダイナミックな火山から
スリルある岩場をたどり、
たおやかな連峰の最高峰へ

今も火山ガスを吹き上げる那須連峰の主峰・茶臼岳は、
ダイナミックで荒々しい火山地形と展望が魅力の名峰。
ここから北へ連なる稜線上には、峻険な岩峰の朝日岳、
どっしりとした山容の三本槍岳が鎮座する。それぞれ個
性が異なる3山をめぐる縦走コースは、変化に富んだ、
充実した山歩きが楽しめる。特に新緑がまばゆい春と、
紅葉があでやかな秋のシーズンがおすすめだ。

茶臼岳山頂の鳥居と祠

コースグレード	中級
技術度	★★☆☆☆ 2
体力度	★★★☆☆ 3

100
Mountains of Japan

深田久弥と那須岳

「那須岳」の項で、深田は「茶臼、朝日、三本槍を、いわゆる那須岳と見
なしていい」と定義する。また、山麓に点在する那須七湯と山中の三斗小
屋温泉について触れ、「それらの温泉を根拠として登山の出来ることが、
那須岳の大きな特典であろう」と述べる。ただし、自身が那須岳や温泉を
訪れた際の記述はなく、那須という名前の語源やいわれ、伝説、三本槍岳
の名の由来などについて解説する。では、深田はどの温泉に浸かり、どの
コースから那須岳に登り、何を見て何を感じたのか。それが知りたかった。

茶臼岳の下りから見る峰の茶屋避難小屋跡と朝日岳

歩行時間：6時間35分｜歩行距離：10.6km

那須ロープウェイの**山頂駅**を出て、整備された登山道を登っていく。牛ヶ首への道を左に見送るあたりから本格的な急登が始まる。山頂部まではほぼ同じ傾斜が続くので、岩に印されたペンキマークを見落とさないよう、ゆっくり登っていこう。

八間石（はちけん）と呼ばれる大きな岩を過ぎてしばらくすると、峰の茶屋跡（みねちゃや）方向からの道が右から合流して火口縁に出る。ここから左に進めば木製の鳥居が見えてきて、祠が祀られている**茶臼岳**（ちゃうすだけ）の山頂に到着する。天気がよければ、那須連峰の山々をはじめ阿武隈（あぶくま）山地や筑波山（つくばさん）、日光連山（にっこう）、会津（あいづ）の山々、磐梯山（ばんだいさん）や飯豊連峰（いいで）などが一望できる。

展望を楽しんだら、火口縁を時計回りに

ぐるりと周回し、峰の茶屋跡へと下る。岩がゴロゴロした道なので、転倒に注意しよう。傾斜が緩くなり、牛ヶ首からの道が左から合流するとすぐに**峰の茶屋跡避難小屋**だ。ここは稜線上の十字路にあたる休憩スポットで、たくさんの登山者が思い思いにくつろいでいる。

朝日岳への登りから茶臼岳を振り返る

ここから剣が峰（けんがみね）の東側をトラバースする道に入る。鞍部に出たところから朝日岳（あさひだけ）への登りが始まる。岩場につけられたクサリに沿って登っていくが、3段に分かれた長い岩場なので、緊張感を保ち慎重に進みたい。さらに切れ落ちた断崖をトラバースし、急斜面をひと登りすると、**朝日岳の肩**（かた）に飛び出す。右手に見える**朝日岳**の山頂まではわずかな距離だ。山頂からは360度のパノ

プランニング＆アドバイス

その年の気象状況にもよるが、例年5月のゴールデンウィークの頃までは残雪があり、11月になると雪が降ることもあるので、この時期の登山はそれらを想定した計画を立てること。また、那須連峰は強風が吹くことでもよく知られており、風対策も万全に。特に低体温症のリスクが高くなる早春や晩秋の時期には要注意。本コースの所要は約6時間半だが、もし時間的に余裕がない場合は、無理をせずに三本槍岳を割愛するのが賢明だ。

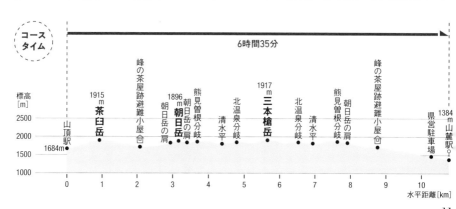

コースタイム

6時間35分

標高[m]												
	山頂駅 1684m	茶臼岳 1915m	峰の茶屋跡避難小屋	朝日岳の肩	朝日岳の肩 1896m	熊見曽根分岐	清水平	北温泉分岐	三本槍岳 1917m	北温泉分岐	清水平	熊見曽根分岐	朝日岳の肩	峰の茶屋跡避難小屋	県営駐車場 山麓駅 1384m

0　1　2　3　4　5　6　7　8　9　10
水平距離[km]

11

木道が敷かれた清水平からの三本槍岳

ラマが広がっている。

朝日岳の肩まで戻り、さらに北へ稜線をたどる。**熊見曽根分岐**で三斗小屋温泉へ下る道を左に分け、1900m峰に登り返すと、目の前には三本槍岳がどっしりと構えている。眼下に見える清水平をめざして急下降し、木道をたどって**清水平**を抜け、視界のない溝状の道を登っていく。

中ノ大倉尾根からの登山道が合流する**北温泉分岐**で左に進み、溝状の道を下ると平坦地に出る。最後に急斜面をひと登りすれば、那須連峰の最高峰・**三本槍岳**の山頂だ。山頂には展望盤が置かれているので、山座同定を楽しむといい。

帰路は、たどってきたルートを**峰の茶屋跡避難小屋**まで引き返し、茶臼岳の北面をトラバースして峠の茶屋へ下る道を取る。**県営駐車場**のある峠の茶屋を過ぎ、整備された散策路に入れば、ロープウェイ**山麓駅**はもうすぐだ。

その他のコースプラン

マイカー利用ならば、無料の県営駐車場がある峠の茶屋を基点とするプランを立ててもいい。山中には那須の秘湯・三斗小屋温泉があり、ここに1泊するプランを組めば行程が楽になるうえ、温泉も楽しめる。また、春と秋に運行されるマウントジーンズ那須のゴンドラを利用すれば、中ノ大倉尾根から日帰りで三本槍岳や朝日岳を往復できる。山頂駅から三本槍岳までは約2時間30分、朝日岳までは約3時間の所要。

ビギナーを同行して登山する場合は、ロープウェイ山頂駅から茶臼岳に登り、峰の茶屋跡避難小屋から峠の茶屋に下るコースなら無理がない。

文・写真／羽根田 治

茶臼岳山頂部の荒々しい火口跡

アクセス
マイカーの場合、那須ロープウェイ山麓駅にある3カ所の無料駐車場を利用する。那須ロープウェイの営業は3月中旬〜12月中旬。連休時や紅葉シーズンには道路やロープウェイがひじょうに混雑し、大幅に時間をロスするので要注意。

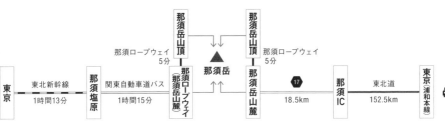

福島県
西郷村

那須塩原市

那須岳の最高点
三本槍岳 ▲1917

・1826
甲子山へ

・1524
大峠へ

前岳
1702▲

1856
北温泉
分岐

ハイマツ

0.35
0.30

・1714
中ノ大倉尾根

マウントジーンスゴンドラ山頂駅へ

1.50
1.20

木道
清水平

0.15
0.10

・1792

0.30
0.20

1900

ブナ林の尾根道

栃木県
那須町

0.20
0.15

温泉神社

0.55
0.35

隠居倉
▲
1819

熊見曽根
分岐

0.15

大黒屋

煙草屋

三斗小屋温泉

・1613

熊見曽根

朝日岳の肩
クサリ場

朝日岳
▲1896

・1816

0.15
0.10

沼原・
姥ヶ平分岐

1.20
1.10

避難小屋
⌂

恵比寿
大黒岩

0.55
0.30

鬼面山
▲1616

1799▲
剣が峰

・1389

峰の茶屋跡
避難小屋⌂

牛ヶ首分岐

強風注意

1678

中の茶屋跡

登山指導所

0.50
0.40

0.50
0.35

峠の茶屋
1462

P WC

県営駐車場

那須岳

山頂分岐

姥ヶ平
1594

無限地獄

茶臼岳

1915▲ ▲
1898

山頂
駅
1684m WC

那須ロープウェイ

0.15
0.10

1384m
WC
P

山麓駅

那須ロープウェイ

17

0.40
0.50

牛ヶ首分岐

冬期運休

黒磯駅本

牛ヶ首

N

0 500m
1:30,000

・1580

日の出平

2万5000分ノ1地形図 那須岳

登山者が集う三本槍岳の山頂

問合せ先
［市町村役場］那須町観光協会 ☎0287-76-2619
［交通機関］関東自動車（バス）☎0287-74-2911、
塩原自動車（タクシー・西那須野駅）☎0287-
36-0005、那須ロープウェイ☎0287-76-2449

越後駒ヶ岳
（えちごこまがたけ）

（魚沼駒ヶ岳）
（うおぬまこまがたけ）

コースグレード｜中級

技術度｜★★☆☆☆ 2

体力度｜★★★★☆ 4

終始展望に恵まれた
最短ルートで
越後三山盟主の
頂に立つ

標高
2003m

新潟県の豪雪地帯に位置する越後（魚沼）駒ヶ岳、中ノ岳、八海山は旧南・北魚沼郡の郡境に位置することから魚沼三山と称され、親しまれてきた。水無川の上流を三角形に包むようにそびえる中で、最も威風堂々とした山容を持つ越後駒ヶ岳が三山の盟主として君臨する。山頂からは八海山の荒々しい岩峰が一望でき、ハクサンコザクラやシラネアオイなど花の種類も多いのも魅力。

100
Mountains of Japan

深田久弥と越後（魚沼）駒ヶ岳

深田久弥が越後（魚沼）駒ヶ岳に登ったのは11月初旬、枝折峠で1泊し、小倉山を経て山頂へ。その日は中ノ岳直下でテント泊、翌日さらに八海山まで縦走した。八海山の縦走は予想以上の難路に苦労したようで、八海山の岩峰を越えて麓にある大崎口の社務所へたどり着いたのは夜の9時過ぎという強行軍だった。魚沼三山の中で最高峰の中ノ岳、信仰登山として賑わう八海山ではなく、「私があえて三山の代表として駒ヶ岳を挙げたのは、山としてこれが一番立派だからである」と説明している。

道行山付近から望む越後駒ヶ岳。右からの平らな尾根をたどる

日帰り 枝折峠から山頂を往復

歩行時間：9時間｜歩行距離：14.2km

標高1065mにある**枝折峠**の駐車場から登山道へ。しばらく灌木帯を登ると、かつて銀山平で採掘された銀を運ぶ銀の道と交差する。この先の**明神峠**には、ブナの大木の根元に山仕事の安全を祈願した枝折大明神が祀られている。

1235mの小ピークを越えてさらに緩やかに登ると**道行山**で、左へわずかに登った山頂からは越後駒ヶ岳までのルートが一望できる。尾根上の登山道は一度大きく下り、同じくらい登り返すと展望のよい**小倉山**で、駒の湯からの登山道と合流する。

ここからは、しばらく緩やかな尾根道をたどる。左の笹の茂みに**百草ノ池**を見てさらに進むと、しだいに道は傾斜を増していく。やがて大チョウナ沢、北ノ又川の滝ハナ沢源頭部がせり上がり、登山道は岩稜線

国道352号の枝折峠駐車場。トイレもある

駒の小屋直下の急斜面を登る

へと変わっていく。

ピラミダルな中ノ岳が間近に迫る**前駒**を過ぎ、クサリのついたやせた岩場を登りきると**駒の小屋**が建つ台地に飛び出す。ひと休みしたら、オツルミズ沢源頭に残る雪渓と、さまざまな高山植物の咲くお花畑を見ながら山頂へと登っていく。中ノ岳へと続く稜線に出たら、わずかに右へ登れば**越後（魚沼）駒ヶ岳**の山頂に到着する。猿田彦の銅像や数多くの石碑が並び、水無川の深

プランニング&アドバイス

JR上越線小出駅から枝折峠へのバスは2020年に廃止されてしまったので、タクシーかマイカーでのアクセスとなる。マイカーの場合、秘湯・駒の湯に前泊すれば翌朝の早出ができ、日帰り登山が可能になる。稜線直下に建つ駒の小屋は展望もよく、ここに泊まるのもおすすめ。春から秋にかけて管理人が在住するが、食事のサービスはない。標高差があるが、駒の湯から小倉山経由で直接越後駒ヶ岳の山頂をめざすこともできる（P118「その他のコースプラン」を参照のこと）。

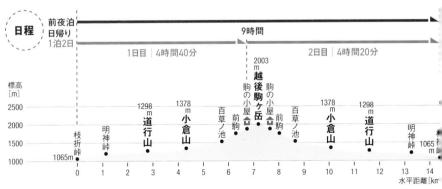

| 日程 | 前夜泊日帰り1泊2日 |

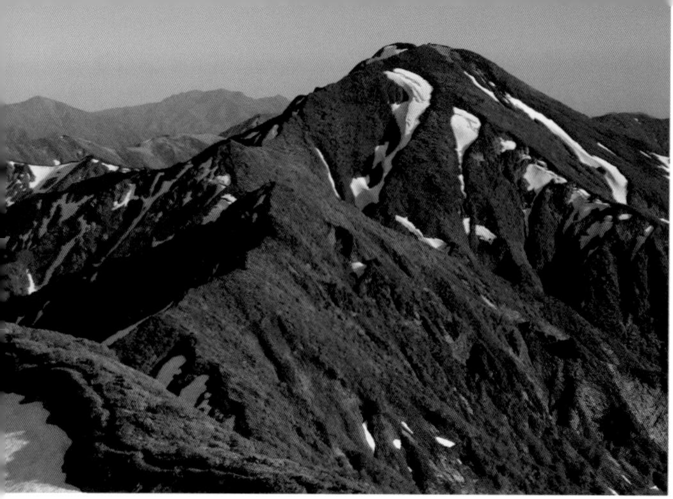

越後駒ヶ岳の山頂付近から望む中ノ岳

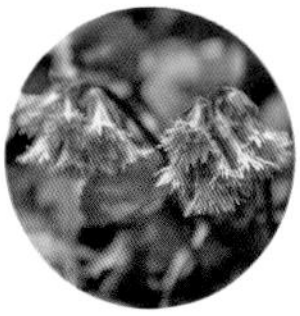

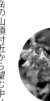

コイワカガミ

い谷を挟んで望む八海山がすばらしい。

視界が利く時には遠く佐渡島まで見える大展望を楽しんだら**駒の小屋**まで下り、**小倉山**経由で**枝折峠**に戻る。

その他のコースプラン

一軒宿の駒の湯山荘から道行沢に架かる橋を渡り、樹林帯をひたすら登って小倉山で枝折峠からの道に合流する駒の湯コースが知られているが、山頂まで標高差1600m以上あり、なかなか体力的に厳しいコースで、下山に利用した方がよいだろう（登り6時間、下り4時間20分）。ほかに水無川渓谷の越後三山森林公園から標高差1800mを登るコース（山頂へ8時間30分）や十字峡から日向山、中ノ岳経由で越後駒ヶ岳に至るコース（山頂へ11時間）があるが、どちらも手強い。中ノ岳山頂には避難小屋があり、利用可能だ。

文・写真／菊池哲男

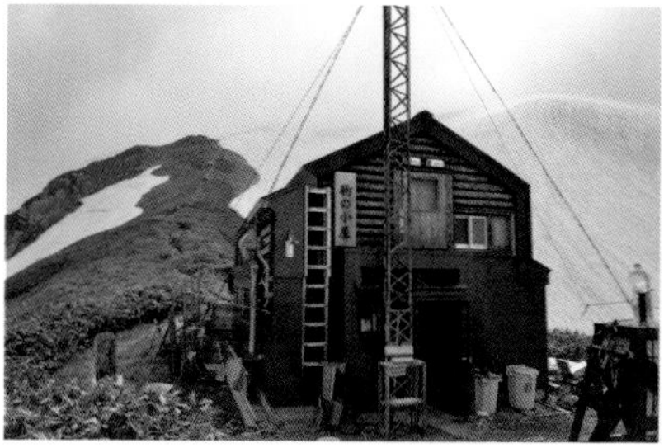

稜線直下に建つ駒の小屋。宿泊は素泊まり

アクセス

浦佐駅からのタクシー料金は1万円以上と高額。帰りのタクシーは登山の前に予約しておくこと。マイカーは枝折峠の無料駐車場（約25台）を利用する（トイレあり）。枝折峠への国道352号は道幅が狭いうえカーブも多いので、運転はより慎重に行いたい。

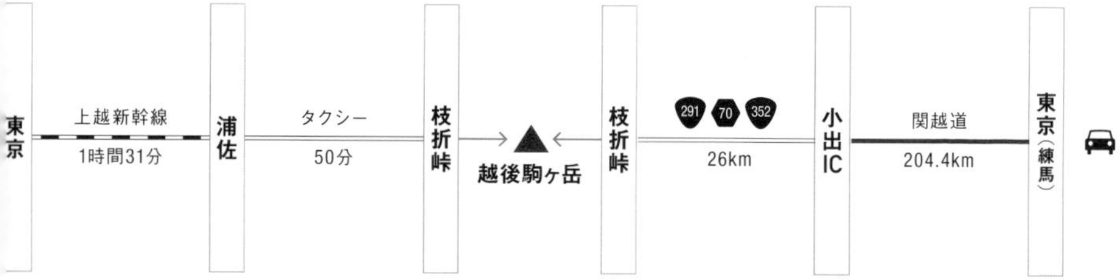

東京
上越新幹線
1時間31分
浦佐
タクシー
50分
枝折峠
越後駒ヶ岳
枝折峠
291
70
352
26km
小出IC
関越道
204.4km
東京（練馬）

518

•572

370m 登山口 5台 P
吊橋
駒の湯山荘
ブナ、ミズナラ 急坂

788▲

918△ 929

352 •1091

大湯、小出へ

646m ピーク ── 目立つブナ の木がある

•598

△1056

•718

•1010

枝折峠 1065m WC P 25台

•615 500 600 700

栗ノ木沢ノ頭▲916

549•

新潟県 魚沼市

1236

开 明神峠

•941 900 800 1000

小倉尾根

1026•

道行山のピークへは コース上から登り2分。 越後駒ヶ岳、中ノ岳の眺望

1235•

明神尾根

標高のあまり変わらない アップダウンの道 木道も新しく歩きやすい

緩やかな道

1100

クサリ場

•1129

ザレ場

分岐から小倉山の間は 登り下りとも約1分ほど

小倉山▲ 1378

1284•

1241•

シャクナゲ

道行山• 1298

•1022

都界尾根 フキギ •1689

1300 1200 1400 1500 1600

南魚沼市

テント場あり 7～8張

素泊まり

駒の 小屋

越後 駒ヶ岳▲ 2003 WC

1459•

1763•

新しく整備された 木道で歩きやすい

お花畑 百草ノ池

•1149

•1064 837•

前駒

花多い

1933•

赤ペンキ印多い

百草ノ池には 立ち入らないこと

•1396

•1284

△1235

•1028

1013▲

N

深田久弥は越後駒から中ノ岳を経て 八海山（いずれも越後三山）へと縦走した

中ノ岳へ

0 1km
1:45,000

問合せ先
［市町村役場］魚沼市役所 ☎025-792-9754
［交通機関］観光タクシー ☎025-792-1100、や
まとタクシー ☎025-777-3141（ともに浦佐駅）、
さわやかタクシー ☎025-792-4141（小出駅）
［山小屋］駒の小屋 ☎025-792-9754（魚沼市役所）、
駒の湯山荘 ☎090-2560-0305

2万5000分ノ1地形図　奥只見湖、八海山、大湯

越後駒山頂には猿田彦の銅
像や数多くの石碑が並ぶ

標高
2141m

平ヶ岳

（ひらがたけ）

利根川と只見川の源流域にそびえる日本百名山屈指の「遠い山」をめざす

尾瀬の北西にある平ヶ岳は、日本百名山の中では難易度の高い山にあげられるが、同じ難関の山である幌尻岳や剱岳のようにコース中にこれといった難所があるわけではない。だが、登山口までのアプローチの長さと、山中に山小屋やテント場がなく、1日で10時間以上歩き通す行程がそう思わせるのだろう。しかし、山上に立てばこの山がなぜ日本百名山に選ばれているかきっと実感できるはずだ。

平ヶ岳の山頂三角点

コースグレード｜**上級**

技術度｜★★★☆☆ 3

体力度｜★★★★★ 5

100
Mountains of Japan
深田久弥と平ヶ岳

深田久弥は、日本百名山完登を志した早い段階から、平ヶ岳の存在が念頭にあったという。その理由としては、①利根源流地域の最高峰であること、②長く平たい個性的な頂上部、③登山道がない遠い山であることがあげられる。久しく憧れの山だった平ヶ岳に氏が登る機会を得たのは、1962年9月のこと。山仲間を含む5人で新潟県側の小出からバスと渡船で中ノ岐川に入り、4泊にわたる「猛烈な」やぶ漕ぎの末に山頂に立っている。下山は群馬県側の水長（みなが）沢を下って藤原方面に抜けている。

平ヶ岳のシンボル・玉子石。池ノ岳からは30分ほど

この日は休憩時間を含めると12時間以上の行程となるため、**平ヶ岳登山口**を夜明け前後に出発する。

案内に従って林道に入り、下台倉沢を渡っていくと右手に登山道の取付点がある。すぐに尾根に上がり、ここから山上部までほぼ尾根をたどっていく。

やがて前坂と呼ばれる砂礫混じりのやせ尾根の急登に差しかかり、慎重に通過してなおも登っていくと、登り始めから2時間半ほどで**下台倉山**に着く。このあたりからは南へと進路が変わり、しばらくは眺めの

よい緩やかなアップダウンを繰り返して標高を上げていく。広場のような山頂の**台倉山**の先で方向を西に変えて下ると、台倉清水への入口がある。右手の急斜面を5分ほど下ると水場があるが、時期によっては水流が少ない。

展望のよい下台倉山への登り

台倉清水をあとに、樹林の中の道を進んでいく。コメツガ林の中にところどころ現れる木道をたどっていくと、今度は**白沢清水**が道脇に湧出している。ただしここもあてにならないことがある。

この先は、山頂部の池ノ岳へ向けての登りとなる。これまでの緩斜面から一転してやや急な木道の登りになるが、視界はどんどん開けていくので、きつさはあまり感じないだろう。

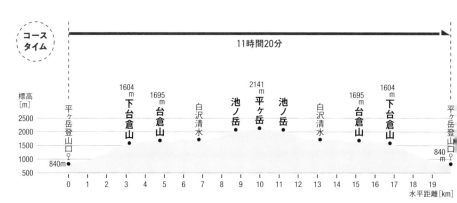

コースタイム　11時間20分

標高[m]

| 平ヶ岳登山口 | 下台倉山 1604m | 台倉山 1695m | 白沢清水 | 池ノ岳 | 平ヶ岳 2141m | 池ノ岳 | 白沢清水 | 台倉山 1695m | 下台倉山 1604m | 平ヶ岳登山口 |

840m

840m

水平距離[km]

周囲に小さな湿原が現れ始め、最後に短い岩場の道を登ると、ようやく**池ノ岳**にたどり着く。ここは山上湿原の一角で、周囲には姫ノ池をはじめとする池塘群が広がり、チングルマやキンコウカなどのお花畑となっている。眺めもよく、燧ヶ岳（ひうちがたけ）や会津駒ヶ岳（あいづこまがたけ）などの山々も見渡せる。

　木道を南下し、右に玉子石（たまご）へと続く木道を分けると再び樹林に入る。右から玉子石からの道を合わせ、「ツガ廊下」と呼ばれるコメツガの林内を行くと分岐があり、右手の道の突き当たりに平ヶ岳の2等三角点と山名標柱がある。なお、山名標柱は「二一四一」と記載されているが、ここは2139.6m

問合せ先
[市町村役場] 魚沼市観光協会☎025-792-7300
[交通機関] 南越後観光バス☎025-792-8114、奥只見観光（渡船）☎025-795-2750、魚沼観光協会（会員制予約バス）☎025-792-7300
[山小屋] 清四郎小屋☎090-2558-0028

アクセス
奥只見ダム行きの南越後観光バスは7月の土・日曜、祝日と8月〜11月8日運行。観光船と会員制予約バスは7月1日〜10月15日運行（いずれも2020年のデータ）。奥只見観光船と魚沼市観光協会のバスは、乗車の7日前までに予約が必要。マイカーは平ヶ岳登山口に約30台分の無料駐車場がある（トイレあり）。

2万5000分ノ1地形図　平ヶ岳、尾瀬ヶ原、会津駒ヶ岳

玉子石・山頂分岐からの平ヶ岳

東京		浦佐		奥只見ダム		尾瀬口		平ヶ岳入口		平ヶ岳
	上越新幹線 1時間31分		南越後観光バス 1時間15分		銀山湖渡船 40分		会員制予約バス 7分			

東京（浅草）		会津高原尾瀬口		尾瀬御池		尾瀬口		平ヶ岳入口		平ヶ岳
	東武鉄道鬼怒川線・野岩鉄道特急 2時間55分		会津乗合自動車バス 1時間55分		会員制予約バス 28分					

平ヶ岳登山口		小出IC		東京（練馬）
	352 58km		関越道 204.4km	

平ヶ岳登山口		西那須塩原IC		東京（浦和本線）
	400 121 352 113km		東北道 139.1km	

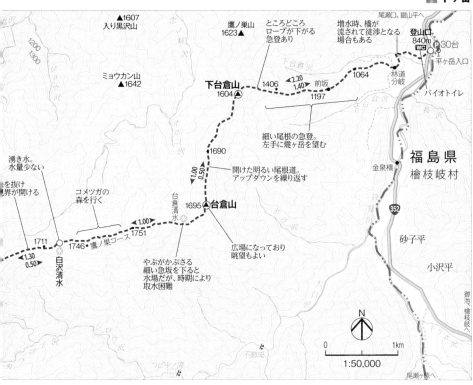

▲1607
入り黒沢山

鷹ノ巣山
1623▲

ところどころ
ロープが下がる
急登あり

増水時、橋が
流されて徒渉と
なる場合もある

尾瀬口、銀山平へ

登山口
840m 30台
WC
平ヶ岳入口

ミョウカン山
▲1642

下台倉山
1604▲

1406 ←2.20→ 前坂
1.40

1197

1064

林道
分岐

バイオトイレ

1690

細い尾根の急登。
左手に燧ヶ岳を望む

福島県
檜枝岐村

湧き水。
水量少ない

コメツガの
森を行く

1.00
0.50

開けた明るい尾根道。
アップダウンを繰り返す

金泉橋

界が開ける

1695▲台倉山

1.00

台倉清水

352

砂子平

1711

1746・鷹ノ巣コース

1751

白沢清水

やぶがかぶさる
細い急坂を下ると
水場だが、時期により
取水困難

広場になっており
眺望もよい

小沢平

1.30
0.50

N

御池・檜枝岐へ

0   1km

1:50,000

尾瀬ヶ原へ

で、実際の**平ヶ岳**の最高点（2141m）は木道の分岐に戻って右に進んだ山頂湿原内にある。周囲は広々とした湿原で、燧ヶ岳や至仏山、越後駒ヶ岳などの日本百名山を見渡すことができる。

　山は往路を引き返すが、先を急ぐあまりに、下りの木道でのスリップやコース後半の前坂での転倒など、足もとにはくれぐれも気をつけたい。

その他のコースプラン

　紹介コースした鷹ノ巣からのルートは平ヶ岳登山の本流だが、ピークハントが目的の人に人気なのが、北西からの中ノ岐コースだ。銀山平の宿に宿泊することが条件だが、登山口の中ノ岐林道終点の標高が紹介コースの平ヶ岳登山口より400m以上高く距離も短いので、半分程度の時間（約3時間半）で山頂に立つことができる。詳細は伝之助小屋など銀山平の民宿のホームページをご覧いただきたい。

文・写真／吉田祐介

燧ヶ岳からの平ヶ岳（左）。平らな山頂部が特徴

北関東・信越／新潟県・群馬県

巻機山
<small>まきはたやま</small>

快適な巻機山避難小屋

コースグレード｜**中級**

技術度｜★★☆☆☆ 2

体力度｜★★★★☆ 4

可憐な花たちと池溏のある
上越国境の名山で、
ゆったりと
稜線漫歩を楽しむ

標高
1967m

上越国境に連なる巻機山は東西に長い稜頂部となっていて、割引岳、御機屋、最高点、牛ヶ岳を総称して巻機山と呼んでいる。たおやかな稜線にはお花畑や池溏が点在して、自然が作り上げた庭園のようだ。山名の由来は頂上一帯が御機屋と呼ばれ、美女が機を織っていたという伝説による。よく歩かれるのは南魚沼市清水集落からの井戸尾根コースだが、コースの大半が急登と思いのほかハード。

100
Mountains of Japan

深田久弥と巻機山

「巻機山という優しい名前とともに、この隠れた美しい山を、私は上越国境中の一名山として挙げたい」。深田が巻機山に最初に登ったのは1936年4月、前日に上越線塩沢駅から登川沿いに歩き、まだ雪深い最奥の清水部落で1泊、翌日、案内兼荷担ぎを一人雇って井戸尾根コースで巻機山へ。初っ端からの急斜面でつらかったとあるが、ここを登りきって「思わず歓声を発するような気持ちのよい広々とした雪原」に出て、前山（ニセ巻機）経由で広い山頂に立った。しかし霧に覆われ、展望には恵まれなかった。

人の顔に見えるという最高地点付近にある池溏

桜坂駐車場で登山届を提出してスタート

日帰り 清水から井戸尾根を往復

歩行時間:9時間5分 | **歩行距離:14.8km**

清水バス停から集落を抜け、林道をたどり、米子橋を渡ると登山口の**桜坂駐車場**に出る。駐車場には2020年新しくできたトイレと、登山届を出す記帳台がある。この先には井戸尾根コースと沢コースのヌクビ沢コース、割引沢コースの分岐があり、注意を促す看板が立っている。

歩きはじめからしばらくは視界の利かない樹林帯を登り、四合目を過ぎると、コース最大の急坂である井戸ノ壁が現れる。急

プランニング＆アドバイス

六日町駅から清水までのバスは1日に3本しかなく、8時台の始発に乗ったとしてもその日中に下山するのは難しい。九合目の巻機山避難小屋に泊まるか、山麓の清水集落での前泊が必要だ。清水には山菜やキノコ料理が人気の雲天（☎025-782-3473）をはじめ数軒の民宿がある。タクシーやマイカーなら約2km先の桜坂駐車場まで入れるので、往復1時間強短縮できる。巻機山避難小屋は2階建てで、内部には一風変わったバイオトイレと緊急用無線がある。

斜面をジグザグに登っていくと**五合目の焼松**に着く。深い谷には米子大滝や谷川連峰の眺めがよい。

美しいブナ林を抜けた先の六合目展望台では、割引岳と巨大な天狗岩が見える。この先は灌木帯となり、檜穴ノ段の急斜面を登ると**七合目物見平**で、正面にはニセ巻機（前巻機）が大きく立ちはだかる。さらに八合目まで登ると階段状の登山道となり、九合目の**ニセ巻機（前巻機）**に着く。ここ

五合目から美しいブナの森を登る

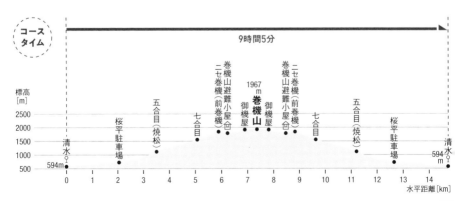

コースタイム

9時間5分

標高[m]		
2500		
2000		
1500		
1000		
500		

清水 594m — 桜平駐車場 — 五合目（焼松） — 七合目 — ニセ巻機（前巻機）巻機山避難小屋⇔ — 御機屋 — 巻機山 1967m — 御機屋 — 巻機山避難小屋⇔ニセ巻機（前巻機） — 七合目 — 五合目（焼松） — 桜平駐車場 — 清水 594m

水平距離[km] 0 1 2 3 4 5 6 7 8 9 10 11 12 13 14

越えてきたニセ巻機をバックに山頂へ

からの展望はすばらしく、特に目の前に広がる、緩やかなフォルムの巻機山の稜頂部と米子沢源頭部が印象的だ。

　オオシラビソに囲まれた**巻機山避難小屋**が建つ鞍部まで緩やかに下る。小屋の前は米子沢の源頭で、夏ならば貴重な水場となっていて、付近は色とりどりの高山植物が咲いている。

　池溏が点在する木道を通って、最後に急な道を一直線に登ると稜線上の**御機屋**に出る。ここは山頂部の一部で信仰上の頂上とされており、広場には「巻機山山頂」のプレートがある。

　ここからは、青空と白い雲を映しだす池

溏が点在するなだらかな稜線歩き。やや東に木道を進むとすぐに巻機山の最高地点で、ケルンが立っている。木道はさらに牛ヶ岳方面へと続いている。往復1時間ほどかかるが、時間が許せばぜひ足をのばしておきたい。

　山上の楽園を心行くまで満喫したら、往路を**清水バス停**へと下る。

その他のコースプラン

　沢を登路に取るヌクビ沢コースと天狗尾根（割引沢）コース、米子沢コースが知られている。ヌクビ沢コース（桜坂から御機屋へ約5時間）と天狗尾根コース（桜坂から割引岳へ約4時間）は天狗岩直下で二分し、それぞれ稜線に抜けるルートだが、両方ともに難易度が高く、ベテラン向き（ともに下りは危険のため、登りの一方通行）。米子沢コースは完全な沢登りのルートで経験者のみ。安易に立ち入らないように注意したい。また谷川連峰の朝日岳からの巻機山縦走コースはロングコースかつエスケープルートがないことから、こちらも経験者のみの領域といえるだろう。

文・写真／菊池哲男

七号目からのニセ巻機

アクセス
P125のプランニングの項でも触れたが、バスの便数が少なく、六日町駅発は8時台の次は13時台、下山地の清水バス停からは14時台の次は18時台まで便がない。タクシーかマイカー利用が現実的といえよう。なお、タクシー利用の場合、人数がまとまればJR上越新幹線越後湯沢駅からタクシーを利用する手もある。桜坂の駐車場（有料）は50台以上停められ、トイレや登山届のポストもある。

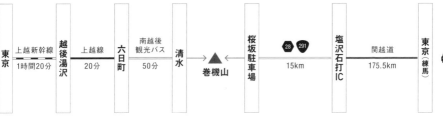

五十沢キャンプ場へ

・631　　・1162

N

0　　　　　1km

1:45,000

難路　・1671

・1781

・九合目

割引岳
巻機山の
三角点ピーク
1931

御機屋分岐
0.15
0.20

0.20

ケルン　牛ヶ岳
▲1962
1620

・1441

御機屋　巻機山
1967　▲

0.20
0.15

0.10

0.30

ヌクビ沢と天狗尾根
(ともに上級者向け)は
登りの一方通行

天狗岩
1578

池塘

巻機山の
最高地点

1928

・730

新潟県
南魚沼市

黒岩峰
▲1446

布千岩

巻機山
避難小屋

0.10

ニセ巻機
(前巻機山)

1861

1401・

・986

2.40

ヌクビ沢出合
1072

1.10
0.40

六合目展望台

1564
七合目物見平

八合目

1.00

・598

1.30
1.00

檜穴ノ段

粘土質の急登

コース最大の
急登

・1064

井戸尾根

1128

井戸ノ壁

・766

五合目
(焼松)

・1646

・1411

米子頭山
▲1796

1631・

タクシーは
ここまで入る

1.20
1.00

群馬県
みなかみ町

▲569

291

巻機山麓
キャンプ場

P
桜坂駐車場

0.40
0.30

・860

清水

清水
バス停
594m

858

・1487

・1809

▲609

威守松山
▲1214

・1340

・1809

・1461

・639

・747

柄沢山、朝日岳へ

六日町駅、六日町ICへ

2万5000分ノ1地形図　巻機山・六日町

問合せ先
[市町村役場] 南魚沼市役所☎025-773-
6660、南魚沼市観光協会☎025-783-3377
[交通機関] 南越後観光バス☎025-773-
2573、銀嶺タクシー☎025-772-2440、六
日町タクシー☎0120-70-3677、美咲タクシ
ー☎025-773-2348(いずれも六日町駅)
[山小屋] 巻機山避難小屋☎025-773-6665
(南魚沼市役所)

広い巻機山・御機屋の山頂

北関東・信越／福島県

燧ヶ岳
（ひうちがたけ）
（遂岳）

ハクサンシャクナゲ

尾瀬沼の存在を
大きく引き立てる
颯爽として威厳ある
「尾瀬の厳父」

標高
2356m
（柴安嵓）

名山ぞろいの東北地方にあって、最高峰の山が標高2356
mの燧ヶ岳である。最高点の柴安嵓、俎嵓、ミノブチ岳、
御池岳、赤ナグレ岳の5つからなり、尾瀬沼の北岸にドン
とそびえる尾瀬の盟主的存在の山である。山頂への登山
コースは4本あるが、登りやすさという点ではバス停や駐
車場からダイレクトに取り付ける北面の御池から。ここ
では御池から入山し尾瀬沼へ抜けるコースを紹介する。

100
Mountains of Japan

深田久弥と燧ヶ岳

『日本百名山』の「燧岳」の項に「尾瀬沼から燧岳をなくしたら、山中の
平凡な一小湖と化してしまうだろう」という一文があるが、これこそが燧
ヶ岳の存在価値を端的に言い表しているのではなかろうか。深田自身もア
ヤメ平から尾瀬ヶ原の向こうにさえぎるるものない燧ヶ岳の全容を望んだ
際は「天下一品という気がした」という。燧ヶ岳には1935年6月に登っ
ているが、この日は快晴だったこともあり、周囲の山々を見渡す大展望に
恵まれた。その下山時には南面で偶然木暮理太郎とバッタリ出会っている。

俎嵓からの燧ヶ岳最高点にして東北最高点の柴安嵓

尾瀬御池バス停奥の駐車場西端に燧裏林道の入口があり、すぐ先で左の道に入る。緩やかな登り出しだが、しだいに次第に傾斜が増してくる。木の根や岩が露出した歩きづらい箇所もある登りだ。突然視界が開けると**広沢田代**に出る。池塘畔ではモウセンゴケが観察できる。

湿原からは再び歩きづらい急登をこなして広大な傾斜湿原の**熊沢田代**へ。ワタスゲやキンコウカなどが咲く湿原の奥には、めざす燧ヶ岳の山頂が見えている。

うねるようにのびる木道が途切れると、尾根の左斜面を横切るように登っていく。やがて顕著な涸れ沢に出て、この涸れ沢を

登っていく。浮石やスリップに注意して涸れ沢を登ると、やがてやぶに行く手を阻まれる。ここは左の尾根上に出て、斜面のガレ場を通過する。低木帯の斜面を左方向に上がっていき、ハイマツの切り開きを登ると祠と三角点がある**俎嵓**に飛び出る。尾瀬沼や燧ヶ岳最高峰・柴安嵓の眺めがよい。

展望を楽しんだら、柴安嵓を往復してよう。鞍部まで下り、えぐられた急斜面を登ればこちらも好展望の**柴安嵓**の山頂だ。

キンコウカ咲く熊沢田代。正面は俎嵓

山頂をあとに**俎嵓**まで戻って右の道へ。砂礫の急斜面を下り、御池岳の右側を進むとナデ窪分岐に出る。直進のナデ窪は傾斜がきついので、多少大回りになるが左の長英新道（燧新道）を下ることにしよう。分岐から10分弱で**ミノブチ岳**に出て左に

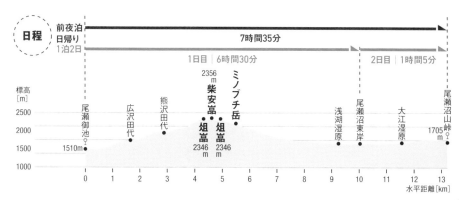

日程	前夜泊 日帰り 1泊2日		7時間35分			
		1日目｜6時間30分		2日目｜1時間5分		

標高[m]

				2356 m 柴安嵓	ミノブチ岳			尾瀬 沼 山 峠
2500	尾瀬御池	広沢田代	熊沢田代	俎嵓 2346 m	俎嵓 2346 m	浅湖湿原	尾瀬沼東岸	大江湿原
2000								1705m
1500	1510m							
1000								

0 1 2 3 4 5 6 7 8 9 10 11 12 13
水平距離[km]

折れると、ダケカンバが茂る急な下りとなり、途中バイケイソウが群生する湿地や尾瀬沼を望む場所を経て標高を下げていく。標高1900mあたりで森林限界を割りこむと傾斜はだんだん緩くなってくる。一部溝状の歩きづらい箇所があるが、全体的に針葉樹の中の緩斜面の下りが続く。

やがて木道が現れると間もなく尾瀬沼畔の**浅湖湿原**に出て、左に進む。大江川を渡

祠が置かれた俎嵓山頂

ると東岸分岐で、直進して2軒の山小屋とビジターセンターがある尾瀬沼東岸まで足をのばしていこう。

ひと休みしたら東岸分岐まで戻り、右へ進む。ミズバショウやニッコウキスゲの名所・**大江湿原**を通り抜け、樹林の中を緩やかに登っていく。沼山峠の展望台から下っていくと**尾瀬沼山峠バス停**にたどり着く。

その他のコースプラン

紹介コースはマイカー登山者でも周回しやすい設定としているが、マイカー利用でなければ尾瀬沼から南下して、上越新幹線上毛高原駅や新宿行きの高速バスが発着する群馬側の大清水へ抜けたり（尾瀬沼東岸から約2時間半）、山頂から見晴新道で尾瀬ヶ原を経て鳩待峠へ向かうプランも考えられる（柴安嵓から約6時間）。体力があれば、至仏山（P132）とセットで登るのもおすすめだ（柴安嵓から至仏山へ約7時間）。

文・写真／吉田祐介

アクセス
会津高原尾瀬口駅からの会津バスは1日4便（1便は尾瀬御池乗り換え）帰りの尾瀬沼山峠発会津高原尾瀬口駅行きの最終は15時40分。これに乗車できればその日のうちに東京に帰ってくることができる。尾瀬御池〜尾瀬沼山峠間は路線バス以外にシャトルバスも運行している。御池の駐車場（約400台）は有料だが、尾瀬御池ロッジなど尾瀬檜枝岐観光協会加盟の施設に宿泊すると無料になる。

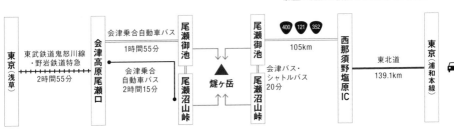

奥只見湖へ

御池
1510m
尾瀬御池バス停 🅿 尾瀬御池ロッジ
WC
•1531
352

撫平

•1561

福島県
檜枝岐村

•1680

①

沼山峠～御池間は一般車通行不可。
シャトルバスを運行する

急登
1.00 0.50

キンコウカ
モウセンゴケ

広沢田代

急登
0.45 0.35

キンコウカ
ワタスゲ
1986

熊沢田代

木道が荒れている

1.30
1.00

•1727

•1632

•1779

尾瀬沼山峠
バス停
1705m
沼山峠休憩舎
WC

涸れ沢の通過。
この先はルート注意箇所あり

(燧岳)
燧ヶ岳

柴安嵓
2356 0.20 俎嵓
0.20 2346
ミノブチ岳

原見岩

御池岳

見晴新道

•2249
赤ナグレ岳

急坂

2.00
2.30

森林限界

長坂新道(燧裏道)

1735

展望台あり
0.45

沼山峠

大江湿原

ヤナギランの丘

ニッコウキスゲ
ヤナギラン

約尾
6瀬
時ヶ
間原
でを
鳩経
待て
峠見
へ晴
へ
見晴へ

ナデッ窪
1.30

急坂続く

•1824

沼尻

沼尻平

オンダシ
0.45

樹林の中の
平坦な道

浅湖湿原
0.15

東岸分岐
0.20

尾瀬沼
ビジターセンター

N

群馬県
片品村

尾瀬沼

長蔵小屋
尾瀬沼ヒュッテ

尾瀬沼東岸
尾瀬沼キャンプ場

0   1km

1:50,000

問合せ先
［市町村役場］檜枝岐村役場 ☎
0241-75-2503、尾瀬檜枝岐温泉
観光協会 ☎0241-75-2432
［交通機関］会津乗合自動車（バ
ス）☎0241-62-0134、会津交通
（タクシー・南会津町舘岩）
☎0241-78-2017
［山小屋］尾瀬御池ロッジ ☎0
90-7064-4184、長蔵小屋 ☎027
8-58-7100、尾瀬沼ヒュッテ ☎0
80-5734-7272

俎嵓から尾瀬沼を見下ろ
す。正面奥は日光白根山、
左奥が男体山

13

29

至仏山
<small>しぶつさん</small>

標高
2228m

同じ尾瀬でもゴツゴツした
燧ヶ岳とは対照的に
なだらかな姿を見せる
日本でも屈指の花の名山

尾瀬ヶ原の西端に位置する山で、東端にある燧ヶ岳（P128）とともに尾瀬ヶ原の門番のごとく座っている。白馬岳やアポイ岳（北海道）などとともに日本屈指の花の名山として知られ、この山を特徴づける蛇紋岩帯には、ホソバヒナウスユキソウやオゼソウなどの希少な花々が生息する。展望もよく、尾瀬ヶ原や燧ヶ岳をはじめ谷川連峰などの上州の名山を目にすることができる。

ホソバヒナウス
ユキソウ

コースグレード｜中級

技術度｜★★★☆☆ 3

体力度｜★★★☆☆ 3

100
Mountains of Japan

深田久弥と至仏山

至仏山の山名は「仏」とつくくらいなので仏教用語と関連があるかといえばそうではなく、はっきりした説はないようだ。『日本百名山』の中では深田は山名について、「（至仏山北面を流れる）ムジナ沢の別称であるシブッツァワの最初の3文字が至仏になったのでは」と詮索している。ちなみにシブッツァワ（＝渋沢）とは、酸化されて赤渋色をした岩石のある沢のこと。深田が至仏山に登ったのは1926年秋。この頃はまだ登山道はなく、利根川上流の狩小屋沢を遡って山頂に立ち、尾瀬ヶ原を見晴らした。

秋の尾瀬ヶ原からの至仏山。手前の丸い丘は牛首

日帰り 鳩待峠から山頂を往復

歩行時間：**4時間55分** ｜ 歩行距離：**9.3km**

至仏山への入口は、**鳩待峠**の左奥にある。歩き始めはブナなどの広葉樹林の緩やかな登り。展望のない道はやがてオオシラビソとダケカンバの混交林になり、傾斜がやや増してくる。わずかに展望が開けたあたりで尾根から離れ、尾根の左側をたどっていく。樹幹越しに武尊山や笠ヶ岳を見て進むと、今度は尾根の右側を登るようになる、木道が敷かれた湿地状のお花畑に出ると、道の右手に原見岩（トカゲ岩）と呼ばれる大岩がある。

ここからお花畑を登って少し下り、針葉樹の道を緩やかに登っていく。オヤマ沢の

プランニング＆アドバイス

登山適期は7月上旬〜10月下旬。ホソバヒナウスユキソウやオゼソウは7月上旬〜中旬が花期。人気の山だけに、花の最盛期の週末ともなると混雑し、予想以上に時間がかかる。混雑を避けるためには平日に登るか、登山口の鳩待山荘に前泊し、早朝から登り始めること（尾瀬は午後から天候が変わりやすく、その点でも早立ちが望ましい）。小至仏山〜至仏山間の蛇紋岩帯は表面がヌルヌルして靴底のフリクションがあまり効かず、ひじょうに歩きづらい。安易な足運びはしないこと（歩幅が広いとスリップにつながりやすい）。近年はグリップのよい登山靴もあるので、入山前に登山用品店で相談してみるのもよいだろう。

源頭部を経て、さらに登るとワタスゲやキンコウカが咲く傾斜湿原のオヤマ沢田代に入っていく。

めざす小至仏山を正面に湿原を登り、樹林に入る。至仏山と笠ヶ岳への**分岐**を直進し、尾根の右側をたどっていく。ベンチがある小至仏山直下のお花畑は、夏にはオゼソウ、ハクサンコザクラなど色とりどりの花が咲いている。燧ヶ岳や尾瀬ヶ原など眺めがよい場所なので、ひと休みしていこう

傾斜湿原のオヤマ沢田代

その先で木段登りを経て、いよいよ至仏山まで続く蛇紋岩の岩稜歩きに差しかかる尾根の右側をわずかに進み、尾根を上がると**小至仏山**の山頂に出る。燧ヶ岳や尾瀬ヶ原、めざす至仏山や谷川岳、巻機山など360度の大パノラマだ。

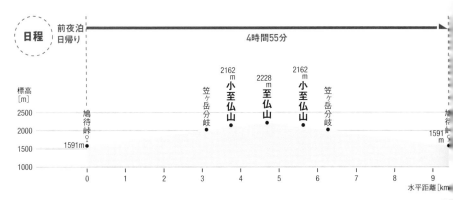

日程

前夜泊
日帰り

4時間55分

標高[m]

| | 鳩待峠 | | | 笠ヶ岳分岐 | 小至仏山 2162m | | 至仏山 2228m | | 小至仏山 2162m | 笠ヶ岳分岐 | | | 鳩待峠 |

1591m

1591m

水平距離[km]

小至仏山山頂からの至仏山

山頂からは尾根の左側を下り、砂礫の道を緩やかに登っていく。このあたりは道沿いに至仏山のシンボル・ホソバヒナウスユキソウをはじめキンロバイ、タカネナデシコなど色とりどりの花が咲き、花の名山であることを実感できる。

やがて台地状の広い尾根になり、砂礫の道は再び歩きづらい蛇紋岩へと変わる。慎重に岩尾根を越えると、至仏山の山頂を正面にする。尾根の左側に下って登り返せば、待望の**至仏山**山頂だ。小至仏山からの眺めもすばらしかったが、より高いだけにスケール感はやはりこちらが上。尾瀬ヶ原や燧ヶ岳はもちろん、会津駒や谷川岳、越後駒、赤城山などの日本百名山、天候がよければ遠く富士山が見えることもある。

下山は往路を引き返すが、蛇紋岩の岩尾根は下りの方より滑りやすい。

その他のコースプラン

尾瀬の湿原散策と至仏山登山の両方を楽しみたい人向けのコースを紹介する。メインコースと同じ鳩待峠から北面の尾瀬ヶ原西端の山ノ鼻に下り、尾瀬ヶ原へと入っていく。目的地はその後の行動次第で変わるが、日帰りの場合は牛首分岐、山ノ鼻などに一泊するなら竜宮十字路からヨッピ橋経由で周回するとよい。山ノ鼻からは、至仏山東面の道を登っていく。この道もメインコース同様蛇紋岩の道で歩きづらいが、コース上部の高天ヶ原では尾瀬ヶ原の絶景やシブツアサツキなどの花々が楽しめる。

文・写真／吉田祐介

登山客が集う至仏山山頂。左手は断崖になっている

アクセス
上毛高原駅発のバスはJR上越線沼田駅に立ち寄るほか、沼田駅発の便もある。シーズン中には新宿駅～戸倉間に関越交通バスの高速バス「尾瀬号」が運行されている（約4時間～5時間30分・往路は夜行便あり）。戸倉～鳩待峠間は路線バスのほか、乗合タクシーも運行。マイカーの場合は鳩待峠に有料の駐車場があるが、例年5～10月の約115日間は津奈木～鳩待峠間がマイカー規制が敷かれるため、戸倉の尾瀬第一・第二駐車場に車を停めて上記の路線バスか乗合タクシーに乗り換える。

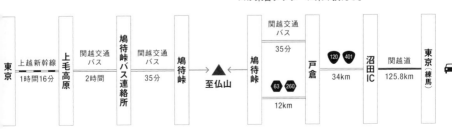

東京 — 上越新幹線 1時間16分 — 上毛高原 — 関越交通バス 2時間 — 鳩待峠バス連絡所 — 関越交通バス 35分 — 鳩待峠 → ▲至仏山 ← 鳩待峠 — 関越交通バス 35分 ／ 63 260 12km — 戸倉 — 120 401 34km — 沼田IC — 関越道 125.8km — 東京（練馬）

岳ヶ倉山
(日崎山)▲1816
・1534
・1811
八海山
(背中アブリ山)
・1735
1727
・1398
ヨッピ橋へ
・1401
尾瀬ヶ原
・1668
浮島のある池塘
・1403
・1452
1404
牛首
山ノ鼻から45分
牛首分岐
・1450
みなかみ町
・1488 ・1416
山の鼻キャンプ場
尾瀬植物研究見本園
山ノ鼻
国民宿舎
尾瀬ロッジ
・1602
東面登山道入口
山の鼻小屋
WC
至仏山荘
ベンチから尾瀬ヶ原、燧ヶ岳が見えるビューポイント
山の鼻ビジターセンター
尾瀬でいちばん早く咲くミズバショウ
中間地点
2045
高天ヶ原
このあたりから蛇紋岩が現れる
至仏山 2228▲
蛇紋岩の道
クサリ場
お花畑
・1709
1775△
木製階段が続くなだらかな地点
ホソバヒナウスユキソウ
小至仏山 2162▲
スリップ注意
お花畑
鳩待山荘
鳩待峠バス停
1591m
P マイカー規制あり
花が多い。至仏山の展望よし
笠ヶ岳分岐
湿原
樹林帯
1681
ブナの緩やかな坂道
群馬県
片品村
悪沢岳 2043▲
原見岩(トカゲ岩)
1867△
・1767
オヤマ沢の湧水。飲用には不適
尾瀬ヶ原、燧ヶ岳の展望
南西の展望よしはじめて笠ヶ岳が見える
・1766
260
N
・1679
戸倉、上毛高原駅、沼田ICへ
0 1km
1:50,000

問合せ先
[市町村役場] 片品村役場 ☎0278-58-2112
[交通機関] 関越交通（バス）☎0278-23-1111、尾瀬高速バス予約センター（関越交通バス））☎0120-53-0215、関越交通（タクシー）☎0278-24-5151（上毛高原駅・沼田駅）・☎0278-58-3311（片品村鎌田）、尾瀬観光タクシー（片品村）☎0278-58-3152
[山小屋] 鳩待山荘 ☎0278-58-7311

至仏山山頂からの尾瀬ヶ原と燧ヶ岳

13

谷川岳
たにがわだけ

標高
1977m
（オキノ耳）

天神尾根を往復する
人気ルート。
ロープウェイ利用で
ラクラク登山

上越国境を代表する山で、「魔の山」といわれたこともある山名は、登山をしない人にもよく知られる。大量の積雪で磨かれた山容は独特で、一ノ倉沢など有名な大岩壁を持つ。植物や樹相もユニークで、標高2000mに満たないのにハイマツなどアルプスのような高山植物が見られる。川端康成の『雪国』冒頭の「国境の長いトンネル」は、この山の奥深くを貫く清水トンネルのことだ。

山頂付近の
ハクサンイチゲ

100
Mountains of Japan

深田久弥と谷川岳

『日本百名山』では、昭和時代の「魔の山」谷川岳の様子を書いている。また谷川岳の山頂が地図の誤記によって間違えて伝えられた話など興味深い。本人は1933年秋に小林秀雄といっしょに谷川温泉から天神尾根を登っている。山頂からは西黒沢を下ったとあるが、この道は現在では幻の道となっている。この山行ではだれにも会わなかったという。終戦後の11月にファミリー登山で西黒尾根を登ったが雪にはばまれて引き返した、というエピソードも紹介されている。

コースグレード｜初級

技術度｜★★★★★　2

体力度｜★★★★★　2

天神平からの谷川岳。双耳峰がよく目立つ

ロープウェイと白毛門、朝日岳方面の眺め

日帰り 天神尾根から山頂を往復
歩行時間：5時間 | 歩行距離：6.5km

谷川岳ロープウェイ谷川土合口駅から山頂駅の**天神平駅**までは10分もかからない。ロープウェイは複数のゴンドラが連なるタイプのもの。天神平は雪の来るのが早く、シーズンの長いスキー場として有名だ。

天神平駅からは観光リフトでさらに**天神峠**に上がるとよい。天神尾根に続く稜線上に出ることができる。ここには天神山展望台があって、これから登る天神尾根と谷川岳山頂のトマノ耳、オキノ耳を見渡せる絶景ポイントだ。なお、天神平駅からは観光リフトを使わずに天神尾根に登ることができる道もある。

天神峠からは稜線を山頂方面に下り気味にたどる。天神平からの道と合流して（**天神尾根分岐**）、その先、カンバなど雑木林の中を行く。登り下りはほとんどない。小さな岩場を下ってしばらく進むと**熊穴沢避難小屋**が現れる。小さな小屋だが、何かあった時は利用できる。

天神尾根の登りはここからが本番。ツツジなどの灌木帯をひたすら登っていく。道は整備されているが、急なうえにすれ違いできないところも多い。尾根上のコブをい

大きな展望が広がるオキノ耳の山頂

プランニング＆アドバイス

人気の紅葉シーズンはロープウェイが混雑するので、平日の利用や早めのスタートなど考えるとよい。ロープウェイを使わずに後述の田尻尾根を登り下りする登山者もいるが、この場合はロープウェイの運転時間にしばられない行動ができる。登山道はよく整備され、クサリ場も困難ではないが、コースが尾根上の一本道なので渋滞することもある。残雪期の登山経験者であれば4月、5月を選ぶことができ、また、天神尾根は春山入門者にも向いている。

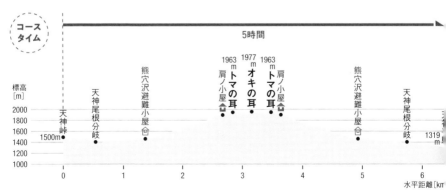

コースタイム

5時間

標高[m]

天神峠 1500m
天神尾根分岐
熊穴沢避難小屋
1963m 肩ノ小屋 トマノ耳
1977m オキノ耳
1963m トマノ耳 肩ノ小屋
熊穴沢避難小屋
天神尾根分岐 1319m

2000
1800
1600
1400
1200
1000

0　　1　　2　　3　　4　　5　　6

水平距離[km]

くつか越えていくが、左右に急な草付きや崖が現れ高度感が出てくる。足もとでは山の花も観察できるだろう。

尾根の上部にはよく目立つ岩場がふたつあって、そこに立つことができる。下の方が天狗の溜まり場、上が天神ザンゲ岩。隣の西黒尾根方面がよくわかるが、左手の俎嵓の景観は迫力がある。ほかに天狗の腰かけ岩というのもあってまぎらわしい。

森林限界を超えると笹原の斜面となって急な階段を行くようになる。傾斜が緩くなると谷川岳の肩は近い。やがて原っぱのような広い尾根地形に変わり、西黒尾根分岐を過ぎれば**谷川岳肩ノ小屋**に出る。この先、急坂はなく、わずかな時間で**トマノ耳**に到着。360度の展望で、視界が開けていれば日本百名山を10座以上数えることができ

リフト終点の天神峠から見た谷川岳

るだろう。最高峰の**オキノ耳**へはここから10分強。細い稜線だが、特に危険なところはない。

下山は往路を戻るが、肩のあたりは目印が少なく霧が出ると迷いやすいので注意したい。スキー場手前の**天神尾根分岐**で天神峠への道を分け、左の木道を**天神平駅**へ下る。

その他のコースプラン

ロープウェイの始発時間は季節にもよるがそれほど早くない。朝早くから登りたいのなら、ロープウェイ谷川土合口駅下から田尻尾根を登る。登り2時間強が標準タイム。山頂から往路を下らずに肩の分岐から西黒尾根を選ぶことができる。下りは3時間ほど。ロープウェイ駅のすぐそばに下山できる。クラシックルートで迷うようなところはないが、体力、技術とも天神尾根より星ひとつプラスになる。周回ルートがいい、という中級者におすすめ。

文・写真／伊藤文博

問合せ先
［市町村役場］みなかみ町観光協会 ☎0278-62-0401
［交通機関］関越交通（バス）☎0278-23-1111、谷川岳ロープウェイ☎0278-72-3575、関越交通タクシー（上毛高原駅・水上駅）☎0278-24-5151
［山小屋］谷川岳肩ノ小屋 ☎090-3347-0802

アクセス
上毛高原駅からのバスはJR上越線水上駅も経由する。マイカーの場合は、谷川岳ロープウェイ谷川土合口駅そばの谷川岳ベースプラザの駐車場（有料）などを利用する。谷川岳ロープウェイの運行時間はP139の地図内を参照のこと。

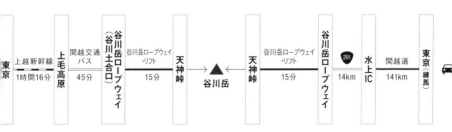

| 東京 | 上越新幹線 1時間16分 | 上毛高原 | 関越交通バス 45分 | 谷川岳ロープウェイ（谷川土合口） | 谷川岳ロープウェイ・リフト 15分 | 天神峠 | 谷川岳 | 天神峠 | 谷川岳ロープウェイ・リフト 15分 | 谷川岳ロープウェイ | 291 14km | 水上IC | 関越道 141km | 東京（練馬） |

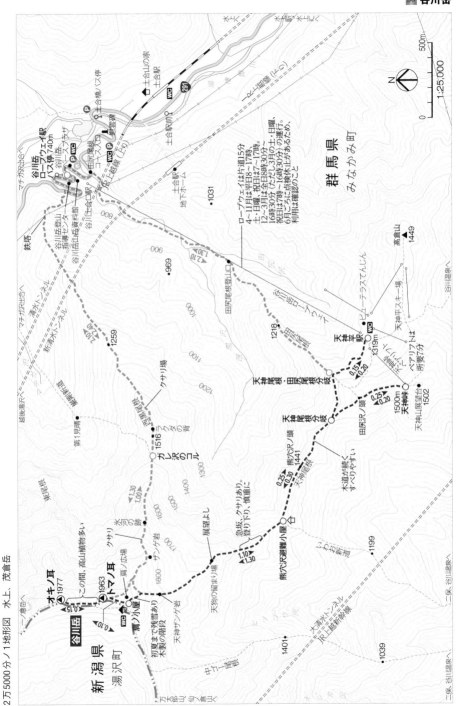

2万5000分ノ1地形図 水上、茂倉岳

群馬県
みなかみ町

新潟県
湯沢町

谷川岳ロープウェイ駅
谷川岳ロープウェイ駅 バス停 740m
土合山の家
土合駅

ロープウェイは片道15分
4～11月は平日8～17時、
土・日曜、祝日7～17時。
12～3月は全日8時30分～
16時30分（ただし3月の土・日曜、
祝日は7時～16時30分）の運行。
6月ごろに点検休止があるため、
利用は要確認のこと

田尻尾根登山口

天神平駅 1319m

天神尾根・田尻尾根分岐

天神峠
天神山展望台
1502
1500m
天神平
田尻沢ノ頭

高倉山
1449

天神尾根分岐

熊穴沢ノ頭
1441
熊穴沢避難小屋

木道が続く
すべりやすい

急坂、クサリあり。
登りの下り、慎重に

展望よし

ザンゲ岩

天狗の留まり場

氷河の跡

クサリ

オキノ耳
1977

トマノ耳
1963

谷川岳

肩ノ小屋

初夏まで残雪あり
木製の階段

天神ザンゲ岩

カレ沢のコル
1516

クサリ場

西黒尾根

第1見晴

ガレ沢のコル

1259

969

1031

1218

1199

1401

1039

ラクダのコブ

天神尾根

田尻尾根

ペアリフトは所要約分

天神平スキー場

ビューテラスてんじん

1:25,000

N

500m

31

雨飾山
（あまかざりやま）

標高
1963m

頸城山塊最西端にある
個性的な名を持つ名山。
長野・新潟県側ともに
登山口に温泉が湧く

標高こそ2000mに満たないが、堂々としたな山容を誇る。独立峰のように屹立する容姿は整い、特に新潟県側から見る鋭い峰は印象的。変化に富んだ沿道の眺めと、ダイナミックな山頂のたたずまいは季節を問わずすばらしい。新潟・長野側のいずれも温泉が湯煙を上げる。本項では往復登山の設定だが、縦走して両登山口の湯につかるのは、雨飾山登山における最大の贅沢かもしれない。

100
Mountains of Japan

深田久弥と雨飾山

深田が雨飾山の存在を知ったのは、糸魚川街道（現国道148号）の佐野坂を越えたあたり。はるか北の方向に品のいい形をしたピラミッド型の山を見つけた。最初の登山は太平洋戦争開戦前のこと。新潟側の梶山新湯（現雨飾温泉）から挑むもまだ登山道がなく、結局引き返した。2度目は長野側から挑戦するも4日続きの雨で断念した。そして戦後のある年の10月、3度目に小谷温泉から案内人とともに道なき道を進み、念願の山頂に立った（ただしこの頃には梶山新湯からの道がすでに通じていた）。

石仏と祠がある雨飾山北峰

コースグレード｜**中級**

技術度｜★★★☆☆　3

体力度｜★★★☆☆　3

笹平からの雨飾山山頂。笹原に道が続いている

太いブナ林を抜けて荒菅沢をめざす

日帰り 雨飾高原キャンプ場から山頂を往復

歩行時間：**6時間5分** | 歩行距離：**7.5km**

山名だけで心誘われる、登山者に人気の山のひとつ。頸城山群西端に位置し、登山口は長野県側2カ所、新潟県側1カ所にあるが、いずれも入山口までのアプローチが悪いため、車を使う登山者が大半で、往復する場合が多い。長野県側の小谷温泉から入り、雨飾高原キャンプ場から雨飾山を往復するコースを紹介しよう。

雨飾高原キャンプ場の入口が**雨飾山登山口**で、駐車場と休憩舎があり、その左手一帯がキャンプ場になっている。休憩舎裏から少し下り、木道が整備されている湿地帯を行き、広い大海川の河原に出る。沢沿いにしばらく進み、沢が狭まったあたりから左手の山腹に取り付く。ブナの大木が多い急坂を登り、傾斜が緩くなって小さな登下降から平坦な道になると荒菅沢に下る地点に出る。足もとに気をつけて**荒菅沢**に下る。荒れた急峻な沢で、上部に布団菱の岩壁がそそり立っている。

雨飾山東面の布団菱を見上げる荒菅沢

沢を斜めに横切り、急な枝尾根に取り付く。広葉樹林帯の急登が続き、高度を上げるにつれて展望が開けてくる。雨飾山の山頂部が見えてくると長野・新潟県境となる主稜線に出る。金山方面への道を右に分け、笹平とよばれるゆったりした笹原の道を行く。

プランニング＆アドバイス

登山適期はコース上の残雪がほぼなくなる6月下旬から紅葉が終わる11月上旬。紹介する長野県側、新潟県側（「その他のコースプラン」参照）ともによく歩かれるが、傾斜は長野県側のほうがいくぶん緩い。ただしこの道は荒菅沢の徒渉があり、増水時は渡れないこともあるほか、遅くまで雪渓が残り、コースがわかりにくいことが多い。沢に下りたら安易に渡らず、よく確認すること。マイカー利用の日帰り登山が中心だが、思いのほか厳しい行程だけに、登山口に近い小谷温泉山田旅館（☎0261-85-1221）か小谷温泉奥の湯雨飾荘（☎0261-85-1607）に前泊し、早朝から登ることをおすすめする。

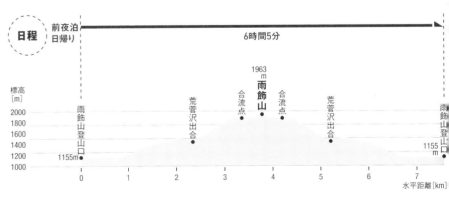

| 日程 | 前夜泊日帰り | 6時間5分 | | | | | | | |

標高[m]

荒菅沢出合 · 1400m
合流点 ·
雨飾山 1963m
合流点 ·
荒菅沢出合 ·

雨飾山登山口 1155m

雨飾山登山口 1155m

水平距離[km]

主稜線からの鋸岳。左は糸魚川市街と日本海

山頂を目の前に見ながら行くと、右から雨飾温泉雨飾山荘からの道と**合流**する。左下に荒菅沢を見下ろし、笹平が終わる最後の短い急坂を登ると、小さいながらも整った双耳峰の吊尾根に出る。右に行くと4体の石仏と祠があり、大網コースが合流する**雨飾山**の北峰、左に行くと1963mの標柱と2等三角点、山神の石柱、石の祠がある南峰だ。どちらの山頂からの展望もすばらしく、北アルプスや火打山、高妻山などが

北峰からの南峰。三角点は南峰にある

一望できる。

味わい深い山頂でのひと時を楽しんだら、足もとに気をつけて往路を戻る。

その他のコースプラン

雨飾温泉（梶山新湯）コース　新潟県側からのメインコース。雨飾温泉雨飾山荘の左から梶山薬師の左を巻き、薬師尾根の斜面をブナやスギの大木を見ながら登る。アルミのハシゴを越え、尾根を外へ左へとトラバース。中ノ池あたりから急斜面を登り、台上に出た地点で小谷温泉コースと合流する（登り4時間25分、下り2時間30分）。

大網コース　大網登山口は小谷温泉と姫川温泉へ通じる林道（未舗装）の中間地にある（約10台駐車可）。小沢を渡り、ブナ林の道を進む。斜面をジグザグに登り尾根に出て、笹や木の急坂を登る。カンバや笹のやせ尾根から岩稜の急斜面を登りきると北峰山頂（登り4時間、下り3時間30分）。

文・写真／垣外富士男

問合せ先
［市町村役場］小谷村観光連盟 ☎0261-82-2233
［交通機関］アルピコ交通（小谷村営バス）☎0261-72-3155、小谷観光タクシー ☎0261-82-2045

アクセス
バスの場合南小谷駅から小谷村営バスで雨飾高原バス停下車。登山口へ徒歩約1時間。帰りのバスの待ち時間が長いなら、バス停上部の村営露天風呂が先述の奥の湯雨飾荘で汗を流していける。マイカーは雨飾山登山口周辺に2カ所・計80台分の無料駐車場があるが、紅葉の時期の週末などは早朝から満車になることも。

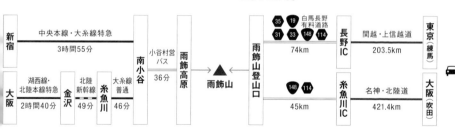

	中央本線・大糸線特急 3時間55分				小谷村営バス	雨飾高原
新宿				南小谷	36分	
大阪	湖西線・北陸本線特急 2時間40分	金沢	北陸新幹線 49分	糸魚川	大糸線普通 46分	

→ 雨飾山 ←

		白馬長野有料道路 ㉟ ⑲ ㉛ ㉝ 148 114	長野IC	関越・上信越道 203.5km	東京（練馬）
雨飾山登山口		74km			
		148 114	糸魚川IC	名神・北陸道 421.4km	大阪（吹田）
		45km			

新潟県
糸魚川市

長野県
小谷村

1:50,000

国道148号、糸魚川市街へ

雨飾山荘
雨飾温泉
P 900m

急坂

ハシゴ

薬師尾根道

沖ノ海沢

中ノ池

主稜線に出る

ハシゴ、クサリあり

合流点

岩稜の急登

笹平

2つのピークがある。
展望よい

雨飾山

布団菱

沢を渡る。
布団菱の眺望よい

荒菅沢出合

黒沢峰

白倉峰

茂倉峰

シゲクラ尾根

小谷温泉道

登山者の少ない道。
登りはじめ以外は
急登が多い

ブナの大木

取付点

木道

大綱登山口
5台 P

大網
黒沢

雨飾山登山口
P 30台

雨飾高原キャンプ場
WC

第二 P

分岐に案内板

雨飾高原バス停〜
雨飾山登山口間
登り1時間、下り45分

湯峠

大渚山

小谷温泉
山田旅館

小谷温泉
奥の湯雨飾荘

村営露天風呂
雨飾高原

WC

国道148号、南小谷駅へ

鋸岳
△1631

根知川

薬師尾根道

高妻川

黒沢

苗場山

<small>なえばさん</small>

登山道に咲くヤマユリなどの花々

コースグレード｜中級

技術度｜★★☆☆☆ 2

体力度｜★★★☆☆ 3

原生林に分け入り
雄大な稜線をたどり
高山植物と湧水に癒されて
水田のような山頂に立つ

標高
2145m

周囲10kmにも及ぶ広大な山頂の高層湿原には1000を超える池塘が点在する。池に生えるミヤマホタルイが苗のように見えることから「苗場山」の名で呼ばれるようになり、山頂には食物を司る保食神の銅像と稲作の神を祀った地元の伊米神社が立つ。和田小屋からのコースは登下降ともにハードだが山歩きの醍醐味を存分に味わうことができ、山中の道沿いは豊富な花々で彩られる。

100
Mountains of Japan

深田久弥と苗場山

「昔から名山と称されているものは、平野からよく見える山である」と著し、麓から見えない山が何故崇められてきたかと、その謎を探っていく。山岳展望に詳しい木暮理太郎が東京から見える最も遠い苗場山を確認したことや150年も前に『北越雪譜』の著者・鈴木牧之一行が山頂で宴会をして詩を詠じ、歌を詠んだことなどを知り、さらにこの山に惹かれていった。上越線が沼田止まりの1925（大正14）年5月、約50km歩いた赤湯から山頂をめざしたが道がわからずに戻り、翌日ようやく吹雪の山頂に立った。

神楽ヶ峰～雷清水間からの苗場山山頂部（写真／吉田祐介）

中ノ芝に設置されたベンチでひと休み

日帰り 和田小屋から山上の湿原へ
歩行時間：**7時間30分** ● 歩行距離：**10.8km**

前泊地となる**和田小屋**前のかぐらスキー場のゲレンデに登山口があり、緩やかな木道を歩き始める。すぐに右手の樹林帯に入っていき、ブナやシラカバが茂る湿潤な原生林の中を登っていく。ぬかるんだ道を急登し、五合目半、六合目と過ぎて段差の激しい露岩も越えていく。六合半を過ぎ、樹林帯から明るいお花畑の湿地帯に抜け出すと**下ノ芝**の休憩所だ。

プランニング&アドバイス

登山適期は6月中旬〜10月中旬。7月初旬から8月中旬にかけて高山植物が多く見られ、紅葉が9月下旬〜10月中旬が見頃になる。登山口から下ノ芝への樹林帯は特に降雨後はぬかるんでいて、ロングスパッツを携行した方がいい。また下りは特に歩きづらい。中ノ芝周辺は7月でも残雪があり、荒天時は要注意。下ノ芝から山頂にかけて豊富な高山植物が見られるので、ゆっくり散策するには山頂の山小屋に1泊したい。朝夕の湿原光景も楽しめる。

木製のテラスでひと息入れたら湿地帯の中の木道を緩やかに進み、シラビソの林を抜けると中ノ芝に出る。こちらもテーブルが設置された休憩所になっている。さらに木道が続き、カッサ湖を背にニッコウキスゲが群生する爽快な湿地帯を行く。ベンチが置かれた上ノ芝から**小松原分岐**の先の大山祇神を祀った石塔を過ぎていき、「股スリ岩」と呼ばれる大岩を下っていく。

さらに笹原につけられた木道を進んでドラゴンドラと田代ロープウェイの山頂駅からの道（2020年から閉鎖）を合わせ、わずかに進むとタテヤマウツボグサやクルマユリなどが咲く八合目の小ピーク**神楽ヶ峰**だ。どっしりとした苗場山の山頂部を正面に眺めながら（P144の写真）急斜面を下っていくと途中に**雷清水**が

コース中には股スリ岩などの岩場がある

湧いているので、冷たい山水でのどを潤していこう。さらに急下降していくと、ハクサンフウロやヒメシャジンなどの花が咲き

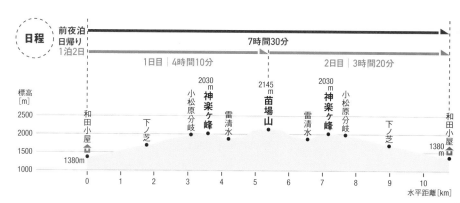

競う「お花畑」と称される草原がある。

　小さな崩壊地を過ぎてなおも花の道を進むと、山頂へと続く急斜面が立ちはだかる。最後の詰めの急坂に取り付き、一気に高度を稼いでいくと左手が切れ落ちた雲尾坂の基部に出る。急峻な尾根をジグザクに登っていき、ザイルがつけられた岩場を越えると左の岩穴にヒカリゴケが見られ、すぐ先で山頂部の大湿原に飛び出す。

　池塘に挟まれた平坦な木道を進み、赤湯への道を見送ってわずかに進むと、伊米神社が祀られた平坦かつ広々とした**苗場山**の山頂に着く。山頂からわずかに下ると山小屋の苗場山自然体験交流センターがあり、休憩や食事もできる。もちろん宿泊も可能だ（要予約）。

　ウラジロヨウラクやベニサラサドウランなども見られる広大な山上湿原を散策したら往路を引き返すが、雲尾坂の下降はつま

山頂部の広大な湿原には木道がのびている

ずいたりすると危険なので、慎重に歩を進めていこう。

その他のコースプラン

　山頂へは四方から登山道がのびるが、長野県側の秋山郷からの小赤沢コースが山頂への歩行時間が短いので登山者が多い。標高約1300m地点の三合目までマイカーかJR飯山線津南駅からタクシーを利用すれば、山頂への最短ルートになる（三合目から約3時間40分）。クサリ場こそあるが特に問題はなく、四合目と六合目には水場もある。ほかには深田が歩いた南面の赤湯温泉経由のコースもあるが、前半は長い林道歩き、後半は昌次新道の急登や悪場の通過などがあり、中級者向き（元橋バス停から約8時間50分）。ドラゴンドラ山頂駅や田代ロープウェイ終点からの田代コースは、2020年に閉鎖された。

文・写真／樋口一成

問合せ先
［市町村役場］湯沢町役場☎025-784-4850
［交通機関］アサヒタクシー☎025-784-3410、ゆざわ魚沼タクシー☎025-784-2025（ともに越後湯沢駅）
［山小屋］和田小屋☎025-788-9221、苗場山自然体験交流センター☎025-767-2202

アクセス
越後湯沢駅から和田小屋へのタクシー料金は約7000円。マイカーの場合、和田小屋手前の祓川駐車場（無料、約30台・トイレあり）に停め、かぐらスキー場のゲレンデを約25分登って和田小屋へ向かう（下りは約20分）。

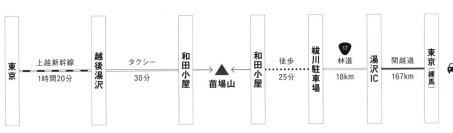

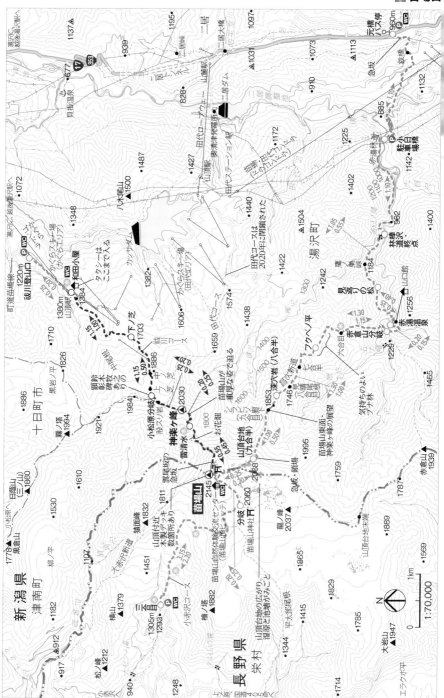

2万5000分ノ1地形図　苗場山

33 34

火打山
(ひうちやま)

妙高山
(みょうこうさん)

高谷池の
ハクサンコザクラ

コースグレード | **中級**

技術度 | ★★☆☆☆ | 2

体力度 | ★★★☆☆ | 3

標高
2454m（妙高山）
2462m（火打山）

表情が異なる
頸城山塊の2大名山を
一度に登る贅沢なコース。
湿原の花も楽しみたい

火打山火山群の中では最高峰の火打山と、ついで高い妙高山。ともに日本海の気候の影響を強く受け、冬は大量の雪が山肌を真っ白に覆い尽くす。夏至の頃まで多量に残る雪は、初夏ならば新緑の明るい緑とコントラストをつくり、目を奪われる。雪がつくった池塘や湿地は豊かな植生を生み、短い夏は多種の高山植物で輝く。ここでは、2座を一度に楽しむコースを紹介する。

100
Mountains of Japan

深田久弥と妙高山・火打山

妙高山は深田がまだ学生だった頃、山麓のスキー場を幾度となく訪れては見上げた山だという。山頂へは本書で取り上げるルートではなく、東面の赤倉スキー場から登っている（下山は池の平）。深田はしきりに山容の整った美しさを強調し、赤倉温泉のスキー場でも野尻湖でも、背景にこの山があるからこそ価値があると述べている。火打山へは妙高山から遅れること約20年後の6月、笹ヶ峰を起点に登頂。登山道の自然の変化に富んだ様子やいかに残雪が多いか、また付近の山塊で最も標高の高いことなどを著述している。

池塘が点在する高谷池越しに望む火打山（中央は影火打）

頸城山塊の最高点・火打山山頂

1日目 笹ヶ峰から火打山に登り高谷池ヒュッテに宿泊する

歩行時間：5時間55分 ／ **歩行距離：11km**

笹ヶ峰の登山口から、ゆったりとした木道をたどる。いく筋かの沢やブナの森を越えて気持ちよく歩こう。やや斜度が増した先で黒沢の橋が現れる。橋を渡るとすぐに火打山でいちばんの急斜面となる十二曲りの登りが待っているので、ここでひと休みしていこう。

つづら折りの急登をこなすと、展望の利く尾根に出る。木々の向こうに望むのは、右に妙高山外輪山の三田原山、左は遠く立山の峰々。眺めを楽しむうちに富士見平の分岐だ。右は明日たどる黒沢池からの道で、ここは左へ進む。後ろに目をやれば、彼方に北アルプス槍ヶ岳の穂先が目に入る。

分岐からは今までと打って変わり、岩がゴロゴロした尾根道となり、しばらくは日

陰もない。やがて再び樹林に入ると、道は黒沢岳の西斜面をトラバースするように北へほぼまっすぐ続く。左前方に整った山容の火打山とその左に影火打のふたつの頂が見えてくれば、高谷池はもうすぐ。トラバースの先で進路が西に屈曲すると、まもなく宿泊地の高谷池ヒュッテに到着する。宿泊手続きのあと、荷物を軽くしたら火打山を往復してこよう。

笹ヶ峰からの歩き始めは明るい樹林を進む

プランニング＆アドバイス

それぞれの山は単独に登るなら日帰りできるが、山上に高谷池ヒュッテと黒沢池ヒュッテがあるので、ぜひ泊まりがけで出かけたい（ともに要予約）。活用することで日本三百名山の焼山まで足をのばせるし（火打山から往復6時間。噴火警戒レベルが2以上の時は入山不可）、公共交通利用でなら温泉から入山して妙高山を経て山小屋に泊まり、火打山から焼山を縦走して笹ヶ峰に下山することもできる。スキー好きの深田は麓のスキー場からいつも真っ白で険しい表情の妙高山を眺めていたが、火打山の天狗の庭や妙高山の長助池、それに黒沢池など、この山域の姿を美しく彩る自然環境を観察する時間を設けたい。

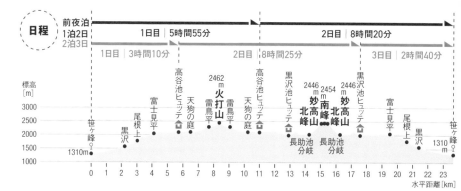

日程　前夜泊 1泊2日 2泊3日

前夜泊 1泊2日 2泊3日 ┃ 1日目｜5時間55分 ┃ 2日目｜8時間20分

1日目｜3時間10分 ｜ 2日目｜8時間25分 ｜ 3日目｜2時間40分

標高[m]

高谷池ヒュッテ　天狗の庭　2462m 火打山 雷鳥平　高谷池ヒュッテ　天狗の庭　黒沢池ヒュッテ　2446m 妙高山北峰　2454m 南峰　2446m 妙高山北峰　黒沢池ヒュッテ　富士見平　尾根上　黒沢　笹ヶ峰

笹ヶ峰 1310m　黒沢　尾根上　富士見平

長助池分岐　長助池分岐

1310m

水平距離[km]

ドーム型の威容を見せる妙高山（大倉乗越から）

　ヒュッテの目の前に広がるのが高谷池で、その先はまるで植物園の中を歩くかのような植生豊かな溶岩性の地形が続く。20分ほどで着く天狗の庭（てんぐのにわ）では、自然の生みだす造形美に目を奪われるに違いない。この眺めこそ、火打山火山群一帯の象徴的な景観といえよう。季節を変えてつねに新鮮な光景を楽しめるはずだ。

　天狗の庭からは、火打山山頂へと続く急な登りに差しかかる。高度を上げるに従い、360度のパノラマが広がっていく。ひと登りして山頂への主稜線に上がると、登りはいったん緩やかになる。雷鳥平（らいちょうだいら）から最後の登りをこなすと火打山（ひうちやま）に到達する。しばしば噴煙を上げる焼山やその左に影火打（かげひうち）の整った頂など、迫力の火山地形が続く。広々とした山頂では、あまりの眺めのよさにいつまでも景色を見飽きない。

　山頂からの下り道でも、美しい景色を楽しみながら軽やかに歩みが進む。眼下には天狗の庭や高谷池の水面が輝き、そ

妙高山北峰から南峰の間は巨石が埋め尽くす

の側に高谷池ヒュッテがたたずむ様子は、まるで箱庭を見るかのような個性的で魅力的な眺めである。**高谷池ヒュッテ**では夕景も楽しめるはずだ。

2日目 妙高山に登り笹ヶ峰に下山
歩行時間：**8時間20分** ／ 歩行距離：**12.8km**

　この日はまず茶臼山を経て**黒沢池ヒュッテ**（くろさわいけ）まで行く。不要な荷物を黒沢池ヒュッテ前にデポする登山者が多い。妙高山の山頂直下できつい登りを強いられるためだ。

　ひと休みしたら、小屋の目の前にある道標を目印に東の大倉乗越（おおくらのっこし）まで急斜面を登っていく。ここからは大倉谷の長助池分岐（ちょうすけいけ）へ向けての下りとなるが、長いトラバース道には7月まで雪が残るだけに、足もとに注意が必要だ。

　燕新道（つばめ）が合流する**長助池分岐**まで来たら、あとは歩きづらい急なつづら折りをひたすらに登り続けて妙高山の山頂をめざす。妙高山の山頂はふたつあって、最初にたどり着くのが低いが三角点と日本百名山の標柱がある**北峰**（ほっぽう）。最高点はその先にある**南峰**（なんぽう）だ。展望はほぼ同じだが、せっかくなので時間があれば両方登っておこう。北峰から南峰へは巨石群を縫うようにしていく。

　帰途は来た道を**黒沢池ヒュッテ**まで戻

黒沢池の湿原に咲くワタスゲ（の果穂）

るが、北峰からの下りは大倉乗越まで歩きづらい岩場が続いて厄介だ。このあとは黒沢池の東側を南下して**富士見平**の分岐にいたり、あとは昨日登った道をたどって**笹ヶ峰**まで下るだけだ。

その他のコースプラン

　マイカー利用でなければ、メインコースの後半部をアレンジすることで縦走が楽しめる。妙高山まではメインコースと同じだが、妙高山山頂から東にそのまま進んで燕温泉へと下山する。実はこの方が歩く距離もアップダウンも少なくラクだ。しかも魅力的な温泉地へと下山するのだからこの上ない。妙高山南峰から高度感のあるクサリ

場を慎重に下る。風穴と光善寺池を見て下ると天狗堂で、ここから北地獄谷へ急なつづら折りを下る。湯道分岐からは山道らしさを楽しめるのは谷の北側を行く麻平の道だが、やや人工的な情景を許容できるなら南側の作業道を下れば歩きやすく、短時間で黄金の湯（野天風呂）前まで下れる（妙高山南峰から3時間強）。

　妙高山に登るだけなら、妙高高原スカイケーブル山頂駅から往復するコースもある（往復8時間）。ただし最終便の時刻を考えると朝いちばんのゴンドラに乗車したい。

文・写真／堀金　裕

登山者が集う妙高山北峰。左奥は北アルプス

問合せ先
［市町村役場］妙高市役所 ☎0255-72-5111
［交通機関］頸南バス ☎0255-72-3139、高原タクシー（妙高高原駅）☎0255-86-3141
［山小屋］明星荘（笹ヶ峰）☎0255-86-6910、高谷池ヒュッテ ☎080-6864-8968、黒沢池ヒュッテ ☎0265-86-5333

アクセス
笹ヶ峰行きのバスは7～10月の運行（1日3往復）。笹ヶ峰からの午後の便は16時発のみ。マイカーの場合、笹ヶ峰バス停そばの無料駐車場（約120台）を利用する。周辺にはビジターセンターのほかに宿泊施設の明星荘、キャンプ場もあり、前泊して登山に臨むのもよい。

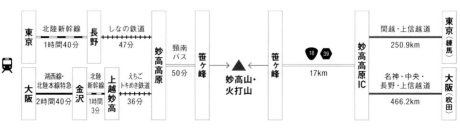

•1815
•1454
•2085
•2124
糸魚川市
•2091
火打山
2462▲
影火打
▲2384
雷鳥平
残雪
•2276
日本三百名山の焼山に続く道（往復6時間）
焼山へ
0.30
0.20
尾根に出ると北アルプス、妙高山が望める
2300
キンポウゲ、ウサギギクの群落
0.30
2200
0.25
2100
•1943
1757•
2000
360度パノラマ
2047•
ハクサンコザクラ、ワタスゲ、お花畑
•2091
•2005
天狗の庭
0.30
要煮沸
ハクサンコザクラ、ミズバショウ
•1834
1900
ロックガーデン。8月中旬まで残雪
高谷池
高谷池ヒュッテ
WC
茶臼山
2171
1.00
黒沢池ヒュッテ
要煮沸黒沢池
WC
嘉平治岳
▲2035
1856•
•2019
0.45
0.40
ハクサンコザクラ
1.15
•2017
1.10
滑落注意
黒沢岳
▲2212
黒沢池
惣浜文落谷
1800
サクラ谷
1700
•1958
左手に火打山、焼山が望める
0.40
ロープのあるトラバース道
•1765
ワタスゲ
•1674
•1714
1600
•1764
富士見平
•2066
2251•
1500
•2062
シラビソ林。夏でも涼しい
新潟県
妙高市
携帯トイレブース
•2196
三田原山▲
老山（鎧山）
▲1730
1647•
弥八山
▲1927
0.45
0.40
•2347
1400
ヒコサの道
急登続く
•1371
•1965
1790
0.40
尾根上
0.30
急登
十二曲り
杉野沢橋
•1359
•1638
黒沢
•1976
1263•
1300
•1404
ブナ林、新緑、紅葉が美しい
笹ヶ峰
1545▲
•1766
•1839
•1256
木道と小沢を3〜4度通る。シラカバ、ブナ林が美しい
•1462
•1650
•1685
赤尾岳
1441▲
携帯トイレの自販機あり
•1241
笹ヶ峰バス停
1310m
1334
P WC
明星荘
京大ヒュッテ
かりま橋
休暇村妙高笹ヶ峰キャンプ場
39
•1251
乙見湖
•1274
1335
•1839

妙高高原IC、妙高高原駅へ

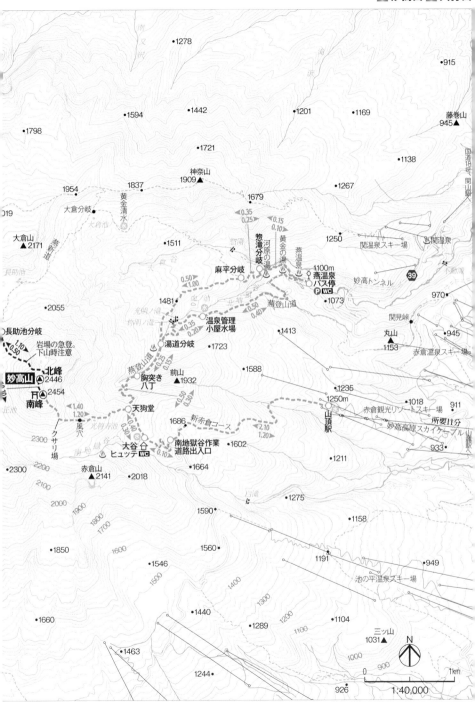

•1278

•915

藤巻山
945▲

•1594

•1442

•1201

•1169

•1798

•1721

•1138

•1837

神奈山
1909▲

•1267

1954

•1679

•1250

関温泉スキー場

関温泉

黄金清水

大倉分岐

0.35
0.25

0.15
0.10

河原の湯

黄金の湯

燕温泉

妙高トンネル

39

大倉山
▲2171

•1511

惣滝分岐

麻平分岐

1100m
燕温泉
バス停
P WC

970

•2055

0.50
1.00

•1073

関見峠

•945

長助池分岐

•1481

温泉管理
小屋水場

0.35

0.40

•1413

丸山
1153

赤倉温泉スキー場

1.10
0.50

岩場の急登。
下山時注意

湯道分岐

0.20

•1723

•1588

•1235

北峰
2446

燕登山道

0.15

前山
▲1932

1250m

山頂駅

赤倉観光リゾートスキー場

911

妙高山

南峰
2454

胸突き
八丁

0.50

•1018
所要11分
妙高高原スカイケーブル

1.40
1.20

天狗堂

0.30

新赤倉コース

2.10
1.20

•1602

933

•1211

風穴

1686

クサリ場

0.30
0.10

南地獄谷作業
道路出入口

大谷
ヒュッテ WC

赤倉山
▲2141

•2018

•1664

•1275

•2300

•1158

•1850

•1546

1590

949

1191

池の平温泉スキー場

•1660

1560

•1463

1440

•1289

•1104

三ツ山
1031▲

N

1244•

926

0   1km

1:40,000

高妻山

<small>たかつまやま</small>

標高
2353m

信仰と伝説に彩られた戸隠連峰の最高峰。均整の取れた三角錐はまさに「戸隠富士」

高妻山は、善光寺平からも端正な三角錐の山容を望むことができる北信五岳の一山だ。戸隠連峰の最高峰であること、展望に恵まれていること、そして日本百名山であることなどから、シーズンには大勢の登山者が訪れている。ただし、日帰りの山としては距離が長く、しかも稜線上にある「一」から「十」までのピークを越える厳しいアップダウンのため、体力を要する山である。

100
Mountains of Japan

深田久弥と高妻山

上記の記述通り、現在の高妻山には登山シーズンの週末を中心に多くの登山者が訪れるが、その昔は「（戸隠連峰の山々の中で）山の品格からいっても一番立派であるにも拘らず、登る人が少ない」とある。もちろん登山者が増えたのは日本百名山であることが大きいが、現在の登山者の数を見たら、彼はどう思うだろうか。深田の高妻山登山は最初は霧により五地蔵山で断念、頂に立ったのはそれからかなり年数を経てからのこと。早朝に登り始め、急峻な登りに耐えてようやく山頂に達した。

六弥勒山頂に鎮座する祠

コースグレード｜中級

技術度｜★★★☆☆ 3

体力度｜★★★★☆ 4

三文殊上部からはピラミダルな高妻山が望めるが先が長い

五地蔵岳と牧場管理事務所。ゲートはこの先にある

日帰り 戸隠キャンプ場起点の周回
歩行時間：**9時間35分** ｜ **歩行距離**：**12.5km**

　戸隠キャンプ場バス停から牧柵沿いに行き、**ゲート**から一不動に向かう登山道に入る。道は沢沿いに続き、何度か沢を渡り返して滑滝のクサリ場を登る。しばらく草付きの道を行くと帯岩に着く。大きい岩で、足場が切られた岩場を左から慎重に回りこみ、クサリを使って不動滝の岩場を登る。

プランニング＆アドバイス

登山適期は6～10月。6月の芽吹きや10月の紅葉の頃は特にすばらしい。本コースは行程が長いうえアップダウンも多く、思いのほか時間がかかるだけに、早朝出発を心がけよう。マイカーの場合は日帰りも可能だが、それ以外は前夜泊になる。長野発7時の始発バスでも戸隠キャンプ場着は8時を過ぎてしまい出発が遅くなるので、中社や越ヶ原周辺に宿泊する方がよい。山中の一不動避難小屋はあくまで緊急避難用の設備であり、平時の利用は厳禁。トイレブースで使用した紙も持ち帰ろう。

　この悪場を過ぎると沢づたいに登り、最後の水場である氷清水を経て少し登ると、避難小屋が建つ稜線上の**一不動**に着く。

　しばらく休んだら、五地蔵山をめざして稜線を登る。右側は絶壁で、左は樹林の道が続く。途中、二釈迦から十阿弥陀まで小さな祠が祀られている。五地蔵の祠がある五地蔵山山頂に登り着くと、山頂のすぐ先から飯綱山や黒姫山、野尻湖、長野平の展望が広がる。なお、国土地理院の地形図では1998mピークが五地蔵山となっているが、現地では南にある小ピークが五地蔵山で、1998地点は六弥勒なので注意。

　帰りのコースとなる弥勒新道への分岐となる**六弥勒**をすぎると、北から西に大きく曲がり、樹林の中を下る。樹林の道を登り下りしながら進むと**八丁ダルミ**に着く。ここから正面

クサリが架かる滑滝の登り。スリップに注意

の高妻山へ向けて、標高差300mを一気に登る。山頂南端に十阿弥陀の祠があり、大展望が広がる**高妻山**山頂の2等三角点はさ

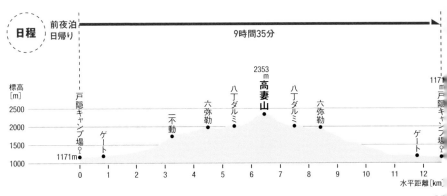

日程 ｜ 前夜泊 日帰り ｜ 9時間35分

標高[m] ／ 水平距離[km]

2500 / 2000 / 1500 / 1000

戸隠キャンプ場　1171m / ゲート / 一不動 / 六弥勒 / 八丁ダルミ / 高妻山 2353m / 八丁ダルミ / 六弥勒 / ゲート / 1171m 戸隠キャンプ場

0　1　2　3　4　5　6　7　8　9　10　11　12

高妻山山頂の2等三角点。奥は北アルプス

らに進んだ山頂部の北端に置かれている。この先は乙妻山（おとつまやま）まで道が続いているが、往復2時間はかかるので、登る場合は日の長い時期に夜明けとともに出発するくらいでなければ厳しいだろう（「その他のコースプラン」参照）。

弥勒新道はブナの中の下りが続く

下山は急坂を足もとに注意して**八丁ダルミ**へと下り、登り返して**六弥勒**の先から正面の斜面に続く弥勒新道に入る。灌木の笹の斜面を下り、樹林の中の道を行く。ブナの木が多くなってきて、1596m峰の先で湿地状の道から大きく曲がりながら下って小沢を渡る。針葉樹が多くなり、ネズコ林を過ぎて雑木林の尾根道を下っていくと、戸隠牧場の作業道に出る。ここを左に行くと**ゲート**があり、往路を**戸隠キャンプ場バス停**へと向かう。

その他のコースプラン

乙妻山へは高妻山の北端から灌木とササの道を進むが、訪れる人が少なく、道がわかりにくい箇所がある。高妻山と乙妻山の最低鞍部、熊ノ平とよばれる小さな湿原から、灌木とダケカンバの山腹を登る。乙妻山山頂は高妻山の荒々しい岩壁が目を引き、展望もよい（往復約2時間）。

体力と日程に余裕があれば下山後に山麓で宿泊し、翌日戸隠山（とがくしやま）を登るのもいいだろう（一不動から往復4時間10分）。

文・写真／垣外富士男

アクセス
バスは1日10〜12便と多い。戸隠キャンプ場発のバスの最終は18時30分過ぎ。マイカーでのアクセスの際、上信越道の長野ICで降りるよりも信濃町ICまで行く方が道がわかりやすく、長野市街の渋滞もパスできる。駐車場は戸隠キャンプ場入口に約70台分の公共駐車場がある（トイレ・水場・売店あり）。

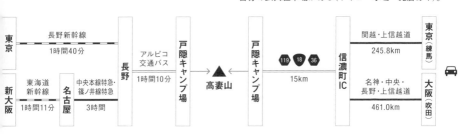

東京	長野新幹線 1時間40分		長野	アルピコ交通バス 1時間10分	戸隠キャンプ場	→	高妻山
新大阪	東海道新幹線 1時間11分	名古屋	中央本線特急・篠ノ井線特急 3時間				

戸隠キャンプ場	←	119 18 36 15km	信濃町IC	関越・上信越道 245.8km	東京（練馬）
				名神・中央・長野・上信越道 461.0km	大阪（吹田）

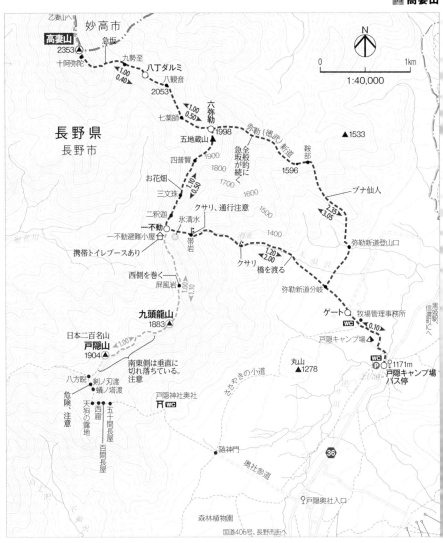

N

0   1km

1:40,000

乙妻山へ

高妻山
2353 ▲

妙高市

急坂

十阿弥陀

九勢至

八丁ダルミ

1.00
0.40

八観音
2053

長野県
長野市

六弥勒

七葉師

1.00
0.50

五地蔵山

1998

弥勒（徳沢）新道

▲1533

四普賢

1900

急坂般的に続く

鞍部

1596

1800

1700

お花畑

1.00
0.50

三文珠

1600

ブナ仙人

二釈迦

クサリ、通行注意

1500

2.35
3.05

一不動

氷清水

1400

弥勒新道登山口

一不動避難小屋

帯岩

携帯トイレブースあり

クサリ

1.20
2.00

橋を渡る

弥勒新道分岐

西側を巻く

屏風岩

1.00
1.10

ゲート

WC

牧場管理事務所

0.10

黒姫駅、信濃町へ

九頭龍山
1883 ▲

戸隠キャンプ場

日本二百名山
戸隠山
1904 ▲

1.00

丸山
▲1278

WC

P 1171m

戸隠キャンプ場
バス停

南東側は垂直に
切れ落ちている。
注意

八方睨

剣ノ刃渡
蟻ノ塔渡

危険、注意

天狗の露地

西窟

五十間長屋

戸隠神社奥社

⛩ WC

さやきの小道

36

百間長屋

随神門

奥社参道

戸隠奥社入口

森林植物園

国道406号、長野市街へ

問合せ先
［市町村役場］長野市役所戸隠
支所 ☎026-254-2323、戸隠観
光協会 ☎026-254-2888
［交通機関］アルピコ交通（バス）
☎026-254-6000、アルピコタク
シー ☎026-283-8800（長野駅）
［山小屋］一不動避難小屋 ☎0
26-224-8316（長野市役所・緊
急時以外宿泊不可）

三文殊下部からの九頭
龍山（左）と戸隠山

男体山
<small>（なんたいさん）</small>

山頂に立つ御神像

コースグレード	中級

技術度 ★★★☆☆ 3

体力度 ★★★☆☆ 3

標高
2486m

日光火山ファミリーの代表。ひたすら登りつめる富士山タイプの山で、山の姿も美しい

日光火山群の名峰で知名度も抜群。近くの日光白根山とともに日本百名山に選ばれているのは甲乙つけがたい魅力があるからだろう。麓からはどっしりしたきれいなシルエットを見せるが、登山路は険しく、急坂、ガレ場もある。山頂に立つと大きな爆裂火口が口を開け、見るのと登るのとでは落差がある。行程は単純で、中禅寺湖畔から急坂をひたすら登る体力勝負の山ともいえる。

100
Mountains of Japan

深田久弥と男体山

『日本百名山』の中で、男体山を初登頂した勝道上人（しょうどうしょうにん）について詳しく書かれている。西暦782年に中禅寺湖畔から2泊3日かけて登ったという。上人のルートはおおよそ今の登山ルートだったらしい。深田本人は1942（昭和17）年8月に現在のルートを登っている。下山ルートは書かれていないが、氏のことだから北面の志津小屋を経由する周回コース（P160「その他のコースプラン」参照）を歩いたのではないだろうか。ピストン登山ではもの足りない人なら参考にするとよいだろう。

戦場ヶ原東端の三本松から見た男体山

登山口にあたる二荒山神社中宮祠

日帰り 二荒山神社から山頂往復

歩行時間：6時間55分｜歩行距離：8km

中禅寺湖畔の**二荒山神社中宮祠**が登り口。バス停のほか、登山者用の無料駐車場もある。社務所で記帳（登山届）して登拝料を支払うと立派なお守りがいただける。開山時期は例年4月25日〜11月11日、登拝料は1000円で、ふだんの開門時間は朝6時。盛夏の男体山登拝大祭時を除き、夜間登山はできない。

プランニング＆アドバイス

富士山と同様男体山は御神体で、開山時期が決まっており、冬期は入山不可（志津小屋経由のルートは可能）。紅葉シーズンの人気が高いが、新緑の頃も魅力。夏は混雑するため土曜・休日は避けたい。日帰り登山なので小さなザックで登れるはず。特に危険箇所はないが、急坂で岩がゴロゴロしており、つまずかないよう注意したい。登山者が上にも下にもいることが多いので、落石にも要注意。なお、男体山は最後の噴火が7千年前とはいえ、活火山であることにも留意したい。

境内を通り抜けると、背の高い混交林の中に広くて緩い登り道が続く。鳥居や石塔がところどころに置かれている。合目表示の案内があるので、山頂まで楽しみに追うことにしよう。

三合目〜四合目間はダートの林道をたどる。砂防工事の道だという。鳥居のある**四合目**で再び登山道に入り、ここから急坂となる。ツツジなどの灌木帯の中をジグザグと高度を上げていく。振り返ると中禅寺湖の青い湖面を見下ろすことができるだろう

岩がゴロゴロした六合目の急坂を登る

五合目には小さな避難小屋がある。その先は大きな火山岩がゴロゴロする歩きづらい登り。薙と呼ばれる溝状の急坂をつめていく。足だけでなく手まで使って登ってい

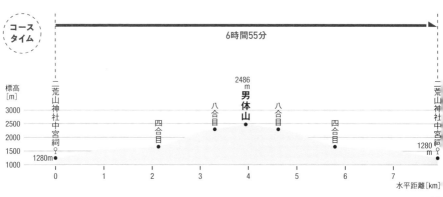

くが、前後に人がいることが多いので落石には注意したい。

六合目、七合目と大岩が散在する急な登りが続く。**八合目**にも避難小屋がある。傾斜が緩んでほっとする頃、ツガなど背の低い疎林を行くようになる。その先に高い樹木はなく、九合目からは開けて、赤茶けたガレ場のような火山地形となる。

歩きづらい荒れたザラ場を右へ左へと登ると、大きな神像が見えてくる。二荒山大神と案内があり、山頂はすぐそこ。奥宮があり、左手には大きく口をあけた噴火口が広がっている。**男体山**の山頂部は火口になっていて、その外輪を歩いているわけだ。麓からは見ることのできないダイナミックな光景。この活火山の噴火口は巨大な馬蹄形をしていて、外輪をそっくりたどること

もできる。

男体山最高地点は鉄剣が立つ大岩で、1等三角点もある。ここで記念撮影する人が多い。火口側は切り立っているので注意しよう。眺望は360度、日光（にっこう）の火山群をほぼ見渡すことができる。条件がいいと富士山（ふじさん）や北アルプスも見える。

ゆっくり休んだら往路を戻ろう。

その他のコースプラン

下りは北面の志津（しづ）小屋経由の下山路を選ぶことができる。昔からのルートだが、志津小屋からさらに国道の三本松（さんぼんまつ）バス停までの林道歩きが長い（山頂から約3時間半）。三本松から志津小屋経由の逆コースで男体山に登ることもできるが実行する人は少ない。マイカー登山の場合は、林道途中の梵字飯場跡（ぼんじはんば）の駐車場が利用できるので、ここからピストンすることが可能（山頂へ約4時間）。また、行きにタクシーを利用すれば二荒山神社に下るコース取りも可能だ。

文・写真／伊藤文博

問合せ先
［市町村役場］日光市観光協会 ☎0288-22-1525
［交通機関］東武バス日光 ☎0288-54-1138、日光交通（タクシー）☎0288-54-1197、三英自動車（タクシー）☎0288-54-1130

アクセス
バスは30分～1時間ごとの運行。1kmほど日光市街寄りの中禅寺温泉バス停まで行けば（徒歩15分）本数が増える。マイカーは二荒山神社中宮祠の登山者駐車場（約40台・無料）が利用できる。満車時は近接の県営駐車場（有料）を利用する。

大きな鉄剣と1等三角点の立つ山頂

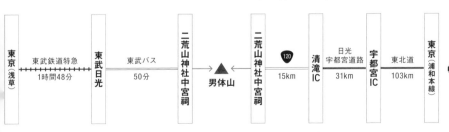

東京（浅草） ─ 東武鉄道特急 1時間48分 ─ 東武日光 ─ 東武バス 50分 ─ 二荒山神社中宮祠 → ▲男体山 ─ 二荒山神社中宮祠 ─ 120 15km ─ 清滝IC ─ 日光宇都宮道路 31km ─ 宇都宮IC ─ 東北道 103km ─ 東京（浦和本線）

N

0　　　　500m

1:35,000

•1728

•1831

•2082

栃木県
日光市

2398▲

梵字飯場跡(駐車場)へ

裏男体林道

•八海山神像

志津峠
1785

志津小屋

湯殿沢の堰堤
2225

太郎山、大真名子山
の展望よい

ガレ場。
足もと注意

イワカガミが
多い

山頂の大岩に神剣

裏九合目

右側に露岩が連なる

太郎山神社

このあたりから奥日光の
大展望が開ける

男体山
2486

二荒山神社奥宮

樹林帯を抜ける。
このあたりから
砂礫地になって
歩きにくい

九合目

•1966

赤土が出てきて
傾斜が緩くなる

八合目

滝尾神社

薙は堰堤で閉ざされ
樹林内を迂回する

七合目

•1744

1900　六合目

この先は観音薙の急登となる

五合目

四合目
1667

石造りの鳥居

三～四合目間は
車道を歩く

中禅寺湖、
南岸の山々が
展望できる

三合目

•1454

•1377

中宮祠

丸山
▲1368

二合目

•1379

一合目遙拝所

登拝料を収めて山道へ

•1271

宝物殿

WC
1274

中宮祠

•1332

二荒山神社中宮祠

WC

1280m

二荒山神社
中宮祠バス停

船の駅中禅寺

中禅寺温泉バス停
日光方面のバスの本数が増える

•1282

日光自然博物館

中禅寺湖

日光市街

37

日光白根山
（<ruby>奥<rt>おく</rt></ruby><ruby>白<rt>しら</rt></ruby><ruby>根<rt>ね</rt></ruby><ruby>山<rt>さん</rt></ruby>）

<ruby>日<rt>にっ</rt></ruby><ruby>光<rt>こう</rt></ruby><ruby>白<rt>しら</rt></ruby><ruby>根<rt>ね</rt></ruby><ruby>山<rt>さん</rt></ruby>

コースグレード｜中級

技術度｜★★★☆☆ 3

体力度｜★★☆☆☆ 2

標高
2578m

ロープウェイで
ちょっと楽ちん。
アルペンムードあふれる
東日本最高峰

東日本の、あるいは関東以北での最高峰として知られる日光エリア西端の活火山。西麓の丸沼高原から標高2000m地点までロープウェイで手軽に上がれることもあって、夏を中心に多くの登山者がやってくる。一般的には日光白根山として知られるが、これは同じ群馬の草津白根山と区別するためともいわれ、国土地理院の地形図には「白根山」とだけ表記されている。

100
Mountains of Japan

深田久弥と日光白根山

日光白根山には奥日光の湯元温泉から前白根山を経由して山頂に立っている。その際、奥日光から眺めた日光白根山の感想が以下である。「奥日光に遊ぶ人は、すぐ前にある大きい男体山や太郎山に目を奪われて、奥白根山に注目する人は極めて少ない。（中略）…湯元では全く見えない。だから日光白根山と言っても、誰の目にも親しい山ではない」。また、小火口跡が散在する頂の雰囲気を「奥白根の山頂は一種異様である」とも書き、この山がどれほど激しい噴火を繰り返してきたかに思いを馳せている。

山頂駅前の園地から見た3つの頭を持つ日光白根山

歩行時間：5時間15分　歩行距離：7.6km

標高2000m、ロープウェイの**山頂駅**からスタートする。足湯などもある駅前の園地からは、3つのピークからなる日光白根山が大きな姿を見せている。

赤い鳥居の立つ二荒山神社（ふたらさん）で安全を祈願し、シカ除けの鉄製扉を抜けて緩やかな山道を行く。周囲はシラビソやオオシラビソなど針葉樹の静かな森だ。血ノ池地獄（ちいけじごく）の分岐を過ぎると大日如来像（だいにちにょらい）が立ち、少し先で**七色平南分岐**（なないろだいら）に出る。左に行けば七色平避難小屋があり、小さな湿原にはワタスゲなどが咲く。

道はだんだんと傾斜を増し、周囲の森にもダケカンバなどの広葉樹が増えてくる。

プランニング＆アドバイス

標高2000mまでロープウェイで上がれるうえに、山頂駅から山頂までの標高差が600mを切るため、誰もが気軽に登れる山と勘違いされがちだが、標高が2600m近くあるだけに夏でも悪天時の寒さや風雨は強烈だ。それに対応した装備を忘れないように。高度障害を訴える人も少なくない。睡眠不足を避け、水を多めに取る、ゆっくり歩くなど体調管理をしっかりと。この山は鉄道駅から遠く、バス便も少ない。マイカー利用か前泊のスケジュールを組みたい。

これまでよりも明るい雰囲気だ。途中、現在は通行禁止となっている君待岩（きみまち）への分岐を過ぎるあたりから道はさらに傾斜を強める。

樹間からは燧ヶ岳（ひうちがたけ）や武尊山（ほたかやま）が顔を覗かせているので、それらの名山を垣間見ながら

小火口跡に向けて最後のひと登り

急登を頑張ろう。道にはやがて砂礫が現れ、灌木もまばらな草原帯となる。このあたりが森林限界で、上部には山頂へと続くザレ場が広がっている。高度障害が出やすくなる標高でもあるので、同行者の体調も確認しておきたいところだ。

砂礫で滑らないよう小股でじっくりと高度を上げれば、やがて小火口跡。このすぐ上が白根権現を祀る小さな社の立つ南峰だ。前方には山頂が見えている。

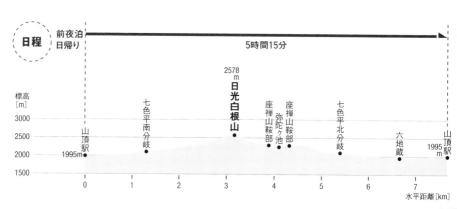

山頂へはいったん急下降し、岩だらけの道を登り返す。浮いた岩もあるので、落石には注意したい。**日光白根山**の山頂からは、男体山や中禅寺湖、富士山や日本アルプスなどの大パノラマが楽しめる。

下山は弥陀ヶ池に向けて北方向に下る。しばらくは急な岩場の下りが続くので、スリップしないよう、くれぐれも慎重に行動してほしい。

傾斜が緩くなるとあたりはシャクナゲの群生地となり、ダケカンバの森を下っていけば**座禅山鞍部**に出る。右へと、かつてシラネアオイの群生地として知られた**弥陀ヶ池**を往復しよう。日光白根山が姿を映す池から鞍部に戻ったら、座禅山をめざす。

間近の座禅山からは迫力ある火口壁の西側を左へと下っていくが、急なのでスリップに注意したい。やがて**七色平北分岐**で、ここからは六地蔵へと緩やかな下りが続く。途中の血ノ池地獄分岐から血ノ池は近いので、時間に余裕があれば寄っていこう。

道なりにまっすぐ進むと**六地蔵**。頑丈な祠の下に、6体のお地蔵様が横一列に並んでいる。この六地蔵のすぐ先でスキー場の展望台に出たら、あとは左方向へとひと登りすれば**山頂駅**だ。

その他のコースプラン

ロープウェイの時間を気にせずに歩きたいのなら、北面の菅沼から弥陀ヶ池を経由して山頂に立つことができる菅沼新道がおすすめ。近年は菅沼にバスが通るようにもなった。登山口から山頂まで3時間前後。マイカー利用でない場合、歩行距離は長くなるが、山頂から五色沼避難小屋、前白根山、外山尾根を経て湯元温泉に下るコースもいい。山頂〜湯元温泉間は3時間前後。湯元温泉からJR・東武日光駅へのバスは比較的、本数が多い。このほか、県境の金精峠から金精山、五色山を経て山頂に至る道もあるが、体力的に少しきつめとなる。

文・写真／吉田祐介

山頂直下から見た男体山と中禅寺湖

アクセス

鉄道とバスでアクセスする場合、JR上越線沼田駅か上越新幹線上毛高原駅からバスを利用するが、本数が少なく、時間もかかる。基本的にマイカー利用に向いた山だ。マイカーは本コースで利用するロープウェイ山麓駅のほか、菅沼登山口、金精峠下、湯元温泉に駐車場がある。日光白根山ロープウェイは運行期間に注意。

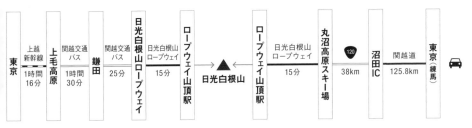

群馬県
片品村

栃木県
日光市

- 1828
- 1992 六地蔵
- 2070
- 2133
- 2047
- 1950
- 2385
- 2249
- 1771
- 1736m 菅沼登山口
- 1995m 山頂駅
- 2578 日光白根山（奥白根山）

ゴゼンタチバナ、マイヅルソウ、ズダヤクシュが多い
大きな案内板
笹原を行く
急坂でつらい登り
カニコウモリが多い
湖畔には金精峠へ イワカガミが群生
シラネアオイ
座禅山
標識あり
弥陀ヶ池
六地蔵
賽の磧
史跡散策コース
自然散策コース
血ノ池地獄
七色平北分岐
七色平
七色平南分岐
避難小屋
座禅山鞍部
五色沼
白根権現が祀られる
ガレ場。浮石が多い。落石とスリップに注意
6月まで残雪が多い
五色沼避難小屋
湯元白根山へ 湯元温泉へ
南峰
急坂
ザレ場。転倒に注意
天空の足湯
日光白根山ロープウェイ
丸沼高原へ
菅沼キャンプ村
菅沼
菅沼茶屋
金精峠トンネルへ 湯元温泉へ
鎌田、沼田ICへ
120
菅沼新道

0.50 / 0.40
0.25 / 0.20
0.45 / 0.35
0.40 / 1.00
0.05 / 0.10
1.00 / 0.45
0.20
1.45 / 1.20
0.40 / 1.00
0.10 / 0.15
1.20 / 1.10

N
0 ── 500m
1:25,000

2万5000分ノ1地形図 丸沼、男体山

問合せ先
［市町村役場］片品村観光協会
☎0278-58-3222
［交通機関］関越交通（バス）
☎0278-23-1111、関越交通タクシー、☎0278-24-5151（上毛高原駅・沼田駅）、日光白根山ロープウェイ ☎0278-58-2211
［山小屋］シャレー丸沼 ☎0278-58-4300

南峰から見た日光白根山の山頂

皇海山

<small>（すかいさん）</small>

コウシンソウ

稀産種で特別天然記念物の
コウシンソウを愛でて、
修験者の道をたどり
いぶし銀の山の頂へ

奥会津から尾瀬と奥鬼怒、日光白根を経て袈裟丸山へと
続き、やがて関東平野に没する長大な峰づたい。その南
エリアを司るのが足尾山塊で、皇海山が山塊最高峰の盟
主だ。最短ルートの群馬側栗原川林道の皇海橋からのコー
スが2020年に閉鎖となり、再び深田久弥も踏破した
栃木県からの難所が連続する庚申山経由か、長い道程の
六林班峠経由のみとなり、一気に難易度は高くなった。

コースグレード｜上級

技術度｜★★★★☆｜4

体力度｜★★★★★｜5

100 Mountains of Japan

深田久弥と皇海山

奇妙な名前である皇海山の名を深田が初めて知ったのは、学生時代のこと。
登山家・木暮理太郎の「東京から見える山」の写生からだった。その後、
氏はある年の5月連休に栃木県側から鋸十一峰経由で山頂に立ち、山頂部
での展望を堪能した。上記通り2021年現在の登山道は鋸十一峰と主稜線
上の六林班峠から山腹道をたどる2本のロングコースになってしまったが、
『日本百名山』の中に「皇海山は今なお静寂の中にある」とあり、百名山
に選ばれた理由はこの長く険しいアプローチがあったからかと思われる。

シャクナゲが咲く鋸山から見た皇海山（右奥は日光白根山）

鋸山直下からたどり来た鋸十一峰コースを見る

1日目 銀山平から庚申山荘へ
歩行時間：2時間40分 | 歩行距離：5.9km

　国民宿舎かじか荘からさらに先の**車止め
ゲート**から歩き出す。ゲート前には7〜8
台の駐車スペースがあるが、秩序ある利用
を願いたい。庚申川沿いの長い車道をつめ
ると、**一の鳥居**となり登山口に着く。いわ
れある鏡岩を越し、仁王門を抜けたあたり
から斜度は増す。猿田彦神社跡を見るとお

プランニング＆アドバイス

距離が長く日帰りは健脚者なら可能だが、国
民宿舎かじか荘前後泊と庚申山荘泊を組み合
わせ、2泊3日の余裕ある山行としたい。往
路の庚申山ルートはクサリやハシゴが連続す
る岩場とアップダウンのある尾根道。細心の
注意が必要。復路の六林班峠ルートは、笹原
を敷きつめたような樹林内の曲がりくねった
コース。思いのほか時間がかかり、錯綜する
獣道への迷いこみや、倒木などにも要注意。
沢の通過が何箇所かあり、大雨のあとは道が
荒れがち。笹の刈り払い等は当該自治体に要
問合せのこと。

　山巡りルートを右に分け、泊まり場の**庚申
山荘**（無人・宿泊有料）がまもなくとなる。
山荘は大きくしっかりしたつくりだが、食
料や炊事用具は持参すること。

渡良瀬川水源碑が立つ皇海山山頂

2日目 鋸尾根を経て皇海山山頂に立ち、六林班峠経由で下山
歩行時間：12時間 | 歩行距離：17.1km

　今日は長い行程なので、早めに出発する
山荘から少し戻って往路を右に分ける。初
夏ならクリンソウなどが咲くお花畑を経て
奇岩・怪石乱立する信仰の道の難路に差し
かかる。ハシゴ・クサリ場が連続し、初の門
あたりから傾斜はさらにきつくなる。辛抱
のしどころで、コウシンソウが自生する岩
壁を横目に越し、直上すると**庚申山**の山頂
だ。少し先の展望台で見晴らしが得られる
　この先が難路の鋸十一峰で、庚申山から
鋸山への間、御岳山や駒掛山、薬師岳な

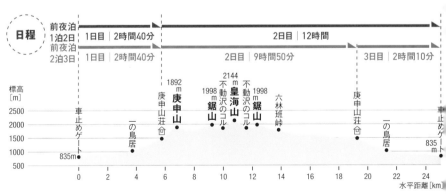

| 日程 | 前夜泊
1泊2日 | 1日目 | 2時間40分 | | 2日目 | 12時間 | |
| | 前夜泊
2泊3日 | 1日目 | 2時間40分 | 2日目 | 9時間50分 | 3日目 | 2時間10分 |

（標高断面図：車止めゲート835m・一の鳥居・庚申山荘・庚申山1892m・鋸山1998m・皇海山2144m・不動沢のコル・鋸山1998m・六林班峠・庚申山荘・一の鳥居・車止めゲート835m、水平距離[km]）

16

六林班峠からは枝沢の徒渉がある

ど9峰を渡り歩く。アルミバシゴのかかる急峻な崩崖地も多くあり、慎重を期したい。

鋸山に出ると帰路の六林班峠コースと合流し、右の前方にはそそり立つ皇海山が目に飛びこんでくる。**不動沢のコル**まではロープも下がる一気下りの急路だ。崩落しやすく足もとに要注意。コルで最短路だった皇海橋からのコースが合わさり、岩場もある樹林の急坂に取り付く。展望の開けた平坦地にいったん出て、再び急坂に取り付いて青銅の剣が現れると待望の**皇海山**山頂だが、残念ながら見晴らしは得られず、長い行程なので早々に山頂をあとにしたい。

いったん鋸山まで戻り、往路を左に分けて笹原の斜面をジグザグに下降する。足場の狭い箇所もあり慎重に下りたい。緩やか

樺平付近の美しい笹原と樹林。庚申山荘はもうすぐ

になると、笹に囲まれた**六林班峠**に着く。袈裟丸山に向かう直進ルートの踏み跡は、残念ながら消えており、左に鋭角に折れて笹原の緩やかな斜面へと入ってゆく。緩やかで曲がりくねった長い下降路がはじまり、まずは水場となっている枝沢を越す。この先いくつもの枝沢が現れ、時には岩がむき出しの沢もあり注意を要する。笹と樹林のコンビネーションが美しい樺平を過ぎると、まもなく、天下の見晴の分岐に出る。見晴までは往復15分ほどだ。往復後10分ほど下れば、往路の**庚申山荘**に帰り着く。

その他のコースプラン

先述の通り群馬県側の不動沢コースが実質使えなくなったので、紹介ルートを歩くほかないだろう。ほかに日光白根山や袈裟丸山方面からの縦走路があるが、深い笹に覆われたバリエーションコースだ。

文・写真／仁井田研一

問合せ先
[市町村役場] 日光市役所足尾行政センター☎0288-93-3111
[交通機関] サンエイタクシー☎0288-93-3283、足尾観光タクシー☎0288-93-2222（ともに日光市足尾）
[山小屋] 庚申山荘☎0288-93-3111（日光市役所足尾行政センター）、国民宿舎かじか荘☎0288-93-3420

アクセス
わたらせ渓谷鐵道は1時間半に1本程度の運行。登山口の銀山平への行き帰りのタクシーは予約しておく。マイカーはゲート手前に無料駐車場がある。かじか荘の駐車場は宿泊客用なので使用しない。

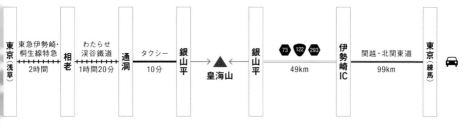

東京（浅草）	東急伊勢崎・桐生線特急 2時間	相老	わたらせ渓谷鐵道 1時間20分	通洞	タクシー 10分	銀山平	▲皇海山	銀山平	73 122 293 49km	伊勢崎IC	関越・北関東道 99km	東京（練馬）

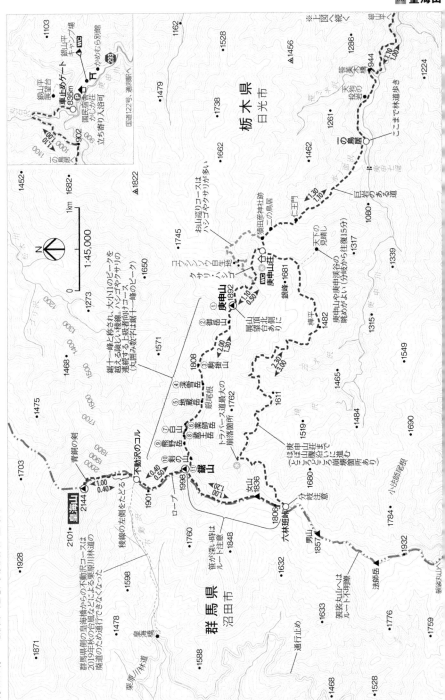

2万5000分ノ1地形図 足尾、袈裟丸山、皇海山

栃木県

日光市

群馬県
沼田市

39

武尊山
（ほたかやま）

アズマシャクナゲ

標高
2158m

ダイナミックな山岳風景を
日帰りで味わえる縦走路。
長いクサリの岩場もある、
急な登降が特徴だ

武尊山は、北アルプスの穂高岳と同音でまぎらわしいためか、「上州」を冠して呼ばれることもある。群馬県北部の独立峰だが、最高峰の沖武尊をはじめ、剣ヶ峰山、中ノ岳（川籠岳）、家ノ串、川場剣ヶ峰、前武尊などの峰々が湾曲して連なり、遠望は穏やかだ。しかし山中には険悪な岩場があり、上越国境や越後、日光方面の壮大な山岳展望とともに、変化あふれる一日を楽しめる。

100
Mountains of Japan

深田久弥と武尊山

深田久弥が武尊山に登ったのは、1959（昭和34）年6月。上ノ原の国鉄山の家に泊まり、須原尾根から沖武尊へ。家ノ串、川場剣ヶ峰とたどり、前武尊から不動岩の岩稜を経て下山口近くの避難小屋でビバークした。岩場については「物々しい鎖や鉄梯子(中略)は登攀を容易ならしめるためより、参拝者に畏怖の念を起こさせるための道具立てのようにさえ思われることがある」と書いている。入山日を含め3日かかっているが、本コースなら日帰りで武尊山のエッセンスを味わえるのだ。

コースグレード│中級

技術度 │ ★★★☆☆ 3

体力度 │ ★★★☆☆ 3

沖武尊をめざして躍動感あふれる縦走路を行く

裏見ノ滝を起点に周回

歩行時間：6時間50分 ・ 歩行距離：11.7km

入山口となる武尊橋までバスの運行はあるが、本数は少なく、車道歩きが往復4時間ほど加わり、現実的ではない。登山口の裏見ノ滝駐車場へは、マイカーかタクシー利用となる。

駐車場のすぐ先には武尊神社が鎮座する。林道を進み、やがて二分する道を左へ。**須原尾根分岐**で須原尾根からの下山路を左に合わせ、ブナ原生林の傾斜が増すと、沢奥に二股のある幅広い沢を渡る。武尊沢の**徒渉点**で、ここから尾根に取り付く。

木の根の露出した段差の激しい急登だが、道は明瞭だ。シャクナゲに気づく頃、左手には武尊沢をはさんでめざす沖武尊が、堂々たる姿を現す。傾斜が緩むと山腹のT

プランニング＆アドバイス

武尊山は日本武尊の東征伝説にちなむ山名といわれるが、その根拠は希薄だ。古事記、日本書紀にもこの地や付近を訪れた記述はない。しかし、武尊山麓には約30の武尊神社があり、日本武尊が祭神だ。古くからあったホタカという山名に強引に武尊の文字を当て、日本武尊を祀ったという説もあるが、真相は歴史の彼方に埋もれている。とはいえ今でも沖武尊、前武尊に日本武尊の像が立ち、水垢離をしたとつたわる裏見ノ滝も見物できる。

字路で、目前の剣ヶ峰山は右へわずかだ。

岩場から登り着いた**剣ヶ峰山**はシャクナゲとハイマツに囲まれ、別称西武尊。川場谷の対岸にも剣ヶ峰があり、そちらは川場剣ヶ峰と呼ばれている。武尊山塊の西部に突出したここは、沖武尊から前武尊、不動

剣ヶ峰山を背に沖武尊への最後の登り

岩と連なる峰々の絶好の展望台だ。南西には玉原湖が青く光る。

沖武尊へは山腹へのT字路から稜線に出る。穏やかな起伏を連ねる山稜の、草原に走る一条の道。伽藍のような山塊に抱かれ、王者の風格を漂わす沖武尊へ歩を進めれば、背後に高まる剣ヶ峰山の鋭さが対照的だ。ガレ混じりの急登で稜線に出たら、左にわずかで**沖武尊**山頂に着く。「御嶽山大神」などの石碑や石祠、1等三角点標石、展望

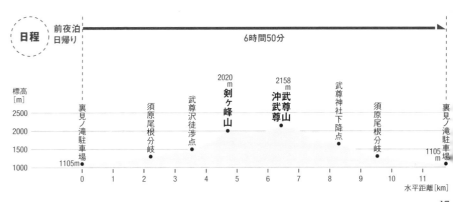

武尊沢を渡り剣ヶ峰山への急登が和らぐあたりが、沖武尊の第一撮影ポイントだ。剣ヶ峰山から沖武尊への稜線では、正面にそびえる沖武尊をはじめ、周囲の山々の変化にも注目したい。鋭い剣ヶ峰山も歩くにつれて姿を変えるので、振り返りながら歩きたい。沖武尊からはこれまで見えなかった燧ヶ岳や越後三山も撮影対象となる。「行者ころげ」ではいかに緊迫感を表現できるか、同行者の協力を得て、上から下からと多様な撮影を心がけたい。

図盤などが置かれ、谷川連峰や燧ヶ岳、日光方面の山々も見渡せる。

　下山は須原尾根を下る。藤原武尊を過ぎると「行者ころげ」の難所だ。クサリやロープが何段にも続く長い岩場の急下降で、腕力の消耗が激しい。オオシラビソなどの針葉樹林に入ると傾斜は緩む。

　右下に手小屋沢避難小屋を見下ろし、5分ほど行けば、**武尊神社下降点**だ。左へ木立の急斜面をジグザグに下り、傾斜が緩むと**須原尾根分岐**で往路に合流する。

　ツアー登山では、南東のオグナほたかスキー場から前武尊を経て沖武尊への往復が多い。行程は長いが、急な登降や危険箇所が少なく、壮大な景観を楽しめるからだ。

前武尊では覆堂内の日本武尊に挨拶し、険悪な川場剣ヶ峰は明瞭な巻き道で通過するが、家ノ串付近には岩稜があるのでスリルも味わえる。中ノ岳は南面を巻き、三ツ池からの登りでまたも日本武尊像に対面すれば、沖武尊はもうじきだ。マイカーだと駐車場から往復9時間近いロングコースだが、民宿などの送迎車なら奥へ入れ、1時間ほど短縮できる。

文・写真／打田鍈一

石碑などが賑やかな沖武尊の山頂

アクセス
関越道水上ICから裏見ノ滝駐車場までの間はコンビニが少ないので、食料などは早めに用意したい。アクセスの途中にある道の駅みなかみ水紀行館（☎0278-72-1425）は17時までだ。裏見ノ滝駐車場は50台以上が停められる（無料・トイレあり）。さらに林道を進むと5台ほどの駐車スペースがあるが道が荒れぎみだけに、最低地上高の高い車以外は避けたい。

東京 — 上越新幹線 1時間16分 — 上毛高原 — タクシー 40分 — 裏見ノ滝駐車場 — ▲武尊山 — 裏見ノ滝駐車場 — 291 63 林道 23km — 水上IC — 関越道 141km — 東京（練馬）

上の原山の家へ

△1635

須原尾根

•1714 みなかみ町

•1721

裏見ノ滝
駐車場

武尊神社
1109

武尊橋、水上市街へ

WC P
1105m

武尊川

深田久弥が登路に利用した道。
上の原山の家から武尊神社
下降点へ登り約2時間

0.50
0.40

手小屋沢避難小屋
武尊神社
下降点

木立の中の
急な下り

尾根から10mほど下りる

0.50
0.30

緩やかな林道

•1352

1200

須原尾根分岐

車両進入禁止

1300

1400

2.00
1.30

木の根が続く
急坂

•1984

•1604

林道終点

1.00
0.50

1500

クサリ場（5カ所）
急斜面続く

行者ころげ

武尊山
沖武尊
2158

日本武尊像

武尊牧場へ

中ノ岳
2144

•1612

小流を数本渡る道

尾根の末端

武尊沢徒渉点

藤原武尊

薄板状石のガレ場

2000

1900

1800

家ノ串
2103

木の根が張った
急斜面

1.20
1.00

1600

1700

•1975

1.00
0.50

群馬県
川場村

ハクサンシャクナゲ

獅子ヶ鼻山
▲1875

小ピークを越える
アルペン的眺望

オグナほたか
スキー場から
登り約5時間、
下り約3時間30分

鹿俣山
▲1637

•1685

木の根が張り出した
崖のような急斜面

1800

1900

山腹のT字路

剣ヶ峰山
2020

岩場

頂上は幅狭く、
東西が切れ落ちている

•1474

沼田市

谷地尾根をひたすら登る
ロングコース。
旧川場キャンプ場から
登り約3時間30分

西峰
1871

1700

•1685

•1698

•1345

1600

1500

川場スキー場

川場谷

•1745

N

0   1km

1:40,000

1400

旧川場キャンプ場へ

2万5000分ノ1地形図　藤原湖、鎌田

問合せ先
［市町村役場］みなかみ町役場 ☎0278-25-5031
［交通機関］新治タクシー ☎0278-62-3111、
関越交通（タクシー）☎0278-24-5151（ともに
上毛高原駅、水上駅）
［山小屋］手小屋沢避難小屋 ☎0278-25-5031

行者ころげの岩場を慎重に下る

40

赤城山
（あかぎさん）

標高
1828m
（黒檜山）

覚満淵の
レンゲツツジ

コースグレード | **初級**

技術度 | ★★☆☆☆ | 2

体力度 | ★★☆☆☆ | 2

観光地として親しまれた、
季節感豊かな関東の名山。
四季を通じて楽しめ、
冬は雪山ビギナーでもOKだ

赤城山は、榛名山、妙義山とともに上毛三山と呼ばれる複式火山だ。春夏秋にはボート遊びやキャンプ、そして冬はスキーやワカサギ釣りなどで賑わう。登山道は四囲に発達し、昭和の時代にはケーブルカーもできて一大観光地となった。しかし車道がかつての登山道やケーブルカーに変わった今、山上へはさらにアクセス容易となり、山麓にはバスでも便利な温泉施設ができている。

100
Mountains of Japan

深田久弥と赤城山

深田久弥は大正末年頃の学生時代、何度か赤城山へ登っている。しかし深田も書いているように、赤城山は登るというよりも逍遥の山。水沼から鳥居峠を越える道、敷島へ下る道、片品川へ下る道と、さまざまな道を歩き黒檜山や地蔵岳に登ったり、大沼や小沼の周辺を散策したりと、楽しみ方は多様だった。しかし何より深田を引きつけたのはその山容。上野から高崎までの車窓で一番私たちを楽しませる赤城山は、根張り大きくのびのびと裾野へ引いた優美な稜線は胸がすくよう、と語っている。

大沼湖畔から見上げた赤城山最高峰の黒檜山

バスの終点にある**赤城公園ビジターセンター**から、北へ二分する広い車道の間の道を行けば、大沼湖畔の大洞に出る。旧赤城神社の大堂があったといわれるところで、飲食店や土産物屋が軒を連ねる赤城山の中心地だ。

あかぎ広場を右に見て車道を北へ進む。老朽化により通行止めになっている赤い欄干の啄木鳥橋を見送り、北側から赤城神社に立ち寄ろう。神社は大同年間（奈良時代）の創建とつたえられ、境内から間近に仰ぎ見る最高峰の黒檜山は、威風堂々のたたずまいだ。もとの車道をさらに進めば、**黒檜山登山口**に着く。

黒檜山から西へ落ちる尾根上の登山道は、

プランニング＆アドバイス

浪花節「赤城の子守歌」や講談、歌舞伎などで有名な国定忠治は、1810年、赤城南麓の国定村（現伊勢崎市）に生まれた侠客だが、殺人などの罪を重ね磔刑となった。大沼湖畔の大洞に国定忠治像がある。下山後は、前橋行きのバスが経由する富士見温泉見晴らしの湯ふれあい館（☎027-230-5555）で汗を流していくのもおすすめ。大洞には通年営業の旅館もあり、宿泊して「その他のコースプラン」などとセットで登るのもよい。

短いが急だ。樹林の登りにひと汗かけば猫岩で、背後には大沼を前景にした地蔵岳がせり上がる。

樹林の中、巨石のゴロゴロした急登はまだまだ続くが、地蔵岳の左手に富士山が見えてくれば稜線の鞍部はじきだ。**黒檜山**山頂は、稜線を北へわずかで登り着く。

登山者で賑わう黒檜山の頂上

三等三角点の埋まる山頂から北へわずかの絶景スポットまで行けば、日光や尾瀬方面、武尊山、谷川連峰、榛名山、浅間山、八ヶ岳、南アルプス、奥秩父、富士山と、山名同定に時を忘れる。

稜線を南へ向かうと、往路の先で鳥居と石祠、「御黒檜大神」の石碑の立つ南峰に着く。東へ下るのは花見ヶ原への関東ふれあいの道だ。駒ヶ岳へはさらに南へ、笹と

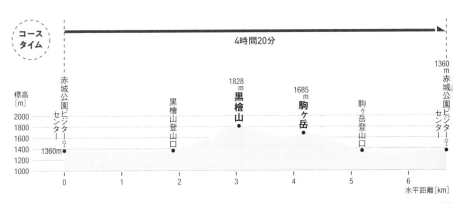

コースタイム　4時間20分

標高[m]

赤城公園ビジターセンター 1360m

黒檜山登山口

1828m **黒檜山**

1685m **駒ヶ岳**

駒ヶ岳登山口

1360m 赤城公園ビジターセンター

水平距離[km]

黒檜山を撮るなら、大洞から大沼湖岸を少し西へ進んだあたり。北岸付近では黒檜山から駒ヶ岳の全体を見渡せる。猫岩から上では大沼を前景にした地蔵岳や、登るにつれて長七郎山方面も画角に入ってくる。黒檜山山頂は木立が多いが、絶景ポイントからは広大な山岳風景を撮影できる。駒ヶ岳への縦走路を下ると長七郎山や小沼が、さらに駒ヶ岳を越えるとその奥に奥秩父などが広がり、好天なら富士山や南アルプスも撮影可能だ。

灌木の尾根道を下る。行く手に長七郎山や、意外な高所の小沼を望み、手前には駒ヶ岳が目前だ。ミツバツツジやシロヤシオを眺め、下り着いた大ダルミからの登り返しは、さほどきつくない。

駒ヶ岳は地味なピークで、登山道はこれを巻いており、うっかりすると通過してしまう。わずかな起伏を過ぎると、草地から西へ下る鉄階段が現れる。下降点で、樹林の急斜面をジグザグに下り、傾斜が緩めば**駒ヶ岳登山口**の車道はもうじきだ。

駒ヶ岳に向かう。遠く小沼が見えている

車道を南へ行くと出発点の**赤城公園ビジターセンター**に戻り着くが、その手前で左手の覚満淵に寄り道したい。「小尾瀬」と呼ばれる湿原で、一周できる木道が整備されている。レンゲツツジに彩られる沼端の小径は、今日一日の充実感を締めくくってくれるだろう。

黒檜山より登山者が少なく、静かで変化に富んでいるのが長七郎山だ。ビジターセンターから覚満淵を通って鳥居峠へ。ケーブルカー跡の残る鳥居峠から小地蔵の山腹を登り、稜線に出れば360度の展望広がる長七郎山はじきだ。続いて、小沼に下って湖岸道を通り、小沼を挟んで長七郎山と対峙する地蔵岳へ八丁坂から登る。アンテナが林立する地蔵岳だが、大沼を前景にした黒檜山が堂々の迫力だ。北へ下り車道に出ると、赤城山大洞バス停はすぐそこ。3時間30分ほどの周回コースだ。

文・写真／打田鍈一

アクセス
前橋から赤城山ビジターセンターへのバスは、平日は富士見温泉で乗り換えとなる。駐車場はビジターセンターや大洞周辺、黒檜山登山口など数多い。冬は大洞への県道4号が凍結するため、スタッドレスタイヤ装着車以外はマイカーを富士見温泉に駐車し、バスで安全に山上へ行ける「AKGバス」が安心だ。バスは11〜3月のみの販売だが、通常の往復料金より700円も安い。

※前橋〜赤城山ビジターセンターへのバスは土・日曜、祝日を中心に直行もある

渋川市

沼田市

沼田ICへ

五輪尾根

陣笠山 •1475

•1528

五輪峠

251 巨石のゴロゴロした急登

上州の山々をはじめ
すばらしい眺め

赤城山 絶景スポット

黒檜山 ▲1828

1562•

花見ヶ原へ

県立赤城公園
キャンプ場

稜線の鞍部

南峰

御黒檜大神の石碑

赤土・露岩のある
急な下り

黒檜山登山口
P •1362

猫岩

ツツジ類

0.30

大沼

WC

赤城神社

小鳥ヶ島

•1356

見晴山
•1458

白樺牧場

啄木鳥橋は
2018年から
通行止め

あかぎ広場前

おのこ駐車場

1360m
P

4

総合観光案内所

新坂平
P

大洞

赤城山
大洞バス停

赤城公園ビジターセンター

1360m

赤城山
ビジターセンター

大ダルミ

駒ヶ岳
▲1685

鉄階段の
ある
急な下り

下降点

大洞

駒ヶ岳登山口
•1360
WC

群馬県
桐生市

•1239

別名「小尾瀬」。
5〜7月にかけて
ミズバショウやレンゲツツジ、
ニッコウキスゲなどが咲く

地蔵岳 ▲1674

0.45
0.30

小沼平
WC
P

小地蔵
•1574

鳥居峠
P WC

•1207

利平茶屋森林公園
キャンプ場

水沼駅へ

•1204

P

赤城道路

前橋市

•1440

八丁峠

小沼

天龍弁財天

長七郎山
▲1579

0.55
0.50

N

0 500m

1:30,000

16

前橋市街へ

軽井沢峠、赤城温泉郷へ

問合せ先
［市町村役場］赤城山総合観光案内所☎027-
287-8061、前橋市役所☎027-210-2189
［交通機関］関越交通（バス）☎027-210-5566、
ナガイタクシー☎027-231-8123（前橋市）

立派な朱塗りの赤城神社

2万5000分ノ1地形図 赤城山

41

北関東・信越／群馬県

草津白根山
（くさつしらねさん）

標高
2171m
（本白根山）

名湯・草津温泉を
山麓に従え、
今なお活発に活動する
展望と高山植物の活火山

草津白根山は、白根山、逢ノ峰、本白根山などを総称した広大な火山で、荒涼とした火山地形と美しいコバルトグリーンの火口湖が対照的な、独特の景観を形成している。山上部にはハイキングコースが豊富に整備され、春には新緑、夏は高山植物、秋には紅葉と、四季折々の自然を楽しむことができる。東麓には天下の名湯・草津温泉が、西麓には万座温泉があるのも魅力だ。

高山植物の女王
コマクサ

100
Mountains of Japan

深田久弥と草津白根山

深田は何度か草津白根山を訪れているようだが、最初の登山は年不詳の6月だったという。この時は万座温泉からツガの原生林の中の道を登り、弓池に出たというが、現在の地図にその道は記されていない。弓池からはまず白根山に登り、続いて本白根山のピークを踏み、殺生河原を経由して草津温泉へ下っている。この山の魅力について、深田は「断崖をなした火口壁や火口湖の妙にある」と記す。火口跡から「古代ローマの円形劇場」を連想するくだりなどからは、文学者の片鱗もうかがえて興味深い。

コースグレード	初級
技術度	★☆☆☆☆ 1
体力度	★★☆☆☆ 2

遊歩道最高地点付近から本白根山展望所（右）を振り返る

標柱の立つ本白根山展望所

日帰り 本白根山遊歩道往復

歩行時間：**3時間15分** ｜ 歩行距離：**8.2km**

　白根火山バス停から逢ノ峰への探勝路に入り、木の階段を登っていく。登り着いた逢ノ峰には休憩舎が建ち、草津白根山の絶好の展望台となっている。

　逢ノ峰から、旧草津国際スキー場のゲレンデを見ながら南東斜面を下り、車道を渡って旧コマクサリフト乗り場の脇にある**登山口**へ。ここから登山道に入る。すぐに周

プランニング＆アドバイス

2021年2月末現在、草津白根山（湯釜付近）の噴火警戒レベルは2で、湯釜火口1km以内は立ち入り規制が敷かれている。これにより、国道292号（志賀草津道路）にある登山口には車を駐停車できず（昼間のみ通行は可能）、ハイキングコースもすべて立入禁止となっており、実質的に登山は不可能な状況にある。ただし、火山活動の状況は日々変化する。活動状況や道路通行などに関する問合せは草津温泉観光協会へ。

　囲は樹林帯となり、ひと登りすると左側から旧リフト終点からの道が合流する。その先で火口縁の一角に立てば、クレーターのような火口跡の向こう側に**本白根山展望所**の荒々しい岩峰が望める。

　ここから火口跡の内側をぐるりと回りこむようにつけられた遊歩道を、半時計回り

本白根山展望所への登り。後方は遊歩道最高地点

に緩やかに下っていく。**中央火口上**を過ぎ、**分岐点**から左に折れて岩峰の上をめざし、**本白根山展望所**に登り着く。展望所からは360度の景観が広がり、目の前には草津白根の最高峰・本白根山も見える。火口跡一帯の広大な砂礫地はコマクサの群生地となっていて、7月下旬〜8月上旬にはピンクの可憐な花を愛でることができる。

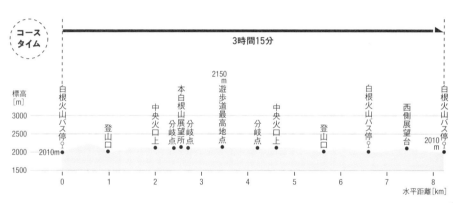

コースタイム

3時間15分

標高[m]

白根火山バス停 — 2010m
登山口
中央火口上
本白根山展望所分岐点
分岐点
2150m遊歩道最高地点
分岐点
中央火口上
登山口
白根火山バス停
西側展望台
白根火山バス停 — 2010m

水平距離[km]

展望を満喫したら**分岐点**まで戻り、三叉路を左に折れる。コマクサやコキンレイカ、ヒメシャジンなどの高山植物に囲まれた道を緩やかに登っていけば、まもなくで**遊歩道最高地点**に到着する。左手に見えるピークが三角点のある本白根山で、右手には先ほど登った本白根山展望所も望める。本白根山は火山規制のため立入禁止となっており、現状ではここが草津白根山の最高地点とされている。

　帰りは往路を旧コマクサリフト乗り場まで戻り、車道に出たら右に折れ、白根火山ロープウェイ旧山頂駅の左手で白根レストハウスへ続く登山道に入る。逢ノ峰の山腹を回りこむなだらかな道を進み、やがて志賀草津道路に出ると、白根レストハウスのある**白根火山バス停**に帰り着く。

　さらにここから、草津白根山のシンボルともいえる湯釜を往復しよう。白根火山の第1駐車場の西端からコンクリート舗装された道を登っていき、避難壕の建物を過ぎた先が**西側展望台**。眼下に望めるのが湯釜で、美しいコバルトブルーの水面と、それをぐるりと取り囲む荒涼とした火口壁のコントラストがみごとだ。

その他のコースプラン

　白根火山からロープウェイの旧山頂駅、鏡池を経て本白根山遊歩道を周回するコース、万座温泉から本白根山山頂部に至る白根探勝歩道、殺生河原から富貴原ノ池を経て鏡池に向かうコースなどが計画できるが、いずれのコースも立入禁止となっている。なお、殺生河原から山上部を結んでいた白根火山ロープウェイは、火山噴火の影響により2018年に廃止となった。

文・写真／羽根田 治

西側展望台から見た独特な水色の湯釜

問合せ先
[市町村役場] 草津温泉観光協会 ☎0279-88-0800
[交通機関] JRバス関東 ☎0279-82-2028、草軽交通（バス）☎0267-42-2441、西武観光バス ☎0267-45-5045

アクセス
公共交通機関を利用するなら草津温泉でバスを乗り換える。ただし、草津温泉〜白根火山間のバスは火山規制により運休中。マイカーの場合は、登山口となる白根火山の有料駐車場を利用するが、やはり火山規制により駐車はできない。

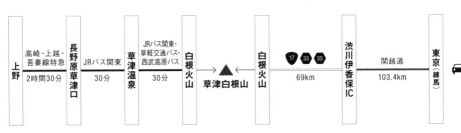

上野	高崎・上越・吾妻線特急 2時間30分	長野原草津口	JRバス関東 30分	草津温泉	JRバス関東・草軽交通バス・西武高原バス 30分	白根火山	草津白根山	白根火山	17 33 35 69km	渋川伊香保IC	関越道 103.4km	東京（練馬）

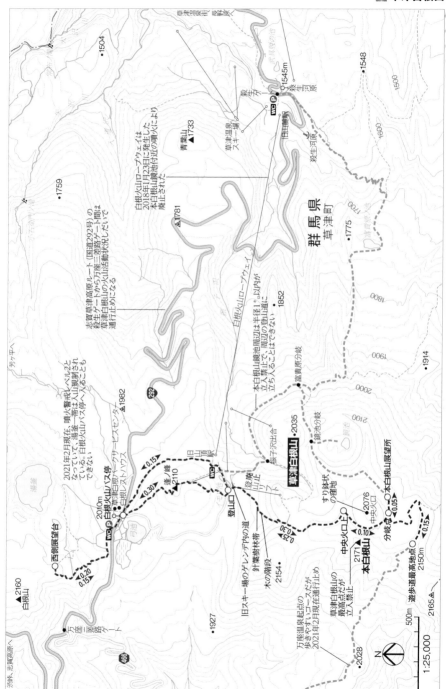

・1504

・1759

▲2160
白根山

・1545m
殺生河原

・1548

殺生河原

1500

1600

青葉山
▲1733

草津温泉
スキー場

草津温泉
スキー場

白根火山ロープウェイは
2018年1月23日に発生した
本白根山鏡池付近の噴火状況により
廃止された

群馬県
草津町

▲1781

1700

1775

志賀草津高原ルート（国道292号）の
殺生ゲートから万座三差路ゲート間は
草津白根山の火山活動状況しだいで
通行止めになる

白根火山ロープウェイ

1800

1852

富貴原分岐

本白根山鏡池周辺は半径1°以内が
立入禁止で、周辺の登山道に
立ち入ることはできない

292

1900

・1914

鏡池の分岐

2000

2100

草津白根山 ・2035

弓池の分岐

2021年2月現在、噴火警戒レベルと
なっていて、湯釜一帯は入山規制され
ている。白根火山バス停へ入ることも
できない

白根火山バス停
白根レストハウス

▲1982

2010m

白根火山パークサービスセンター

0.15▶

逢ノ峰
2110

WC

◀0.30

◀0.15

WC
西側展望台

・2076
中央火口

本白根山展望所
◀0.05

0.30▶

登山口

◀0.25

すり鉢状
の窪地

0.10

本白根山の
立入止

・2154

木の階段

針葉樹林帯

・2028

旧スキー場のゲレンデ内の道

0.20▶
0.15▲

500m

中央火口
2171

本白根山

分岐点
0.25

0.15▶

遊歩道最高地点
2150m

2165 ▲

0.30▲

・1927

万座温泉起点の
歩きやすいコースだが
2021年2月現在通行止め

草津白根山の
最高点だが
立入禁止

N

1:25,000

2万5000分ノ1地形図　上野草津

466

18

42

四阿山

あずまやさん

高原リゾート・菅平の
シンボルにして
信仰登山の歴史を持つ名山。
頂からの爽快な展望も魅力

四阿山は、長野県須坂市、上田市の旧真田町、群馬県嬬恋村の境にあり、四阿火山カルデラの外輪山の最高峰である。高原リゾート・菅平高原の奥に花の百名山である根子岳と仲よく並んでそびえ、この景観は深田久弥が「四阿山と根子岳。あれがなかったら菅平の値打ちがなくなる」と言わしめる。標高こそ2400m近い高峰だが、危険箇所が少なく登りやすいのもうれしい。

100
Mountains of Japan

深田久弥と四阿山

深田は『日本百名山』では四阿山の山名について触れている。「四阿という名前もなかなかいい。山の形があずまや（中略）の屋根に似ているところから、その名が由来したと言われる」。下の写真を見ると、山頂から左右に裾を広げていく姿は、確かにあずまやの屋根のようにも見える。氏がはじめて四阿山に登ったのは、ある年の3月中旬のこと。千人に一人しか足をのばさないという、スキーでの登頂だった。風が冷たい山頂だったが、周囲の大観から目が離れなかった。

2つの祠が建つ四阿山山頂

コースグレード｜**初級**

技術度｜★★☆☆☆ 2

体力度｜★★★☆☆ 3

根子岳から大スキマへの下りから見る四阿山

菅平牧場管理事務所前の根子岳登山道入口

日帰り 菅平牧場起点の山頂周回
歩行時間：6時間20分 ｜ 歩行距離：9.7km

　起点の菅平牧場に入るには、登山口の1km手前の料金徴収所で200円を支払う。

　菅平牧場売店横の**根子岳登山道入口**から牧場の柵沿いに進み、カラマツとシラカバの林、笹の道を登っていく。根子岳への中腹あたりには随所にレンゲツツジ群落があり、花期には登山道脇を赤色に染める。

　ダケカンバの灌木帯を抜けると低い笹原

プランニング＆アドバイス
登山道は複数あるが（P184「その他のコースプラン」参照）、四阿山の北西にある根子岳とセットで登りやすい菅平牧場を起点に山頂部を周回する登山者が多い。また、マイカー利用でなければタクシーで南面の林道終点登山口へ向かい、修験者が祀った数多くの石の小祠が残されている上州古道で山頂に立ち、根子岳経由で菅平牧場に下るのもおすすめ。登山適期は6～10月。根子岳の中腹を彩るレンゲツツジの花期は6月中旬～下旬。

になり、振り返ると眼下に牧場や高原野菜畑が広がり、その向こうに北アルプスの山並みが一望できる。

　石の多い歩きづらい笹原の急斜面を登りきると、**根子**岳山頂に到着する。広いピークからのすばらしい展望を楽しもう。

　祠の前から南東にのびる尾根に入る。狭い岩稜の道から屏風岩の横を通り、笹と草原の道を下りきると、根子岳と四阿山のビューポイントである大スキマの鞍部に着く。ここから笹原の道を緩く登り返し、樹林帯の急傾斜を登りきると平坦な草原に出る。

展望のよい笹の道を登って根子岳をめざす

　分岐では右に中尾根への道を分け、緩斜面の草原の道を行くと木道になる。鳥居峠への道を右に分け、稜線通しに少し登ると

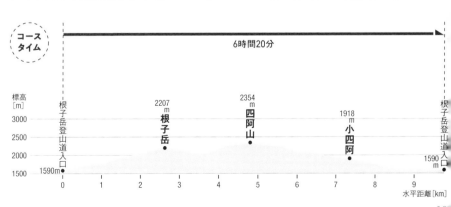

コースタイム	6時間20分

標高[m]

根子岳登山道入口 1590m
根子岳 2207m
四阿山 2354m
小四阿 1918m
根子岳登山道入口 1590m

水平距離[km]

四阿山の雄大な山容を撮るなら、根子岳山頂部や中四阿、小四阿などがおすすめだ。また、四阿山山頂からの展望はすばらしく、根子岳はもちろん高峰高原や湯ノ丸高原の山々が、その向こうには浅間山、北アルプス、志賀高原の山々が一望できる。展望なら根子岳もいいだろう。登山道沿いからの展望もなかなか絵になる。

四阿山山頂だ。2峰からなる細長い山頂で、南峰には上州祠、北峰には信州祠が祀られている。三角点は北峰の150mほど北に置かれている。根子岳や高峰高原、湯ノ丸高原の山々が近くに見え、その向こうに浅間山方面、北アルプス連山、志賀高原方面の山々を望むことができる。

展望を満喫したら、山頂をあとに往路を戻る。鳥居峠方面、続く分岐で往路の根子岳への道を分けて左の道へ。緩傾斜の道からツガ林の急斜面を下る。中四阿を通過し、2010m地点から展望のよい岩の尾根道を

四阿山からの根子岳と北アルプス（中景は善光寺平）

経て、小四阿のピークに立つ。背丈の低いカンバ林を経て尾根道をぐんぐん標高を下げていく。気持ちのよいシラカバ林の道を進み、木橋で大明神沢を渡る。牧柵に沿って進み、四阿山登山口の案内板が立つ舗装路に出て右に行けば、根子岳登山道入口の売店前に戻り着く。

その他のコースプラン

南面の鳥居峠からのコースもよく利用されている（鳥居峠林道終点登山口から3時間30分）。登山口で道は左右に分かれ、右は展望のよい花童子の宮跡コース、左は奇岩の的岩コース。両コースは尾根上の古永井分岐で合流する。分岐からいったん下って鞍部へ、ここから急斜面を登ると右上に山頂が見えてくる。嬬恋清水から笹の道を登り、稜線から右へ行き、最後に階段を登ると四阿山の山頂だ。

ほかに嬬恋村・パルコールスキー場のゴンドラ（運行日注意）山頂駅から稜線通しのコース（2時間20分）、バラギ湖近くの茨木山登山口からのコース（3時間55分）がある。

文・写真／垣外富士男

アクセス
バス利用の場合は上田駅から上田バスに乗り、菅平高原ダボス下車、菅平牧場の根子岳登山道入口へ徒歩約45分。マイカーの場合、登山口がある菅平牧場の管理事務所前の駐車場（約100台）を利用する。駐車場自体は無料だが、1km手前にあるゲートで入場料200円を支払う。

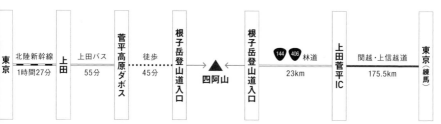

東京		上田		菅平高原ダボス		根子岳登山道入口	▲四阿山	根子岳登山道入口		上田菅平IC		東京（練馬）
	北陸新幹線 1時間27分		上田バス 55分		徒歩 45分				144 406 林道 23km		関越・上信越道 175.5km	

問合せ先
［市町村役場］上田市役所真田地域自治センター☎0268-72-4330、菅平高原観光協会☎0268-74-2003
［交通機関］上田バス☎0268-34-6602、上田タクシー☎0268-22-0055、上田観光自動車（タクシー）☎0268-22-0200、菅平観光タクシー☎0268-22-8484

鳥居峠コースの嬬恋清水は関東最高点の水場（写真／吉田祐介）

43

北関東・信越／群馬県・長野県

浅間山
（あさまやま）

二の鳥居付近に咲く
クルマユリ

コースグレード｜**中級**

技術度｜★★☆☆☆　2

体力度｜★★★☆☆　3

目近く、高く、大きく
豊満な山容を横たえ、
秘密なげに仰がれる
日本を代表する活火山

標高
2568m

美しい裾野を広げる山容は、佐久平のどこからでも眺めることができる。今も火山活動が活発なだけに山頂から半径2kmが入山規制される噴火警戒レベル2が続き、2021年2月現在の入山は火山館と黒斑山までとなっている。1983年の噴火は前兆がなく、湯の平に1mもの火山岩が落ちている。入山前には必ず当該自治体等のホームページで火山状況を確認し、慎重に行動していこう。

100
Mountains of Japan

深田久弥と浅間山

高等学校1年時にガイドコースと同じ道を登り、山頂付近で噴煙に巻き込まれている。その後、郷里からの東京行き夜行列車の夜明けを幾度となく浅間山に迎えられ、関東の入口を感じる山となる。追分宿で過ごした戦前の一夏には周辺をくまなく歩き、その背景には必ず浅間山があったと『日本百名山』にあるように、しだいに愛でる山になっていったのだろう。その後登った山上から、あるいは東京郊外の高台から、噴煙上げる浅間を真っ先に探していただろうと思われる。

南側の石尊山から浅間山山頂部を仰ぎ見る。左端のピークが前掛山

火山館まで登ると初めて第一外輪山が姿を見せる

日帰り 浅間山荘から外輪山のピークへ

歩行時間：6時間50分 ｜ 歩行距離：13.1km

登山口の**天狗温泉・浅間山荘**の鳥居をくぐり、一般車両進入禁止のチェーンを越える。シモツケなどの花を見ながら樹林帯の中の平坦な道を歩きはじめ、鉄分を含んだ茶褐色の蛇堀川を渡っていく。シラカバが混じる静かな道を緩やかに進んで一の鳥居をくぐると、道は二股に分かれる。

不動滝経由のルートに進み、石の御神体の先で澄んだ沢に架かる丸太の橋を渡っていく。明るい樹林帯の小径を進むと山水が御神体の岩から流れ、その先の不動滝を過ぎると一の鳥居からの道の合流点に**二の鳥居**が立つ。小休止にいい切り株が置かれた休憩所の傍らには修験者の霊神碑が祀られ、古くからの信仰の篤さがつたわる。

笹に覆われたカラマツ林の道に咲く花々を見ていくと正面頭上の樹間に牙山の尖っ

一の鳥居附近には明るい樹林帯が続く

た岩峰が現れ、しばらくして開けた草原に出る。ここはカモシカ平と呼ばれ、名前通りカモシカの通り道となっている。ここにも浅間山開闢祖の碑が祀られている。

分岐を右に取り、わずかに急登をこなすと茶褐色の沢から硫黄臭が漂い、いよいよ火山地帯へと入っていく。急な木段を登ると正面に浅間山の山頂部が姿を見せ、わず

プランニング&アドバイス

先述の通り、気象庁の噴火警戒レベルが2の場合は、外輪山の黒斑山に登ることになる（「その他のコースプラン」参照）。浅間山は日本海側と太平洋側の気候がぶつかり合う地点に位置するため高山植物が豊富で、周辺には1200種もの花が季節を変えて咲き競う。特に高峰高原は周辺一帯がお花畑になっているので気軽に花の鑑賞ができる。鉄鉱質の含有量が豊富で日本一赤いといわれる天狗温泉や高峰温泉などに宿泊して（ともに立ち寄り入浴もできる）、浅間山や黒斑山、高峰山の「花の百名山」を周遊するのも楽しい。天狗温泉・浅間山荘にはオートキャンプ場もある。

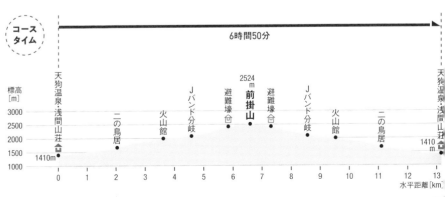

コースタイム

6時間50分

標高[m]

天狗温泉・浅間山荘 1410m

二の鳥居

火山館

Jバンド分岐

避難壕

2524m 前掛山

避難壕

Jバンド分岐

火山館

二の鳥居

天狗温泉・浅間山荘 1410m

水平距離[km]

避難壕から前掛山をめざしていく

1の最高到達点となる**前掛山**の山頂に到達する。黒斑山越しに北アルプスが望まれ、正面には荒々しい山頂部が間近に迫る。

活火山の壮大な展望を満喫したら、往路をJバンド分岐まで慎重に下る。終点の**天狗温泉・浅間山荘**ではタクシーの待ち時間に汗を流していこう。

かに下って火山灰の道を進むと緊急避難所を兼ねた**火山館**に着く。水場があるので給水していこう。

隣接する浅間神社で安全を祈願し、樹林帯へと入る。アザミやアヤメなどの花が咲く湯の平の草原に出て、「草すべり」の急斜面から黒斑山へと続く道を見送っていくと、賽の河原にJバンド分岐の標識が立つ。ここを前掛山方面へと進み、火山岩混じりの道を登っていく。

やがて樹林帯を抜けると、正面に山頂へと続く荒涼とした山体が開ける。徐々に勾配が増し、滑りやすい火山礫の道に足を取られないよう小刻みに歩を進めていく。噴煙に霞む最高点・釜山の火口丘が立ちはだかり、「入山禁止」の看板に道をふさがれる。

右方向のカマボコ型の**避難壕**へ向けて進み、さらに前方のピークをめざして第二外輪山の稜線を登りつめると噴火警戒レベル

その他のコースプラン

噴火警戒レベルが2の際は、西方の車坂峠から黒斑山へ登るコースが一般的。JR長野新幹線佐久平駅またはJR小海線・しなの鉄道小諸駅からJRバス関東で車坂峠の高峰高原ホテル前へ。峠から裏コース（通行止め）を見送って表コースへ進み、撮影ポイントの赤ゾレの頭やトーミの頭経由で黒斑山へ。下山は中コースで車坂峠に戻るが、草すべりから火山館経由で浅間山荘へ下ってもいい。また警戒レベル1なら、湯の平からJバンドを登って黒斑山経由で車坂峠へ下るコースも変化に富み、おもしろい。

文・写真／樋口一成

アクセス
登山口の天狗温泉・浅間山荘へはタクシー利用が便利。チェリーパークラインの浅間登山口バス停からは林道歩きで約1時間30分。新宿～浅間登山口～高峰高原ホテル前間にはJRバス関東の高速バスが運行（1日1便）。マイカーは天狗温泉・浅間山荘前の有料駐車場を利用。黒斑山登山の場合は、車坂峠の高峰高原ビジターセンター前に約40台の無料駐車場がある。

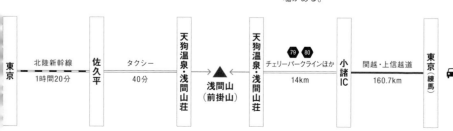

東京	北陸新幹線 1時間20分	佐久平	タクシー 40分	天狗温泉・浅間山荘	▲ 浅間山（前掛山）	天狗温泉・浅間山荘	79 80 チェリーパークラインほか 14km	小諸IC	関越・上信越道 160.7km	東京（練馬）

△2024

1855•

1837△

•1940

1862•

群馬県
嬬恋村

△1904

•1995

•2046

•2123

1880

アサマ2000
スキー場

高峰高原
マウンテンホテル

•2001

•2345

•1987

浅間山の第一外輪山。
黒斑山から賽の河原への
コースがある（強風時注意）

仙人岳
2320

鋸岳
2254

ス
リ
ッ
プ
注
意

Jバンド

避難壕

浅間山

2568△

入山規制で前掛山への
登山ができない時は
黒斑山を浅間山の山頂とする

蛇骨岳
2366

2478

1.10
0.45

ビジターセンター

車坂峠

中コース

黒斑山
2404▲

2021年2月現在
火山館〜前掛山間
立入禁止

湯の平

2149

前掛山
2524▲

2500

浅間山最高点。
通称「釜山」

2200

高峰高原オテル
立ち寄り
入浴可

1973m

1.20
1.00

草
す
べ
り

1.00
1.20

0.25

Jバンド分岐

0.20
0.15

0.15
0.20

2568

軽井沢町

表コース

2005

1.30
0.50

避難壕

トーミの頭

•2079

浅間神社

2400

2300

2200

WC

0.50
0.40

火山館

避難壕あり

2038

牙山

2111

剣ヶ峰
2281

天狗の露地

2081

2100

2000

1771•

長坂

1852

二の鳥居

長野県
御代田町

1527•

湯の平
コース

2101•

1924•

1900

1918•

1444

1645▲

天狗
浅間山荘
立ち寄り入浴可

一の鳥居

1866•

1800

1679•

1410m

WC

1681•

1545•

1700

1309•

有料
浅間山荘
キャンプ場

1347•

1668▲
石尊山
2021年2月現在
入山禁止

浅間
登山口

清水

1243•

浅間登山口バス停〜
浅間山荘間
徒歩約1時間30分

N

1402△

1384△

1483•

0   1km

1:50,000

2
万
5
0
0
0
分
ノ
1
地
形
図
　
車
坂
峠

第
二
外
輪
山
に
立
つ
立
入
禁
止
の
警
告
板

44

北関東・信越／茨城県

筑波山

（つくばさん）

男体山山頂に立つ社

コースグレード | **初級**

技術度 | ★★★★★ | 2

体力度 | ★★★★★ | 2

奇岩群に、大木の森に、
固有の植物——。
いくつもの顔を見せる
最も低い百名山

標高
877m
（女体山）

関東平野から屹立する独立峰で、関東地方では古から「東の筑波嶺、西の富士」とうたわれる名山。片や百名山どころか日本の最高峰、片や百名山で最も低い山と、その対比も面白い。山頂部はケーブルカーやロープウェイ利用の観光客で賑わうが、登山道は深い森に包まれ、奇岩群が目を楽しませてくれる。ツクバトリカブトをはじめ固有種もあり、低いながらもただ者ではないことをうかがわせる。

100
Mountains of Japan

深田久弥と筑波山

深田は『日本百名山』では自らがたどったコースについてまったく触れていないが、筑波山の特性をみごとに言い当てた一文がある。「関東諸国の男女は、春花の咲く頃、秋紅葉の節、相たずさえて登り、山上で御馳走を拡げ……。（略）わが国では宗教登山が最初のようにいわれるが、筑波山のような大衆の遊楽登山も早くから行われていたのである」。万葉の舞台としての筑波山を見れば異論もあるかもしれないが、休日のこの山に来れば、筑波山ならではの現代版〝遊楽登山〟を実感できることだろう。

双耳峰の筑波山。左の峰が男体山で右が女体山

日帰り 筑波山神社から男女2つの頂へ

歩行時間：3時間30分｜歩行距離：5.4km

筑波山神社入口バス停から参道を**筑波山神社**へ。本殿前を左に行き、ケーブルカー宮脇駅に向けて石段を登る。駅横から登山道が始まり、緩やかに杉林の中を行く。道はだんだんと傾斜を強め、岩がちで歩きにくい場所も現れるようになる。しばらく汗をかけばいつしか小広い平坦地に出るが、ここが**中ノ茶屋跡**。線路際の柵の向こうはケーブルカーのすれ違いポイントとなっていて、すれ違い時にカメラを構える登山者も多い人気スポットだ。

しばらく登りを続けると、いったん平らになる地点が現れる。ここはケーブルカーのトンネルの上だ。この先、道の両側には大杉が目立つようになり、山深い気配が濃

弁慶が通過をためらったという弁慶の七戻り岩

くなる。すぐ近くにケーブルカーが通っているとは思えない道を行けばやがて、岩の隙間から水が湧き出る**男女川源流の湧水**（飲用可とのこと）に到着する。

ここから傾斜が強まり、最後の登りに入る。大きな広葉樹が立ち並ぶきつい道を行く。最後の木段の道をひと登りすれば、これまでの静かさが嘘のような観光客の歓声

プランニング&アドバイス

太平洋が近く、標高も低いためにほぼ通年、積雪の心配なく歩ける。とはいえ、山上部の岩場を構成する斑れい岩は濡れていなくても滑りやすく、まるで至仏山や谷川岳の蛇紋岩のよう。スリップには充分注意を払いたい。また、行楽シーズン休日のこの山の混雑はすさまじく、山頂一帯をマイペースで歩くことは不可能。マイカーでのアクセスでは、午前の早い時間から駐車場が満杯となるので、ぜひ平日の山歩きをおすすめしたい。

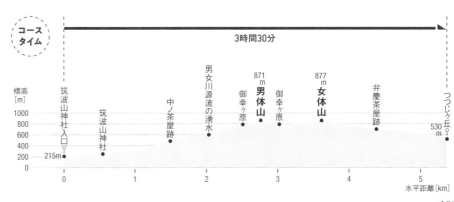

コースタイム

3時間30分

標高[m]	筑波山神社入口	筑波山神社	中ノ茶屋跡	男女川源流の湧水	御幸ヶ原	男体山 871m	御幸ヶ原	女体山 877m	弁慶茶屋跡	つつじヶ丘
215m										530m

水平距離[km]

展望が広がる女体山山頂。岩が滑るので注意を

が飛び交う御幸ヶ原（みゆきがはら）だ。

御幸ヶ原からまずは、左（西方向）の男体山をめざす。足場のしっかりした緩やかな岩場を登り、急な石段を登ればほどなく社の立つ男体山（なんたいさん）の山頂。南側には関東平野が一望できる展望台もある。

山頂を往復して御幸ヶ原まで戻ったら、こんどは筑波山の最高峰、女体山（にょたいさん）をめざす。ガマ石を過ぎ、緩やかに登れば女体山の社があり、そのすぐ後ろが山頂だ。大きく展望が開け、霞ヶ浦（かすみがうら）も間近に望める。

社から短いクサリ場を経て、岩場が多い道を下る。乾いていても滑りやすいので注意しよう。道沿いには大仏岩などの奇岩やブナやミズナラの大木の森などが続けて現れ、飽きることがない。最後に弁慶の七戻りを抜ければ弁慶茶屋跡（べんけいぢゃや）に到着する。

この茶屋跡は筑波山神社に直接下る白雲橋（はくうん）コースと、つつじヶ丘に下る道の三叉路（おか）になっている。ここはつつじヶ丘へと左に行く。樹林が背の低い竹原へと変わり、公

園風の広場に出ればつつじヶ丘は近い。岩の露出した急な道を下れば、ほどなくロープウェイ駅のあるつつじヶ丘だ。

なお、筑波山神社にマイカーを停めている場合、つつじヶ丘から迎場コース（むかえば）を歩いて戻ってもいい。緩やかな道を1時間弱で神社周辺に戻ることができる。

その他のコースプラン

ここで紹介した御幸ヶ原コースと同様に登りのメインコースといえるのが、筑波山神社から弁慶茶屋跡を経由して山頂をめざす白雲橋コース。体力的にも時間的にも同レベルだ。桜川市真壁町（さくらがわ）（まかべ）から男体山の自然研究路につながる薬王院コースは歩く人も少ないが、静かな森をじっくり登りたい人にはおすすめ。最短路は北面のユースホステル跡地から登る深峰遊歩道（ふかみね）で、御幸ヶ原まで40分ほどで登れる。同じく北面の女体山・キャンプ場コースも短いコース。どちらも途中にカタクリ群生地がある。南面の迎場コースは傾斜が緩く歩きやすい。

文・写真／吉田祐介

アクセス
筑波山神社入口へのバスは季節により30分～1時間に1本。土・日曜、祝日は季節に関係なく30分に1本。「筑波あるキップ」「筑波山きっぷ」「筑波山ストーリー東京・筑波山周遊きっぷ」などのお得乗車券もある。マイカーは筑波山神社入口とつつじヶ丘の有料駐車場を利用するが、行楽シーズンの週末は大混雑する。

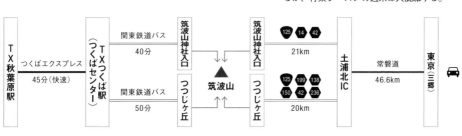

桜川市

太郎山
(坊主山)
▲710

ユースホステル跡地へ

カタクリの群生地

筑波高原キャンプ場へ

620

石岡市

薬王院コース分岐

0.20
0.15

深峰遊歩道

つづら折りの
急斜面

女体山御本殿

カタクリが群生地
林床が美しい

林道終点

・422

四季の森公路

御幸ヶ原

筑波山

セキレイ石

0.20
0.15

0.20
0.15

注意な岩場

急な岩場

奇岩巡りの
岩場が続く。注意

林道分岐点

男体山

▲871

WC

WC

ガマ石

男体山御本殿

0.10
0.15

筑波山頂駅

女体山
877
▲

北斗岩

0.30

0.40

弁慶茶屋跡

弁慶七戻り

広域基幹林道

700

0.30
0.30

女体山駅

WC

大仏岩

おたつ石コース

628

つつじヶ丘公園

試験地

600
500

男女川源流の湧水

0.15
0.20

男
女
川

長峰トンネル

筑波山ロープウェイ

0.40

0.50

白雲橋コース

0.40
0.30

つつじヶ丘
530m

WC P

茨城県
つくば市

中ノ茶屋跡

御幸ヶ原コース

400

桜塚

白蛇弁天

大洗神社
卍

あずまや

あずまや

0.25
0.20

つつじヶ丘駅

236

風
返
峠

300

梅林第一駐車場
連絡歩道

宮脇駅

ケーブルカー

酒迎場

0.25
0.20

・388

迎場コース

筑波山スカイライン

・370

市営第三

0.40
0.30

鳥居

WC

筑波山神社
卍

0.20
0.10

N

筑波山神社入口バス停

筑波山観光案内所

WC

215m

P

大鳥居

P

随神門

筑波山江戸屋

0.15
0.10

241

市営第四

42

筑波

卍 筑波山温泉つくば湯

0

500m

1:20,000

TXつくば駅、土浦北ICへ

つくば道

北条へ

2万5000分ノ1地形図　筑波

問合せ先
［市町村役場］つくば観光コンベンション協会 ☎029-869-8333
［交通機関］関東鉄道バス ☎029-866-0510、筑波観光鉄道（ケーブルカー・ロープウェイ）☎029-866-0611

女体山の東面で見られるブナの大木

193

深田久弥が歩いたコース <small>（ヤマケイ文庫『深田久弥選集 百名山紀行 上巻』より）</small>

No.	山名	年月・季節	歩いた（と思われる）コース
1	利尻山	1960年9月	沓形コース→利尻山→鴛泊コース
2	羅臼岳	1959年8月	羅臼コース→羅臼岳（往復⑦）
3	斜里岳	1959年8月	清里→清岳荘→旧道→斜里岳→新道→清岳荘→清里
4	阿寒岳	1959年8月	旧雄阿寒岳登山口→雄阿寒岳→滝口
5	大雪山	1960年9月	勇駒別→旭岳→愛山渓→北鎮岳→黒岳石室→烏帽子岳→赤岳→銀泉台
6	トムラウシ山	1961年8月	十勝川上流二股→カムイサンケ川→トムラウシ山→化雲岳→天人峡
7	十勝岳	1960年9月	新噴火口→前十勝岳→十勝岳→泥流コース→新噴火口下⑦
8	幌尻岳	1961年8月	新冠・発電事業所→新冠川二股→七ツ沼→幌尻岳→戸蔦別岳→戸蔦別川
9	羊蹄山	1959年9月	比羅夫コース→羊蹄山（往復）
10	岩木山	1930年8月	嶽温泉→鳥ノ海噴火口→岩木山→岩木山神社
11	八甲田山	1936年　夏	酸ヶ湯→仙人岱→大岳→赤倉岳→上毛無岱→酸ヶ湯
12	八幡平	1939年1月	坂比平→蒸の湯→八幡平→松尾鉱山（山スキー）
13	岩手山	1940年11月	網張温泉→姥倉山→八ツ目湿原→岩手山→八ツ目湿原→松川温泉
14	早池峰山	1960年8月	岳→河原の坊コース→早池峰山（往復）
15	鳥海山	1940年4月	吹浦→大平→御浜神社→鳥海山（山スキー・登頂断念）　※後年秋に登頂
16	月山	1962年8月	六合目→弥陀ヶ原→月山→湯殿山ホテル
17	朝日岳	1926年7月	朝日鉱泉→鳥原山→大朝日岳→以東岳→大鳥池→落合
18	蔵王山	夏	高湯（蔵王温泉）→熊野岳→刈田岳→峩々温泉
19	飯豊山	1962年8月	雲母温泉→大石→杁差岳→大日岳→飯豊本山→切合小屋→五段山→五枚沢
20	吾妻山	⑦年4月	白布高湯→人形石→西吾妻山往復（山スキー）
21	安達太良山	1960年11月	岳温泉→くろがね小屋→馬ノ背→安達太良山→母成峠→岩代温泉
22	磐梯山	1957年9月	表登山道→弘法清水→磐梯山→弘法清水→中ノ湯→裏磐梯
23	会津駒ヶ岳	1935年6月	（尾瀬・長蔵小屋）→檜枝岐→会津駒ヶ岳→道迷いで上ノ沢→檜枝岐
24	那須岳	1961年12月	大丸温泉→峰ノ茶屋→茶臼岳→熊見曽根→三斗小屋温泉→大丸温泉
25	越後駒ヶ岳	1962年11月	枝折峠→越後駒ヶ岳→桧廊下→中ノ岳→八海山→大崎口
26	平ヶ岳	1962年9月	中ノ岐川→二岐沢→池ノ岳→平ヶ岳→水長沢→藤原⑦
27	巻機山	1936年4月	塩沢駅→清水→井戸尾根→巻機山→スキーで清水に下山
28	燧ヶ岳	1935年6月	⑦→沼尻平→ナデックボ→燧ヶ岳（往復⑦）
29	至仏山	1926年10月	藤原→狩小屋沢→至仏山→貉沢→尾瀬ヶ原
30	谷川岳	1933年　秋	谷川温泉→天神峠→谷川岳→西黒沢→湯桧曽
31	雨飾山	1957年10月	小谷温泉→荒菅沢遡行→雨飾山→荒菅沢左岸尾根→小谷温泉
32	苗場山	1925年5月	沼田駅→三国峠→清津川遡行→赤湯→苗場山→⑦
33	妙高山	1942か43年6月	赤倉→天狗平→妙高山→天狗平→池ノ平→田口駅⑦
34	火打山	1960年6月	笹ヶ峰→高谷池→火打山往復→黒沢池→火口原→燕新道→燕温泉
35	高妻山	1962年7月	中社→戸隠牧場→一不動→五地蔵→高妻山→戸隠牧場⑦
36	男体山	1942年8月5日	二荒山神社→中宮祠→男体山→志津小屋→大真名子山→小真名子山
37	日光白根山	1961〜63年8月	湯元温泉→前白根山→日光白根山→七味平→丸沼
38	皇海山	1960年5月	銀山平→庚申山→皇海山→六林班峰→庚申山荘→銀山平
39	武尊山	1959年6月	上ノ原・国鉄山の家→沖武尊→前武尊→川場道→川場温泉
40	赤城山	1926年10月	水沼→鳥居峠→大沼→黒檜山→敷島
41	草津白根山	6月	万座温泉→弓池→白根山→弓池→本白根山→殺生河原→草津温泉
42	四阿山	1961年3月	菅平→小四阿→四阿山→小四阿中腹→菅平（山スキー）
43	浅間山	1922年　夏	小諸→湯の平→浅間山→峰ノ茶屋⑦
44	筑波山	⑦	⑦
45	白馬岳	1923年7月	大町→白馬四谷→大雪渓→白馬岳→白馬大池→栂池
46	五竜岳		
47	鹿島槍ヶ岳	1934年7月	白馬頂上小屋→五竜岳→鹿島槍ヶ岳→冷乗越→大冷沢→鹿島→大町
48	剱岳	1949年　夏	粟巣野駅→弥陀ヶ原→雷鳥沢→剱岳→剱沢→池ノ平→阿曽原→欅平
49	立山	1926年8月	針ノ木峠⑦→五色ヶ原→立山方面→⑦
50	薬師岳	1950年8月	立山温泉→五色ヶ原→越中沢岳→薬師岳→（下巻P192の黒部五郎岳へ）

行程は本文中からの推測（一部『日本百名山』の本文から推測）

北アルプス北部

45 白馬岳

標高
2932m

大雪渓など豊富な残雪と
多様な高山植物の宝庫で、
「北アルプスの女王」
として君臨する

紫色で可愛らしい
ミヤマアズマギク

コースグレード｜中級

技術度｜★★★☆☆ 3

体力度｜★★★☆☆ 3

白馬岳は北アルプスでも人気があり、深田久弥も『日本百名山』の中で、「白馬岳は、槍ヶ岳と共に北アルプスで最も賑わう山である」と書いている。その理由として「高峰へ初めての人を案内するのに、好適な山である。大雪渓があり、豊富なお花畑があり、眺望がすこぶるよい。（中略）登りに変化があってしかも易しく、道も小屋も整っている」と綴り、当時の人気がうかがえる。

100
Mountains of Japan

深田久弥と白馬岳

深田が白馬岳に登ったのは1923（大正12）年7月で、河野齢蔵、岡田邦松氏ら一行が日本の登山家として最初に登った1888（明治31）年から25年後のこと。当時の乗り物は大町までしか通じておらず、1日歩いて四谷（現在の白馬村）に泊まって翌日大雪渓から白馬岳へ登り、その日のうちに白馬大池を往復したとあるから、かなりの健脚だった様子がうかがえる。その後も深田の白馬岳登山は四季を通じて続き、積雪期には栂池から山頂に登り、腹匐になって東面岩壁の氷雪の殿堂を覗いたと記している。

小蓮華山より白馬岳を振り返る（左は杓子岳と鑓ヶ岳）

1日目 猿倉から大雪渓を登り白馬岳へ

歩行時間：6時間 ｜ 歩行距離：6.2km

猿倉バス停そばの村営猿倉荘前で登山届を出し、山荘の左脇を通って立派なブナ林の中を登ると林道に出る。すぐ白馬鑓温泉への道を左に分け、さらに林道を行くと、正面に大きな白馬岳と小蓮華山が見える。

林道終点の御殿場から登山道に入って小さな橋を渡り、白馬尻へと登っていく。白馬尻小屋の前はかなり広く、ベンチもあって絶好の休憩場所となっている。

ここでトイレをすませたら、いよいよ大雪渓へと登山道を登る。雪渓末端の入口には大きなケルンが立っている。ここで軽ア

杓子岳天狗菱を左上方に大雪渓を行く

氷河公園の広大なお花畑

イゼンをつけたら、ベンガラと呼ばれる赤い道標に従って、雪渓を登っていく。途中2回ほど急斜面をやり過ごすとカール状の大斜面が見渡せ、左上部には杓子岳天狗菱が天を突くようにそそり立ち、そのスケール感に息を飲むことだろう。ただし、左右から落石の危険があるので、絶えず前方に注意するようにしよう。雪渓を転げ落ちる

プランニング&アドバイス

白馬大雪渓コースは山頂まで標高差があるので、猿倉荘か白馬尻小屋で泊まると多少楽になる。白馬大池からは乗鞍岳を越えて天狗原、栂池自然園へ出るコースと蓮華温泉へ下るコースがある。露天風呂が魅力の蓮華温泉は「日本近代登山の父」W.ウェストンが白馬岳登山の際に泊まった宿としても知られている。栂池自然園内には20分で回れるみずばしょう湿原コースや展望湿原まで1周3時間の本格的なトレッキングコースがある。宿泊施設が2つあり、時間が許せば蓮華温泉ともどもぜひ泊まっていきたいところだ。白馬岳は高山植物がお目当てなら、梅雨明け直後がベスト。

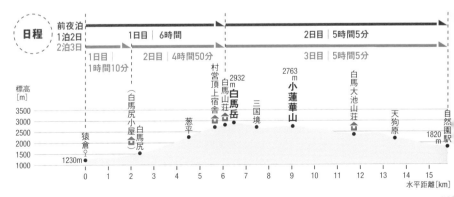

N

0   1km

1:55,000

朝日岳へ
ツバメ平
•赤男山
•2002
•1778
蓮華の森キャンプ場
1465m
蓮華温泉
白馬岳蓮華温泉ロッジ
黄金湯
薬師湯
仙気ノ湯
三国の湯
•1889

青霜ノ滝

1400
1500
1600
1700
1800

瀬戸川
蓮華の森
急な斜面
栂ノ森
1667
天然の
カラマツ林
2093

△1650

新潟県
糸魚川市

2237
倉ノ頭
•2184
•2446
2294

1936

新山道
•1743

1900

2000
2100
2200
2300
2400
2500
2600
2700

展望台
鉱山事務所跡
•1941
•1969

雪倉岳、朝日岳の
展望がよい
1926

ダケカンバの
巨木
•2308

•2103

天狗ノ庭

富山県
朝日町
•2076
雪倉岳
2611
日本二百名山

神ノ田圃

蓮華菱

•2109

白馬大池山荘
2439

•2469

乗鞍24

•1798
•2216
•2467

雪倉岳避難小屋

塩谷精錬所跡

•2235

•2406

池の北西側にお花畑が広がる。
ハクサンイチゲ、チングルマの群落

ケルン
2456

•1672

•2023

鉢ヶ岳2563
2421△

鉱山道ノ入口
•2504

(立入禁止)
•2421

•2249

雷鳥坂

2612

雷鳥平

•2471

2138

•2040

•2109

•2214

•2251

小蓮華山
2763
2719
0.40

山頂部は
2007年に崩壊

•2301

•2339

•2339

銀命水

展望湿原
2015

•2519
相模谷温泉へ
清水岳

やせ尾根の岩場
•2684
2536
2733
三国境
2751

2332

西側斜面に
コマクサが多い
東斜面はお花畑

2121

•1970

•2519
清水岳
清水平

360度の大パノラマ

白馬岳
2932

•2492

2237

•1948

•1809

小旭岳
•2636
旭岳•2867
裏旭岳
2733
2726

松沢貞逸顕彰碑

•2858

お花畑の向こうに眺める
杓子岳と鑓ヶ岳がすばらしい

•1603

村営頂上宿舎
丸山
2768

白馬山荘

2221

2.30
1.30

白馬尻

1862•

1.10
1.00

1472

前方に小蓮華山の
稜線を望む

御殿場

砂防工事
専用道路
1230m
猿倉ノ一停

△2592

2612•
最低鞍部

葱平

天狗菱

この付近から
雪渓に取り付く

白馬尻
小屋

•1802

林床に
キヌガサソウが
咲く

1502

3.00

ブナ林
猿倉荘

•2181

•1981

2377

2510

杓子岳分岐

西斜面にコマクサ
急坂

杓子岳
2812

杓子沢のコル

•2284

山腹を
横切るように進む

双子尾根

1824

3.00

湿原がある。夏のはじめに
ニッコウキスゲが咲く

小日向のコル
•1908
小日向山

双子
岩

お花畑が点在する

白馬岳、杓子岳と
鹿島槍ヶ岳方面が
一望できる

鑓ヶ岳
2903

北山稜

•1856

雪渓あり

•1446

•1597

•2452

•2559

2122•

鑓温泉分岐
2774

お花畑が広がる。
チングルマや
ハクサンコザクラの群落

南山稜
クサリ場。
滑落注意

大出原
3.00

残雪が多いときは指示にしたがって進む

白馬鑓温泉小屋
1924

不帰キレット、唐松岳へ

黒部市

平岩駅、国道148号へ

笹目尾根分岐

風吹天狗原

風吹山荘

•632

•1866

フスプリ山
1945▲

千国揚尾根

•1942

•1964

•1783

•1572

小谷村

•1894

•2072

•2072

▲1990

急斜面

天狗原

お花畑　冷たい水が得られる

銀嶺水

急坂

0.10
0.50

1638

栂池ビジター
センター

自然園駅

•1957

早大小屋

神ノ田圃

栂池自然園

成城大学小屋

1820m

1923

▲1907

鵯峰

•1753

楠川

•1900

自然園入口

1734

ワタスゲ湿原

栂池山荘

栂池ヒュッテ

栂大門駅

栂の森駅

•1565

•1707

栂池ロープウェイ

立
•929

•1722

•1688

栂池高原
スキー場

栂池ゴンドラリフト

栂池高原駅へ

•1445

•1266

長野県

白馬村

1242•

•1301

阿弥陀山
▲1256

•04

130

•1206

•508

•1071

322

•1200

•1263

1004•

•1054

1160

1159

岩蕈山
1290▲

•1203

•1244

八方・白馬駅へ

2万5000分ノ1地形図　白馬岳、白馬町

白馬岳山頂直下より望む杓子岳・鑓ヶ岳と白馬山荘

落石はあまり音がしないので、背中を向けての休憩はとても危険だ。

　大雪渓が終わると葱平（ねぶかっぴら）で、ジグザグを切りながら急斜面を登るが、色とりどりの高山植物に目を奪われるだろう。小雪渓の急斜面を右へと慎重にトラバースし、避難小屋を過ぎるといよいよ氷河公園と呼ばれる高山植物のパラダイスだ。ここは花の種類を変えながらも夏の終わりまで花が絶えることはなく、白馬連峰でも有数のお花畑スポットといえるだろう。

　この日は稜線直下でキャンプ場がある**村営頂上宿舎**か、稜線を約20分登り、白馬岳の山頂直下に建つ**白馬山荘**（はくば）に泊まる。

2日目 山頂から白馬大池、栂池へ

歩行時間：5時間5分｜歩行距離：9.7km

　お洒落なスカイプラザがある白馬山荘の中央を通り、しばらく登ると**白馬岳**の山頂

三国境より鉢ヶ岳・雪倉岳・朝日岳方面の展望

19

だ。富山側はなだらかで信州側は絶壁という非対称山稜が顕著な山頂からはすばらしい展望が広がり、いちばん高いところに新田次郎の小説『強力伝』で有名になった大きな展望盤がある。

展望を満喫したら、気持ちのよい稜線を進み、馬ノ背の岩場を慎重に下っていくと三国境。その名の通り、長野県、富山県、そして新潟県の県境だ。ここで雪倉岳・朝日岳方面の道を分け、砂礫の斜面を少し下り、登り返すと小蓮華山だ。山頂には大きな鉄剣が立っている。

ハクサンイチゲやシナノキンバイが咲くお花畑を抜け、展望のよい船越ノ頭を経て雷鳥坂の緩やかな斜面を下っていく。山上の瞳のような白馬大池にはチングルマやハクサンコザクラ、ハクサンイチゲなどが咲

乗鞍岳へ向かう登山道より白馬大池を振り返る

き乱れるお花畑があり、白馬大池山荘の前が絶好のキャンプサイトになっている。

ここで蓮華温泉への道を左に分けて、大きな岩を縫うように白馬大池を時計回りに約半周しながら緩やかに登ると、乗鞍岳の山頂に到着する。あたりは岩とハイマツの広い平坦地で、大きなケルンと道標が立っている。雪渓が残る急斜面から大きな岩の間を慎重に下って高層湿原の天狗原へ。

木道に出て、左に風吹大池への道を分けるとベンチのある広い休憩所に着く。最後はあまり展望のない樹林帯の中を一気に自然園駅まで下る。時間があれば、ぜひ栂池自然園を散策していくとよいだろう（一周約3時間）。

雪倉岳をバックに立つ小蓮華山山頂の鉄剣

おすすめの撮影ポイント

白馬連峰は撮影ポイントが目白押しだが、大雪渓上部の氷河公園、白馬山荘直下、小蓮華山周辺、白馬大池に大きなお花畑があり、またサブコースの白馬鑓温泉上部の大出原にも白馬連峰最大級のお花畑がある。山上の瞳・白馬大池、八方池は撮影ポイントとして有名だ。意外に知られていないのが白馬山荘から山頂へ向かって右端の展望台で、ご来光はもちろん、山頂に登ってしまうと見えない白馬岳から小蓮華山などがすばらしい。

その他のコースプラン

まず白馬大池までは掲載のコースをたどり、蓮華温泉に下るプラン（白馬大池から

乗鞍岳山頂にある大ケルン。背景は小蓮華山と白馬岳

天狗原にて。横幅のある乗鞍岳が印象的だ

3時間）は下山後の温泉、特に仙気の湯や薬師の湯など野趣あふれる露天風呂が魅力だ。JR糸魚川駅まで直通バス（7〜10月運行）があるので、北陸新幹線が利用できて交通の便もとてもよくなった。

　また、白馬三山（白馬岳、杓子岳、鑓ヶ岳）を縦走して白馬鑓温泉を経由して猿倉に下山する周回コースも効率がよい（白馬岳から約9時間）。

　健脚向きには南下して天狗ノ頭から不帰ノ嶮を通過して唐松岳に登り、八方尾根を下山（白馬岳から約10時間半）、または五竜岳まで縦走し、遠見尾根を下山するロン

グコースがある（白馬岳から五竜岳往復を含む16時間弱）。また三国境から北上し、雪倉岳を経由して朝日岳へ向かうコースは高山植物が多く、花好きにはたまらない（朝日岳へ6時間弱）。

　ほかにもそのまま日本海の親不知へ向かう栂海新道や、白馬岳から清水岳を経由して標高差2000m近くを下って祖母谷温泉に出る手強いコースもある。

文・写真／菊池哲男

白馬岳山頂にある方位盤。遠景は剱岳

アクセス

東京から白馬方面へは上信越道長野ICからもアクセスできる。猿倉へのバスは八方を経由するので、マイカー組は八方にある大駐車場に車を置いてバスで猿倉に入り、栂池高原からバスで八方に戻るのがよいだろう。起点の猿倉にも大きな駐車場があるので、猿倉までマイカーで入った場合、栂池高原からタクシーでマイカーを回収することになる。

問合せ先

[市町村役場] 白馬村観光局 ☎0261-72-7100、小谷村観光連盟 ☎0261-82-2233
[交通機関] アルピコ交通（バス）☎0261-72-3155、白馬村観光開発（栂池パノラマウェイ）☎0261-72-3150、白馬観光タクシー ☎0261-72-2144、アルプス第一交通 ☎0261-72-2221、アルピコタクシー ☎0261-23-2323
[山小屋] 村営猿倉荘 ☎0261-72-4709、白馬尻小屋・白馬山荘・白馬大池山荘 ☎0261-72-2002、白馬岳頂上宿舎 ☎0261-75-3788、栂池ヒュッテ ☎0261-83-3136、村営栂池山荘 ☎0261-83-3113

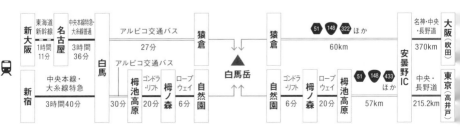

新大阪 →[東海道新幹線]→ 名古屋 1時間11分 →[中央本線特急・大糸線直通 3時間36分]→ 白馬 →[アルピコ交通バス 27分]→ 猿倉 →▲白馬岳

新宿 →[中央本線・大糸線特急 3時間40分]→ 白馬 →[アルピコ交通バス 30分]→ 栂池高原 →[ゴンドラ・リフト 20分]→ 栂ノ森 →[ロープウェイ 6分]→ 自然園 ↑ ▲白馬岳

▲白馬岳 ↓ 自然園 →[ロープウェイ 20分]→ 栂ノ森 →[ゴンドラ・リフト 6分]→ 栂池高原 →[51 148 433 ほか 57km]→ 安曇野IC →[名神・中央・長野道 370km]→ 大阪（吹田）

▲白馬岳 →[51 148 322 ほか 60km]→ 安曇野IC →[中央・長野道 215.2km]→ 東京（高井戸）

五竜岳

（ごりゅうだけ）

標高
2814m

最短ルートながらも
アップダウンの激しい
遠見尾根から
憧れの五竜岳へ

後立山連峰において大きな姿を見せる男性的な山で、春には山名の由来となった武田菱の雪形が現れる。メインとなる登山道は東に派生する遠見尾根。クサリ場などの危険箇所は少ないが、起点のアルプス平から山頂までの標高差が1200mもあり、なおかついくつものピークを越えるため、アップダウンも大きい。山頂からの展望もすばらしく、剱岳や鹿島槍ヶ岳の雄姿が印象的だ。

地蔵ノ頭にある大きなケルン

コースグレード	中級

技術度｜★★★☆☆　3

体力度｜★★★☆☆　3

100
Mountains of Japan

深田久弥と五竜岳

深田は五竜岳に対し、「北安曇野から後立山連峰を眺めると、高さは特別ではないが、山岳雄偉、岩稜峻属、根張りのどっしりした山が眼につく。それこそ大地から生えたようにガッチリしていて、ビクとも動かないと言った感じである」と表し、「それはまるで岩のコブだらけの、筋骨隆々と言った上体を現している。（中略）ゴツゴツした荒々しい男性的な力強さをそなえている」と続けている。深田が五竜岳へ初めて登ったのは30年前に後立山縦走中との記述があるが、それ以外詳細は書かれていない。

白岳直下から見るどっしりした五竜岳と五竜山荘

小遠見山から五竜岳（右）と鹿島槍ヶ岳を望む

1日目 遠見尾根を五竜山荘へ登る

歩行時間：5時間30分 | **歩行距離：6.6km**

テレキャビン終点の**アルプス平**から高山植物が咲き乱れる高山植物園の中を通り、大きなケルンが立つ**地蔵ノ頭**へ。直下までアルプス平から少し下ったところに乗り場があるリフトを利用することもできる。わずかに下った鞍部からブナ林の中を見返坂と呼ばれる200段超の急な丸太の階段を登り、見返平テラスへ。さらに一ノ背髪、二ノ背髪と登ると、ベンチのある**小遠見山**山頂だ。鹿島槍ヶ岳北壁とともに近年氷河に認定されたカクネ里がよく見える。

ここから五竜岳を正面に中遠見山、**大遠見山**とアップダウンをくり返し、西遠見ノ池がある広場に出る。さらに大きなダケカンバがある道を登り、いったん鞍部へ下っ

展望を楽しみながら山頂直下を登る

て急な階段を登り返す。途中、クサリのついた岩場もあるが、大したことはない。

五竜岳を左に見上げながらぐんぐんと高度を上げていくと白岳で、登山道からわずかに外れたところに展望台がある。すぐ先で唐松岳方面からの縦走路と合流し、**五竜山荘**へと下っていく。ごつごつとした五竜岳が大きく立ちはだかり、小屋の目の前がキャンプ指定地になっている。

プランニング＆アドバイス

ここで紹介するコースは、五竜岳への最短コースである遠見尾根を往復するもの。最短とはいえ途中アップダウンが多くあり、それなりの体力が求められる。五竜山荘から五竜岳間も山頂直下にはクサリのついた岩場もあり、遠見尾根も登り返しのアルバイトがあるので思いのほか時間がかかる。この日のうちに遠見尾根を下山する場合は最終のゴンドラ時間（アルプス平駅発16時30分）を見据えて、早め早めの行動を心がけたい。

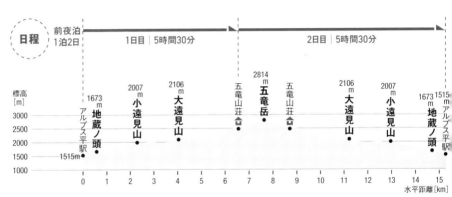

　小屋の前でご来光を拝んだら、荷物を軽くしていよいよ五竜岳の山頂へ向かおう。登山道はほぼ稜線の黒部（富山県）側につけられている。登るにつれてしだいに岩山の様相を呈し、G0、G2と呼ばれる岩峰のひだを右から巻いて高度を上げていく。足場はしっかりしているが、くれぐれもスリップしないよう気をつけよう。特に下山の際は要注意だ。G2の岩峰を巻き終えると少し平らになり、その先で山頂への急斜面に取り付く。途中クサリ場を慎重に越えて、ゴツゴツした岩の尾根上を行く。鹿島槍ヶ岳方面への分岐に立つ道標（視界のない時だとここを五竜岳山頂と間違う人が多い）を過ぎると傾斜もなくなり、まもなく**五竜岳**の山頂だ。

　大展望を満喫したら、慎重に**五竜山荘へ**と下る。山荘で荷物をピックアップしたら白岳へわずかに登り返し、長大な遠見尾根へ。アップダウンをくり返して下降していき、**アルプス平**でフィナーレとなる。

その他のコースプラン

　遠見尾根はアップダウンが多く、標高差もあるので、登山口の標高が高く、比較的登りやすい八方尾根からアプローチするコースも人気がある。足が速いパーティなら五竜山荘1泊での縦走も可能だが、日程に余裕があれば初日に八方池山荘泊、翌日早出して、唐松岳からややスリリングな稜線縦走で五竜山荘に入り、3日目に五竜岳を往復して遠見尾根を下山するプランも考えられる。もちろん逆コースも可能で、初日に遠見尾根を登り、翌日唐松岳まで縦走して、八方尾根を下る。鹿島槍ヶ岳から八峰キレットを越えて五竜岳に達するコースは途中エスケープルートがなく、経験者向き。

文・写真／菊池哲男

五竜岳山頂からは剱岳が近い

問合せ先
[市町村役場] 白馬村観光局 ☎0261-72-7100、白馬五竜観光協会 ☎0261-75-3700
[交通機関] アルピコ交通（バス）☎026-254-6000、白馬五竜テレキャビン ☎0261-75-2101、白馬観光タクシー ☎0261-72-2144
[山小屋] 五竜山荘 ☎0261-72-2002（白馬館）

アクセス
ハイシーズンには神城駅〜とおみ駅間に無料シャトルバスが運行。マイカーはとおみ駅の白馬五竜スキー場大駐車場（無料）を利用する。テレキャビンは6月中旬〜10月下旬の運行で、運転時間は8時15分〜16時30分（変動あり）。

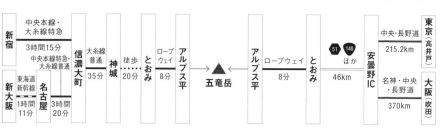

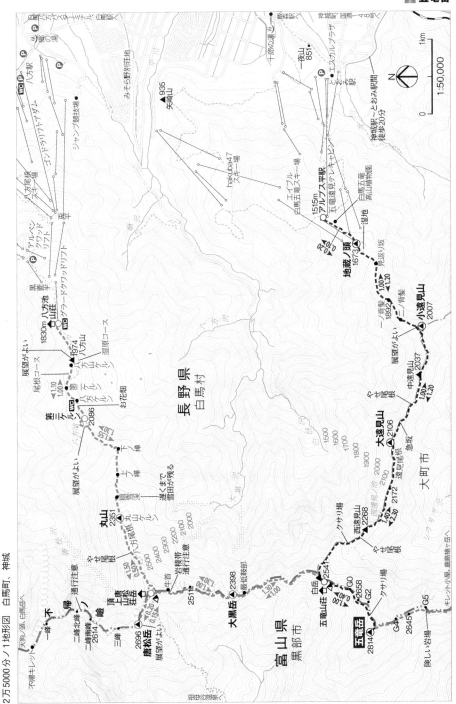

2万5000分ノ1地形図 白馬町、神城

47

鹿島槍ヶ岳
（鹿島槍岳）
（かしまやりがたけ）

歩きやすい柏原新道で
種池平のお花畑で憩い、
爺ヶ岳を越えて
鹿島槍ヶ岳をめざす

標高
2889m
（南峰）

長野県大町市と富山県黒部市、立山町にまたがる名山。
最高点の南峰と40mほど低い北峰からなる双耳峰で、
両ピーク間はなだらかな吊尾根で結ばれている。山名の
「鹿島」は、東麓の鹿島集落に由来する。登山コースは
何本かあるが、1967（昭和42）年に種池山荘主人・柏
原正泰氏らの尽力により開通した柏原新道から爺ヶ岳を
経由する登山者が大半を占める。

100
Mountains of Japan

深田久弥と鹿島槍ヶ岳

深田久弥が初めて鹿島槍ヶ岳の山頂に立ったのは、31歳だった1934（昭
和9）年の夏のこと。岳友の小林秀雄と登ったとあるが、残念ながらその
ルートなど詳細は記されていない。深田の鹿島槍ヶ岳への想いは相当強く、
「鹿島槍は私の大好きな山である。高い山に立って北アルプス連峰が見え
てくると、まず私の眼の探すのは、双耳峰を持ったこの山である。（中略）
その品のいい美しさは見飽きることがない」「一たんその良さがわかると、
もう好きで堪らなくなる」と記している。

コースグレード	中級
技術度	★★★☆☆ 3
体力度	★★★☆☆ 3

鹿島槍ヶ岳の山頂（左が南峰、右奥が北峰）が眼前に迫る布引山

1日目 柏原新道を登って種池へ

歩行時間：**4時間15分**｜歩行距離：**5.8km**

　扇沢のバスターミナルから車道を少し戻り、扇沢に架かる大きな橋を渡ると爺ヶ岳**柏原新道の登山口**。天気がよければ橋の上からめざす種池山荘が見えるはずだ。ここから沢沿いの樹林帯に入り、「モミジ坂」の急斜面を登っていくと「ケルン」がある。この先、登山道は山の中腹をトラバースするようにつけられており、「石畳」「水平道」

種池平のお花畑と蓮華岳（左）、針ノ木岳（中央）

など要所に黄色い看板がかけられて、最後に「鉄砲坂」の急坂をやり過ごすと視界が開け、三角屋根が目印の**種池山荘**に着く。

柏原新道の「水平道」を行く

プランニング＆アドバイス

扇沢の爺ヶ岳登山口から爺ヶ岳を経由し、鹿島槍ヶ岳を往復するには種池山荘・冷池山荘と2泊するのが適当だが、足の速い人ならば冷池山荘1泊での往復も可能だ。長野駅から信濃大町駅経由で扇沢ターミナルに直行するバスがあり、これを利用すると、その日のうちに種池山荘に入ることができる。もちろん、大松温泉郷や信濃大町駅周辺で前泊すれば、さらに体力的にも優しくなり、朝早く出発すれば、その日のうちに冷池山荘に入ることができる。

2日目 鹿島槍ヶ岳に登頂後、冷池山荘へ

歩行時間：**7時間5分**｜歩行距離：**9.4km**

　爺ヶ岳を正面にチングルマやコイワカガミ、コバイケイソウの咲くお花畑を通って剱岳やめざす鹿島槍ヶ岳が見える稜線に出る。ハイマツの中のガレ場を進み、ジグザグに高度を稼げば**爺ヶ岳南峰**だ。大展望を満喫したら、稜線の西側につけられた登山道をたどる。時間があるようなら爺ヶ岳最高峰の中央峰を経由してもよい。

　終始、剱・立山連峰や鹿島槍ヶ岳を見ながら小さなアップダウンを繰り返し、北峰直下から**赤岩尾根分岐**の冷乗越（実際は少し先の鞍部）に下る。ここから樹林帯をわ

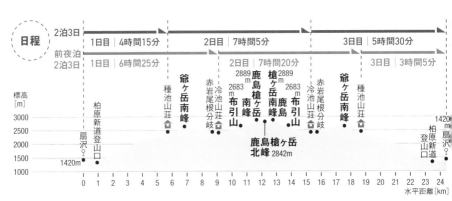

ずかに登り返せば**冷池山荘**だ。ここで不必要な荷物をデポし、鹿島槍ヶ岳へ向かおう。すぐ上にあるテント場を過ぎると稜線の東側を行くようになるが、ここもお花畑になっており、夏のシーズンにはさまざまな高山植物が咲き乱れる。稜線に出たら森林限界で、ハイマツの中、どんどん高度を上げていくと**布引山**だ。ここまで来ると鹿島槍ヶ岳が大きく立ちはだかる。登山道脇の高山植物にも助けられ、最後はジグザグに急斜面を登れば**鹿島槍ヶ岳南峰**に到着だ。**北峰**へは岩場の急斜面を慎重に下って、吊尾根の鞍部に出て、八峰キレットへの道を分けてわずかに登り返す。意外と時間がかかるので、くれぐれも無理しないようにしたい。この日は**冷池山荘**に泊まる。

360度の展望を誇る鹿島槍南峰山頂（右は剱岳）

3日目 爺ヶ岳を越えて下山

歩行時間：5時間30分｜歩行距離：9.1km

冷池山荘をあとに**爺ヶ岳南峰**、**種池山荘**経由で**扇沢**へ往路を戻るか、赤岩尾根を大谷原へ下る（赤岩尾根は下記「その他のコースプラン」参照）。

その他のコースプラン

鹿島槍の最短ルートとして知られているのが、大谷原から赤岩尾根経由で稜線に出るルート（冷池山荘へ6時間半）。赤岩尾根は急登の連続でぐんぐん標高が稼げて気持ちがよいが、体力が試される。下山の際は滑落に要注意。五竜岳から八峰キレットを越えて鹿島槍に至るルートは後立山屈指の難ルートで、クサリやハシゴが連続する。途中エスケープルートもないため、ベテラン向きといえる（五竜岳から7時間強）。

文・写真／菊池哲男

問合せ先
［市町村役場］大町市役所 ☎0261-22-0420
［交通機関］アルピコ交通（バス）☎026-254-6000（長野駅発）・☎0261-72-3155（信濃大町駅発）、北アルプス交通（バス）☎0261-22-0799、アルプス第一交通（タクシー）☎0261-22-2121、アルピコタクシー☎0261-23-2323（ともに信濃大町駅）
［山小屋］種池山荘・冷池山荘 ☎0261-22-1263

アクセス
扇沢へは長野駅からのバスのほか、JR大糸線信濃大町駅からの便がシーズン中は30分〜1時間ごとに運行されている。マイカーは柏原新道登山口周辺の駐車場を利用するが、ハイシーズンは早朝から満車になるので、その際は扇沢の駐車場に車を停める。

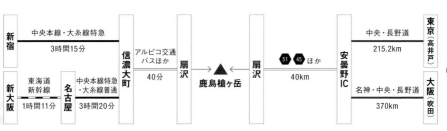

新宿	中央本線・大糸線特急 3時間15分		信濃大町	アルピコ交通バスほか 40分	扇沢	→	▲鹿島槍ヶ岳	←	扇沢	51 45 ほか 40km	安曇野IC	中央・長野道 215.2km	東京（高井戸）
新大阪	東海道新幹線 1時間11分	名古屋	中央本線特急・大糸線普通 3時間20分									名神・中央・長野道 370km	大阪（吹田）

48

劒岳
（つるぎだけ）

（剣岳）
（つるぎだけ）

チングルマの群落

コースグレード｜**上級**

技術度｜★★★★★ 5

体力度｜★★★☆☆ 3

標高
2999m

険しくそびえる
「岩と雪の殿堂」劒岳。
憧れの天険に室堂起点で
別山尾根ルートから登る

万葉集にも、その荒々しく強く硬い岩と雪の要塞のような姿が詠われていたとされる劒岳。昔も今も、里から山中から望んでも、見るものを引きつけてやまない魅力あふれる山だ。ルートに取る別山尾根は、平蔵の頭、カニのたてばい、よこばいなど、名だたる難所が連続する険しいコース。充分に岩稜登高技術を身につけたうえで、体力、天候判断など、万全の状態で臨みたい。

100
Mountains of Japan

深田久弥と劒岳

明治40年に陸軍陸地測量部が劒岳に登頂した際に、槍の穂と錫杖の頭がその山頂で発見された。いつ、どこから、誰が、この劒岳に登ったのか。万葉の時代から歌に詠われ、立山曼荼羅では登ってはいけない地獄の針の山として恐れられてきた劒岳。その険しいフォルムとともに、劒岳にまつわる「謎」が、深田久弥にとって強い興味や魅力の対象であったと思われる。本項では深田自身の劒岳登頂のエピソードは登場しないが、仙人池（おそらく池ノ平）から望む劒岳が「一番みごと」な景観だと紹介している。

劒岳をめざし、13カ所以上のクサリ場がある別山尾根を行く

1日目 室堂から剱澤小屋をめざす

歩行時間：3時間35分｜歩行距離：5.1km

　室堂ターミナルをあとにミクリガ池畔沿いの遊歩道をたどる。キャンプ場のある雷鳥沢を過ぎると、一ノ越方面へのルート、続いて奥大日岳方面へのルートと別れ、別山乗越へ向けて急登を行く。剱御前小舎の建つ別山乗越からは別山の北西斜面を巻くように下っていく。ほどなく富山県山岳警備隊派出所のある剱沢キャンプ場、さらに小尾根を下ると剱澤小屋に着く。

2日目 剱澤小屋から剱岳往復

歩行時間：7時間10分｜歩行距離：5.6km

　剱澤小屋から剱沢上部を大きく巻いていく。雪渓をトラバースする箇所があるが、早朝は雪が硬く凍りつき、滑りやすい。さらにチングルマが美しいお花畑を抜けると剣山荘に着く。別山乗越から直接剣山荘へ下ることも可能だが、上部の雪渓では滑落注意。

　いよいよ別山尾根に取り付く。この先剱岳山頂へは13カ所ものクサリ場があり（実際のクサリの数はそれ以上）、それぞれ番号がつけられている。一服剱を越え、武蔵

のコルからガレ場の急登を行く。前剱大岩の左手をクサリに沿って抜け、さらに左上して稜線に出るとほどなく前剱だ。前剱の手前では登下降路が分かれる。前剱は絶好の休憩地。剱岳や岩峰連ねる源次郎尾根、後立山の眺めがすばらしい。

　前剱をあとに、不安定な岩稜から鉄の橋を渡って岩峰を巻き、前剱の門に下る。続く高度感抜群の平蔵の頭、さらに平蔵谷上

登下降のクサリ場が分かれている平蔵の頭

プランニング＆アドバイス

体力に自信があり、岩場に慣れた人なら1泊2日での計画も可能だが、余裕を持ったプランニングを心がけたい。室堂発の最終便の時間も考慮すること。剱岳周辺には剱澤小屋のほか、剣山荘、剱御前小舎があり、どの小屋からでも往復登山が可能。各小屋の予約状況などを考慮して宿泊先を決めるとよい。帰りは別山乗越から往路を取らず、新室堂乗越経由、あるいは立山方面への縦走などにすれば、より充実したプランになる。

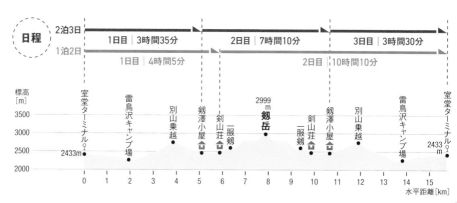

小さな社が立ち、パノラマの広がる剱岳山頂

部の岩峰群を巻くと平蔵のコル。ここからはじまる急な岩場がカニのたてばいだ。クサリや鉄杭に頼ってこれを越え、傾斜が落ちたガレ場をたどれば待望の**剱岳**山頂だ。

　下りはカニのよこばいへ。高度感のあるトラバースはクサリに頼って思い切りよく。さらにハシゴとクサリで平蔵のコルへ下る。平蔵の頭、前剱と越えて下っていくが、前剱の下りは登頂後の気の緩みに起因する事故が多く発生しているので要注意。**一服剱**を越えて、**剣山荘**、さらに**剱澤小屋**へ向かう。

３日目 剱澤小屋から室堂へ
歩行時間：**3時間30分** | 歩行距離：**5.1km**

　最終日は、剱澤小屋から**別山乗越**を経て**室堂ターミナル**へと下ろう。

その他のコースプラン

　別山尾根と並び、剱岳の一般ルートとして多くの登山者を迎えているのが西側の早月尾根だ。登山口の馬場島から登る、標高差約2200mにもおよぶ長大なルートである。前半はブナやタテヤマスギが茂る樹林帯、後半は獅子頭やカニのハサミなどの岩峰が連続する、もろく急峻な岩稜を歩く。2200m付近には、食事と寝具つきで宿泊できる早月小屋があり、ここをベースに登るのが一般的だ。なお、馬場島へは公共交通機関はないので、マイカーもしくはタクシーを利用して入る。馬場島荘とキャンプ場があるので前泊も可能。

文・写真／星野秀樹

問合せ先
［市町村役場］立山町役場☎076-463-1121
［交通機関］富山地方鉄道☎076-432-3456、立山黒部貫光（立山黒部アルペンルート）☎076-432-2819、アルピコ交通（バス）☎0261-72-3155
［山小屋］剱御前小舎☎080-8694-5076、剱澤小屋☎080-1968-1620、剣山荘☎090-2372-5799

アクセス
室堂へはアルペンルートを利用して入る。長野側の扇沢から入る大町ルート、立山から入る富山ルートの２ルートがある。夏や紅葉シーズン中は大混雑し、大幅に時間がかかることがあるので余裕を持った計画。北陸新幹線開業により、東京方面からも富山ルートへのアクセスが容易になった。マイカーは扇沢か立山駅の駐車場に停め、アルペンルートで室堂へ。

下りの難所、カニのよこばいを慎重に下る

※東京方面からは長野県側の扇沢からアルペンルート経由でアクセスする方法もある

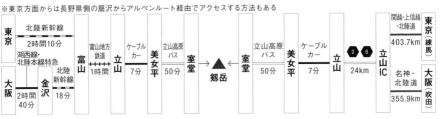

N
0 1km
1:50,000

・1173
ベンチのある広場
松尾平
・887
976
1563△
1614
1512

馬場島
P 750m
333
762
五本杉ノ平
馬場島荘
WC
上市駅・滑川ICへ
・1173
ベンチのある広場
松尾平
早月小屋へ
・1047
ゲート
馬場島へ
※右図へ続く

ゲート
馬場島へ ※右図へ続く
1.00 0.40
1047
松尾奥ノ平
立山杉の巨木が見られる
菊石
・1625
985・
クズバ山 ・1876
1519・
・1364
樹林帯の急登が続く。木々のあいだから赤谷山、猫又山が望まれる
1551
早月尾根
1.30
1921△
三角点
ニッコウキスゲ
コバイケイソウ
1.30 1.00
はるか劔岳を望む小さな池塘がある
2224mピーク
早月小屋 WC
ロープの急斜面
2600m標識
チングルマ
シナノキンバイ
2260・
カニのハサミ
カニのたてばい（上り）
カニのよこばい（下り）
2614
クサリ
獅子頭
主に池ノ谷側を行く
劔岳（剣岳）
△2999
平蔵のコル
平蔵の頭
2709・

小窓尾根
2505・
小窓
2650・
小窓ノ王
2721・ 三ノ窓

別山尾根
前劔
2813
前劔大岩
2.40 2.10
武蔵のコル 一服劔
2618
0.40 1.30
黒ユリのコル
剣山荘
2464・
登山研修所
夏山前進基地
0.40 0.30
劔澤小屋
2662
2646・
WC

奥大日尾根
1885・
・1701
1387・
西大谷山
△2087
富山県
上市町
1926・
1833・
・2112
2138・
・2222
2162・
劔御前
三角点
2777△
1.00 1.30
管理所
野営場管理所
0.45 1.05
別山
2880・

最低鞍部
日本二百名山
奥大日岳
△2606
2611
奥大日岳最高点
2409
カガミ谷乗越
2511
室堂乗越
2390
新室堂乗越
2.40 2.10
2792
別山乗越 WC
小舎御前
小劔御前
2750・
2874・
内蔵助山荘
真砂岳
2861・
大走り分岐
・2860

大日岳へ
1969・
立山有料道路（一般車通行止め）
2205
鏡石
天狗ノ鼻
2017
天狗平
2309
関西学院大ヒュッテ
弥陀ヶ原、立山駅へ
天狗山
・2521
天狗平山荘
立山高原ホテル
通行止め
地獄谷
2314 みくりが池温泉
ロッジ立山連峰
雷鳥沢ヒュッテ
2277
雷鳥平
雷鳥沢キャンプ場 WC
雷鳥荘
1.05 0.50
2358・
1.20 2.00
ホテル立山
室堂ターミナル WC
立山自然保護センター
2433m
立山室堂山荘
2445
立山町
富士ノ折立
2999
大汝山
3015
大汝休憩所
立山
雄山神社
雄山
3003
一ノ越へ

2万5000分ノ1地形図 立山、劔岳

北アルプス北部／富山県

立山
たてやま

広大な室堂平の
東面に、険しい
岩屏風のように
そびえる日本三霊山

標高
3015m
（大汝山）

室堂平の東に連なる浄土山、立山、別山を合わせて立山三山と呼ぶ。その盟主たる存在の雄山と、最高峰の大汝山をめざす。さらに稜線を浄土山へとたどる、「プチ縦走」プランだ。アルペンルートでアプローチでき、比較的危険な岩場などが少ないため、北アルプス3000m峰初心者にもおすすめだ。稜線上には一の越山荘と大汝休憩所があり、緊急時のエスケープに利用できる。

雄山最高点に立つ雄山神社

コースグレード｜**中級**

技術度｜★★★☆☆ 3

体力度｜★★☆☆☆ 2

100
Mountains of Japan

深田久弥と立山

深田にとって立山は、「私がその頂を一番数多く踏んだ山の一つ」（ただし歩行ルートは不明）。『日本百名山』内では古くから開かれた伝統ある信仰の山として、その歴史と自然景観を紹介している。その一方、アルペンルートにより立山が「繁華な山上遊園地」になるのではないかと危惧する。本書が書かれた1964年は、富山側ルートのバスが室堂まで入れるようになった年であった。それでも彼は、雄山からのご来光の風景に、立山が「天下の名峰」であることを確信する。その感動をぜひ我々も体感したい。

ミクリガ池を前景に、立山（正面）と浄土山（右）

室堂を見下ろす一ノ越。ここから急登が始まる

日帰り 室堂から立山、浄土山へ
歩行時間：5時間 | 歩行距離：7.7km

　室堂ターミナルをあとに石畳の遊歩道を行く。立山室堂山荘の手前で室堂山方面へ向かうルートと分かれて、浄土山の北面山腹を巻くようにして登っていく。途中、時期が早いと雪渓を横断するが、早朝や雨天時には滑りやすいので注意。

　傾斜が増しはじめ、ほどなく祓堂を通過する。ここは雄山神社の神域の入口となるもので、かつての登拝者はここでお祓いを受けてから雄山をめざしたという。やがて石畳の登りはつづら折りのつらい登りとなり、ひと頑張りで**一ノ越**に着く。

　室堂から続いた遊歩道もここで終わり、この先は本格的な登山道となる。雄山への登りはもろいガレ場の急登が続く。登下降路がペンキ印によって分けられているので見落とさないこと。シーズン中は登山者の行列となることもあるが、無理な追い越しなどせず、譲り合いの気持ちを忘れないようにしたい。

　門のような大岩があるあたりが二ノ越。続く三ノ越を過ぎて傾斜がひと段落した小広場が四ノ越。さらにガレた急斜面を登りきると社務所のある**雄山**の肩に出る。雄山最高点は鳥居をくぐった先で、ここへ登る

プランニング＆アドバイス
日帰りでも可能だが、室堂での前泊がおすすめ。時間にゆとりが生まれ、高所順応の意味でも体にやさしいプランになる。初日はゆっくり散策して、体を高度に慣らしておくとよい。稜線上に建つ一の越山荘に泊まるのもおすすめ。夕日・朝日を満喫できる、稜線泊ならではの贅沢プランだ。また、浄土山からの下りは急傾斜なので、下りに自信のない人は逆コースでたどるほうがよい。

雄山への急坂を登る。後方は龍王岳（左）と浄土山

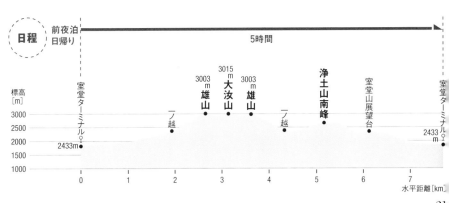

立山連峰最高峰の大汝山山頂。後方の山は劔岳

には登拝料が必要となる。

　立山最高峰（3015m）の大汝山へは、滑りやすい雄山の北西面を巻いて縦走路をたどる。左手足もとには、箱庭のような室堂平を見下ろす。大汝休憩所の手前で縦走路を離れ、標識に従って右手へ岩場をつたうと、**大汝山**に着く。山頂は岩塔になっている。

　雄山を経由して**一ノ越**へ戻るが、雄山からの下りはもろい急斜面が続くので、落石や転倒に要注意。

　一ノ越から尾根づたいに進み、立山三山のひとつ浄土山をめざす。先ほどまでのガレ場と違い、ゆったりとした尾根が続く。途中、短いが急な岩場を越えると富山大学立山研究所のある**浄土山の南峰**に着く。山

頂部は広場になっていて、五色ヶ原や薬師岳方面の展望がよい。起伏の緩い稜線をたどると、軍人慰霊碑のある浄土山北峰。ここから大岩が点在する急斜面なので、転倒に注意して慎重に下ろう。

　やがて傾斜が落ちると、室堂山との分岐である浄土山登山口に着く。付近は雪渓が残るので、ルートに注意。**室堂山展望台**は立山カルデラを望む好展望地なので、ぜひ立ち寄りたい場所だ。

　室堂ターミナルへは遊歩道をたどる。

その他のコースプラン

　往路を一ノ越に戻らず、大汝山から富士ノ折立、真砂岳、別山方面へと北上し、別山乗越から雷鳥沢キャンプ場（雷鳥平）を経て室堂ターミナルに戻るロングコースもおすすめ。歩行時間が長く、より体力、技術が必要だが、すばらしい展望が楽しめる（大汝山から室堂ターミナルへ約4時間30分）。富士ノ折立と真砂岳の中間点から大走谷を雷鳥平に下る短絡路もある（大汝山から室堂へ約3時間）。

文・写真／星野秀樹

立山から見た雪の残る室堂と大日岳（左）と奥大日岳

アクセス
扇沢、立山駅にはそれぞれ駐車場があるが、シーズン中の連休などには大混雑する。駅から少し離れた駐車場に誘導され、シャトルバスなどを利用してアクセスすることになるので時間に余裕を持った計画を立てること。扇沢までの道路が大渋滞することもあるので、事前の情報や現地の案内などに注意しよう。

※東京方面からは長野県側の扇沢からアルペンルート経由でアクセスする方法もある

| 東京 | 北陸新幹線 2時間10分 | | 富山 | 富山地方鉄道 1時間 | 立山 | ケーブルカー 7分 | 美女平 | 立山高原バス 50分 | 室堂 | ▲ 立山 | ← | 室堂 | 立山高原バス 50分 | 美女平 | ケーブルカー 7分 | 立山 | 立山IC | 3 6 | 24km | 立山IC | 関越・上信越・北陸道 403.7km | 東京（練馬） |
| 大阪 | 湖西線・北陸本線特急 2時間40分 | 金沢 | 北陸新幹線 18分 | | | | | | | | | | | | | | | | | | 名神・北陸道 355.9km | 大阪（吹田） |

剣山荘、剱岳へ
劔澤小屋、剱岳へ

上市町

剱御前山
2792

滑りやすい
ガレの斜面

別山乗越

別山
北峰
2880

南峰
2874

剱岳の観観が最高

WC
剱御前小舎

0.10

雷鳥坂

0.25
0.30

室堂乗越

新室堂乗越
2390

1.00
0.55

1.20
2.00

2750

内蔵助山荘

ロッジ立山連峰

雷鳥沢
キャンプ場

雷鳥平

ガレ場

真砂岳 ▲2861

雷鳥沢ヒュッテ

2277

1.30
2.30

急な下り

2860

0.10

野営場
管理所

WC

大走り分岐

内蔵助カール

火山ガス情報ステーション

エンマ台

2358

1.05

山崎カール

0.20
0.30

岩ザレ

みくりが池温泉

富士ノ折立
▲2999

0.15

室堂ターミナル
2433m

玉殿の湧水

室堂平

立山の山崎圏谷

大汝山
3015 ▲

大汝休憩所

立山

ホテル
立山

WC

玉殿岩屋

立山室堂山荘
2445

立山トンネル
（専用自動車道）

雄山神社

WC
3003
2992

0.20

雄山

自然保護センター

1.00
0.50

祓堂

一ノ越

1.00
0.40

国見岳
▲2621

0.40
0.50

大岩が点在する
急斜面

2705

一の越山荘

WC

ガレ場の
急斜面

雪渓注意

浄土山
北峰
2831

立山研究所大学

0.30
0.20

室堂山

室堂山展望台

0.40
0.30

浄土山南峰

龍王岳
▲2872

0.30
0.20

富山県
立山町

N

0 500m

1:30,000

五色ヶ原、薬師岳へ

東一ノ越へ

問合せ先
［市町村役場］立山町役場☎076-463-1121
［交通機関］富山地方鉄道☎076-432-3456、
立山黒部貫光（立山黒部アルペンルート）
☎076-432-2819、アルピコ交通（バス）
☎0261-72-3155
［山小屋］立山室堂山荘☎076-463-1228、
一の越山荘☎090-1632-4629、大汝休憩所
☎090-8704-7006

浄土山付近から振り返った立山と剱岳（左奥）

薬師岳

やくしだけ

北アルプス北部／富山県

黒部源流を成す一角に、
どっしりそびえる薬師岳。
大いなるこの秀峰へ、
山深い折立から登る

標高
2926m

山頂に薬師如来を祀る、古くからの信仰の山として知られる薬師。槍・穂高連峰や剱岳といった険しい峰とはひと味違う、北アルプス最深部に大きくそびえる秀麗な山として人気が高い。折立からのルート上には2軒の山小屋があり、危険な岩場などがないため、高山初心者にもおすすめだ。山頂からは、北アルプスじゅうの山々を見渡す大パノラマが広がっているのも大きな魅力だ。

薬師岳山頂の祠

コースグレード｜**中級**

技術度｜★★☆☆☆　2

体力度｜★★★☆☆　3

100
Mountains of Japan

深田久弥と薬師岳

はじめて深田久弥が薬師岳をめざしたのは大学1年生の時のこと。当時の富山地方鉄道の終点であった千垣駅をあとに、すでに廃村になっていた有峰から山に入った。太郎兵衛平をめざすも途中で道に迷い、2日かけて真川沿いに下山するという敗退行であった。その後、深田は2度、薬師岳の頂に立つ。最初は立山温泉から五色ヶ原を経て薬師岳へ。この時の印象は「実に長かった」というもの。2度目は有峰ダムが完成後、太郎兵衛平を経て山頂へ。大学1年生の敗退行からすると「隔世の感」であったという。

太郎兵衛平への登山道から見た薬師岳

路線バスの終点となる折立

下降時はより慎重に行動すること。時期が早いと上部に雪渓が残るので、ルートを見失わないようにしたい。

ここを登りきると傾斜が落ち、ハクサンイチゲやミヤマキンポウゲが咲き広がる薬師平に着く。堂々とそびえる黒部五郎岳や、遠く槍ヶ岳を望む。ケルンとベンチのある

1日目 折立から太郎平小屋
歩行時間：3時間50分 | 歩行距離：6.1km

バス、またはマイカーで**折立**へ入る。登山口には休憩所やトイレ、キャンプ場などがある。その折立から深い樹林帯の登りが続く。ベンチがある1870mの**三角点広場**まで来ると展望が開け、剣・立山、弥陀ヶ原や大日三山の眺めがよい。この先、開放的な尾根歩きが続く。**五光岩ベンチ**を過ぎて、大きな薬師岳を眺めながら木道を行くと、やがて**太郎平小屋**の建つ太郎兵衛平に着く。

2日目 薬師岳往復後に折立へ下山
歩行時間：7時間50分 | 歩行距離：14.1km

黒部源流域を見渡す太郎兵衛平から、草原にのびる木道を行く。テント場のある**薬師峠**を過ぎると、沢沿いの急登となる。滑りやすい道が続くので足もとに注意。特に

整備された木道を太郎兵衛平へと登る

プランニング＆アドバイス

登山口の折立にはキャンプ場のほかに宿泊施設はないが、約5km手前の有峰ダム湖畔には有峰ハウスがあり、利用できる（予約専用ダイヤル℡080-8535-7404）。インターネット予約もできる。富山方面からのバス利用の場合、有峰記念館前で下車する。前泊することにより初日に薬師岳山荘まで入れ、稜線からの夕景やご来光が楽しめるので、おすすめだ。ルート全般に危険箇所は少ないものの、主稜線上は3000m近い標高だけに風が強く、特に悪天候下での行動は控えたい。

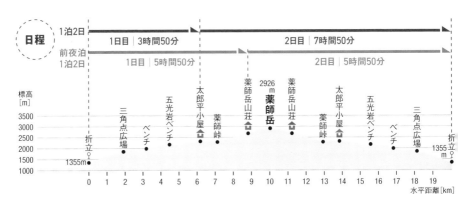

日程

1泊2日
前夜泊
1泊2日

1日目 3時間50分
1日目 5時間50分
2日目 7時間50分
2日目 5時間50分

標高[m]															

折立 1355m
三角点広場
ベンチ
五光岩ベンチ
太郎平小屋
薬師峠
薬師岳山荘
2926m 薬師岳
薬師岳山荘
薬師峠
太郎平小屋
五光岩ベンチ
ベンチ
三角点広場
折立 1355m

水平距離[km]

中央カールを足もとに、遠く槍・穂高連峰（中央左）

　広場を過ぎて、尾根東側のガレ場をたどり、尾根に上がるとほどなく**薬師岳山荘**に着く。稜線に立つ山小屋からは朝日、夕陽など、稜線の光が満喫できる。

　ここからザレたジグザグの道をたどる。標高2700mを超え、さえぎるもののないアルプスの大展望が広がる稜線漫歩だ。やがて、1963（昭和38）年1月に愛知大学山岳部員13人が迷いこんで遭難した東南稜との分岐に出る。大ケルンと避難小屋跡があるので、視界不良時には迷いこまないように位置を確認しておこう。

　さらに稜線をたどると**薬師岳**に着く。薬師如来が祀られた山頂からは、剱・立山連峰、後立山連峰、槍・穂高連峰、笠ヶ岳、黒部源流域の山々など、北アルプスじゅうを一望する大展望が広がっている。北薬師岳へ続く稜線に沿って足もとに広がる金作谷カール（国の特別天然記念物）も、アルプスらしい圧巻の風景だ。

登山者が集う薬師岳山頂。右遠方は剱・立山連峰

2万5000分ノ1地形図　有峰湖、薬師岳

20

剱岳へ　真砂岳へ

室堂平

立山高原ホテル
天狗平
天狗平山荘　室堂ターミナル　立山室堂山荘
2433m
ホテル立山　WC　一の越山荘
国見岳　浄土山　雄山 3003
2621▲　2831　2705　大汝山 3015　立山

黒部湖へ
立山ロープウェイ　大観峰駅

弥陀ヶ原

弥陀ヶ原ホテル

立山荘

6　△1612

立山町

△1972
松尾峠
展望台

カルデラの
展望がよい
室堂山展望台
急登
視界不良時
迷いやすい
鬼岳▲
2750
獅子岳
2741
クサリとハシゴ

龍王岳
2872

1.00
0.50
2.00
1.20
1.00
0.50
1.00

雪渓が8月中旬まで残る。トラバース注意。特に視界不良時、ルートをはずさないこと

△1038

立山カルデラ
側に注意
2348
ザラ峠

お花畑
五色ヶ原山荘
五色ヶ原
WC
刈安峠

立山カルデラ

0.40
0.50

鳶山▲2616

富山県
富山市

△1913

2356　越中沢乗越

2.10
1.40

広い尾根。
道迷いに注意

木挽山
▲2301

越中沢岳▲2591

1.50
1.20

1500

丸山
▲1963

1.00
0.40

スゴの頭
2431

細くて急な
岩稜

0.40
0.50

スゴ乗越

スゴ乗越小屋
2308

0.50
1.20

2000

展望がよい
2585▲
間山

1.10
1.40

岩ザレの急斜面

▲2210

ペンキ印を
見失わないこと
2832

2500

奥黒部ヒュッテ

北薬師岳
2900

0.50
1.50

2000

金作谷カール

△2490

薬師岳
2926

2500

中央カール
大きなケルン
南稜カール
東南稜

0.30

五光岩ベンチ
2196

0.50

五光岩

薬師岳山荘
2701

1.00
0.40

避難小屋

赤牛岳
2864▲

1.40
1.10

0.40

木道
太郎山
2373

0.40

太郎兵衛平
WC
2294
WC
小太郎平
木道

薬師峠

0.20

沢沿いの滑りやすい急斜面。
転倒注意

2500

高天原温泉
高天原山荘

夢ノ平

北ノ俣岳、黒部五郎岳へ

N

0　　1km
1:90,000

山頂からはその日のうちに往路を**折立**へ下るが、標高差1600mもの長い下りが続くだけにペース配分に注意したい。

その他のコースプラン

　室堂から五色ヶ原を経て薬師岳をめざす縦走コース（約15時間）は、黒部源流の一角にそびえる薬師岳の魅力をより深く感じることができる。五色ヶ原山荘とスゴ乗越小屋、太郎平小屋（または薬師岳山荘）に宿泊する3泊4日のルートは、高山植物と展望に恵まれた重厚な縦走路。鬼岳東面の雪渓と、越中沢岳の急峻な南面からスゴの頭にかけての通過がポイントだ。室堂起点だと下り要素が増えるため体力面では楽に感じるが、急な下りが増えるので技術的にはレベルが上がる。自分の実力を考慮してプランニングしてほしい。

文・写真／星野秀樹

立山側の浄土山付近から見た薬師岳と五色ヶ原

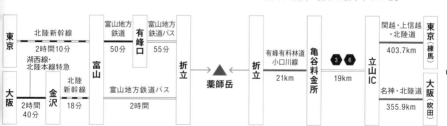

薬師岳から見た剱岳。左のピークは北薬師岳

問合せ先
［市町村役場］立山町役場☎076-463-1121
［交通機関］富山地鉄乗車券センター☎076-442-8122（折立行きバス）、富山県有峰森林文化村係（有峰林道）☎076-482-1420
［山小屋］太郎平小屋☎080-1951-3030、薬師岳山荘☎090-8263-2523

アクセス
折立への直通バスは夏期のみ運行で、その他の時期は富山地鉄有峰口駅発着。マイカーの場合、有峰林道（有料）を利用する。通行時間は6〜20時だが、各連絡所ゲートにより通行できる時間が異なる。気象条件などにより閉鎖、開設時期の短縮などもある。折立には無料駐車場があるが、シーズン中は大混雑する。道路脇の駐車場はすぐ埋まるが、少し離れた場所に広い駐車場があるので路上駐車は避け、案内に従って駐車すること。

| 東京 | 北陸新幹線 2時間10分 | | 富山 | 富山地方鉄道 50分 | 有峰口 | 富山地方鉄道バス 55分 | 折立 | | 薬師岳 | | 折立 | | 有峰有料林道 小口川線 21km | | 亀谷料金所 | | ❸ ❻ 19km | | 立山IC | 関越・上信越・北陸道 403.7km | 東京（練馬） |
| 大阪 | 湖西線・北陸本線特急 2時間40分 | | 金沢 | 北陸新幹線 18分 | | 富山地方鉄道バス 2時間 | | | | | | | | | | | | | 名神・北陸道 355.9km | 大阪（吹田） |

100
Mountains of Japan

百名山・選外の山

101 ウペペサンケ山
102 ニペソツ山
103 ペテガリ岳
104 石狩岳
105 芦別岳
106 渡島駒ヶ岳
107 樽前山
108 秋田駒ヶ岳
109 森吉山
110 姫神山
111 栗駒山
112 船形山
113 女峰山
114 仙ノ倉山
115 黒姫山
116 飯縄山
117 守門岳
118 荒沢岳
119 鳥甲山
120 白砂山
121 岩菅山

※122〜146北アルプス以降の西日本の山は下巻に掲載

101 ウペペサンケ山_{やま}

2万5000分ノ1地形図　ウペペサンケ山

糠平富士方面からのウペペサンケ山（写真／伊藤健次）

標高
1848m

**独特の台形の
山容は遠目にも
よく目立つ**

北海道は選から漏れた山が7山あるが、深田久弥が登っていないことがその理由。東大雪のウペペサンケ山もそのひとつ。選から漏れた山の大半は日本三百名山に選ばれているが、そこからも外れている。だが、快適な稜線歩きや響きのよい山名は、この山の価値を充分高めている。

102 ニペソツ山_{やま}

2万5000分ノ1地形図　ニペソツ山

ウペペサンケ山からのニペソツ山（写真／伊藤健次）

標高
2013m

**ナキウサギの
鳴き声が響く
道内随一の鋭鋒**

鋭く天を突くような山頂が特徴の東大雪最高峰。山名はアイヌ語のニペシ・オツ（シナノキの樹皮・多い）から来ているようだ。山頂へ十六ノ沢・杉沢出合の登山口からが一般的（4時間半強）。その山頂からは、トムラウシ山から十勝岳へと続く稜線が見渡せる。日本二百名山。

103 ペテガリ岳_{だけ}

2万5000分ノ1地形図　ピリガイ山

東尾根からのペテガリ岳（写真／伊藤健次）

標高
1736m

**山中に3つの
カールを持つ
南日高の盟主**

日本二百名山で、日高山脈を代表する山のひとつ。山頂にある2等三角点は、新田次郎の小説『点の記』の主人公・柴崎芳太郎が1913（大正2）年に設置したとされる。厳冬期の登頂の困難さから「はるかな山」といわれていたが、今でも山頂まで10時間を要する「遠い山」だ。

104 石狩岳

北海道／北海道

石狩岳（いしかりだけ）

2万5000分ノ1地形図　石狩岳

東方の十石峠方面からの石狩岳（写真／伊藤健次）

標高
1967m

石狩川源流域にどっしりした姿を見せる

東大雪の核となる石狩連峰・その主峰が石狩岳だ。山名の通り、全長268kmの大河・石狩川の水源となる。山頂への最短コースは南東の二十一ノ沢出合からのシュナイダーコースだが、1時間ほど歩いた尾根末端からは山頂までほぼ急登の連続となる（往復8時間強）。日本二百名山。

105 芦別岳

北海道／北海道

芦別岳（あしべつだけ）

2万5000分ノ1地形図　芦別岳

北尾根から新雪の芦別岳（写真／伊藤健次）

標高
1726m

周囲に岩壁を張り巡らせる男性的な山

夕張山地の最高峰で、鋭く天を突くような姿を見せる。登山道は東麓の富良野市山部からユーフレ沢を挟み、歩きやすい新道（約4時間半）と上級者向けの旧道（6時間強）の2コースがある。旧道の北尾根上から正面に見る山頂部は屹立し、周辺の岩壁群とともに迫力ある景観をなしている。

106 渡島駒ヶ岳

北海道／北海道

渡島駒ヶ岳（おしまこまがたけ）

2万5000分ノ1地形図　駒ヶ岳

南西からの渡島駒ヶ岳。左が剣ヶ峯、右の雲の中が隅田盛

標高
1131m
（剣ヶ峰）

大沼畔に美しい裾野を見せる「渡島富士」

森・鹿部・七飯の3町にまたがる山で、山麓の大沼とセットの景観は道内屈指。上部の火口原を囲むように最高点の剣ヶ峯、砂原岳、隅田盛の3つのピークがある。活火山だけに山頂には立てず、標高900m地点の馬の背で引き返す（六合目登山口から往復1時間半強。登山期間限定）。

樽前山（たるまえさん）

2万5000分ノ1地形図　樽前山

東山からの溶岩ドーム。左はもうひとつのピーク西山

標高
1041m

熔岩ドームを持つ世界でも珍しい三重式火山

支笏湖（しこつ）の南東にある山。この山の最大の特徴は、支笏カルデラ内に直径約1.3kmの外輪山を形成し、さらにその内部の中央火口丘に溶岩ドームを持つ三重式火山であること。シンボルの溶岩ドームは立入禁止で、1022mの東山（ひがしやま）に登ることになる（七合目から50分）。日本二百名山。

秋田駒ヶ岳（あきたこまがたけ）

2万5000分ノ1地形図　秋田駒ヶ岳

登山口となる八合目からの秋田駒ヶ岳（写真／佐々木民秀）

標高
1637m
（男女岳）

初夏から夏にかけ高山植物咲き継ぐ「花の名山」

深田久弥が『日本百名山』の中で「入れるべきであったかもしれない」とする秋田駒ヶ岳は、主峰・男女岳（おなめだけ）（女目岳（おなめだけ））や男岳（おだけ）、女岳（めだけ）などの総称。豊富な高山植物と独特な火山地形がこの山の魅力を高めている。登りやすい山で、八合目から1時間半ほどで山頂に立てる。

森吉山（もりよしやま）

2万5000分ノ1地形図　森吉山

森吉山ダムからの森吉山（左奥）（写真／佐々木民秀）

標高
1454m

豊かな自然を残す秋田の名峰冬の樹氷も魅力

秋田県中央部・北部にそびえる日本二百名山。日本百名山の選定基準のひとつである標高1500m以上にわずかに届かず、選から外れている。ゴンドラを利用すれば1時間半で山頂に立てるが、眺望のよいこめつが山荘からの様田（さまだ）コース（約3時間半）の人気が高い。

110 姫神山（ひめかみやま）

2万5000分ノ1地形図　渋民

滝沢市・高峰山腹からの姫神山（写真／藤原直美）

石川啄木がこよなく愛した「ふるさとの山」

標高
1124m

北上川を挟んで岩手山（P62）と対峙する姫神山。均整の取れたピラミッド型の美しい山容は、地元渋民出身の歌人・石川啄木にこよなく愛された。360度の大展望が広がる山頂へは4本の登山道があり、いずれも1〜2時間ほどで頂に立つことができる。日本二百名山。

111 栗駒山（くりこまやま）

2万5000分ノ1地形図　栗駒山

北面の名残ヶ原の栗駒山（写真／佐々木民秀）

ビギナーでも安全に登れる東北中部の名山

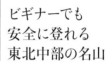

標高
1626m

秋田・岩手・宮城の3県にまたがり（山頂は岩手・宮城の2県）、高山植物や全国屈指の紅葉、山麓の温泉など魅力満載。登山道は多いが、岩手側の須川高原温泉からと、宮城県側のいわかがみ平からのコースがよく利用され、いずれも2時間ほどで山頂に立てる。日本二百名山。

112 船形山（ふながたやま）

2万5000分ノ1地形図　船形山

黒伏山から見た初夏の船形山（写真／仁井田研一）

30余もの山頂を数える船形火山群の主峰

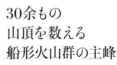

標高
1500m

宮城・山形県境にある日本二百名山。宮城県側は船形のような姿から「船形山」、山形県側では順徳天皇が隠れ住んだという伝説から「御所山」の名称がある。宮城側、山形側から複数の登山道があるが、最短時間で登れるのは宮城側の色麻コース（約2時間）。

113

北関東・信越／栃木県

女峰山

（にょほうさん）

2万5000分ノ1地形図　日光北部

鳴虫山から見た女峰山（写真／松倉一夫）

標高
2483m

鋭い山容を見せている日光連山の名峰

栃木県日光市にある山で、男体山（P158）、太郎山とともに「日光三山」のひとつ。日本二百名山にも数えられる。登山はいにしえの修験者の道をたどる二荒山神社からの道がメインだが、標高差1800m・約6時間を要する難コース。霧降高原から赤薙山経由で登る場合は約5時間40分。

北関東・信越／群馬県・新潟県

仙ノ倉山

（せんのくらやま）

2万5000分ノ1地形図　三国峠

平標山方面からの仙ノ倉山（写真／菊池哲男）

標高
2026m

どっしりした山容が印象的な谷川連峰最高峰

群馬・新潟県境にある谷川連峰の最高峰で、日本二百名山に選ばれている。西方の平標山～仙ノ倉山間のなだらかな稜線は、6月上旬～7月上旬にかけてお花畑となる。国道17号の平標登山口から松手尾根経由で山頂へ4時間半。近くには山小屋の平標山乃家がある。

115

北関東・信越／長野県

黒姫山

（くろひめやま）

2万5000分ノ1地形図　高妻山、信濃柏原

野尻湖からの黒姫山（写真／垣外富士男）

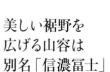

標高
2053m

美しい裾野を広げる山容は別名「信濃冨士」

長野県信濃町にある日本二百名山の黒姫山は左右均等に裾野を広げる秀麗な独立峰で、妙高山（P148）、飯縄山（P229）、戸隠山、斑尾山とともに「北信五岳」に数えられる。南西麓の大橋か東麓の黒姫高原からなどから、山頂への道がのびている（山頂へ約4時間）。

飯縄山
いいづなやま

黒姫山からの飯縄山
（写真／垣外富士男）

四方をぐるりと
一望できる
長野市民の山

標高
1917m

別名「飯綱山
いいつなやま
」。長野市街の北西にある日本二百名山で、北信五岳の一峰にも数えられる。平安時代から山岳信仰の修験道場になっていた。修験道の山といえば大概は険しいものだが、飯縄山はいたっておだやか。好展望の山頂へは、2時間半〜3時間ほどの登り。

守門岳
すもんだけ

東洋一といわれる守門岳稜線の大雪庇

ヒメサユリと
ブナ林が誘う
中越地方の名山

標高
1537m
（袴岳）

長岡市街からの背後に大きな山容を見せる、日本二百名山の一峰。最高峰
はかまだけ
の袴岳を主峰に、青雲岳
あおくもだけ
、大岳
おおだけ
の3つのピークからなり、山中にはブナの原生林やヒメサユリをはじめとする高山植物も見られる。南面の大白川コー
おおしらかわ
ス（約3時間半）と北西の保久礼コース（約3時間）の登山者が多い。
ほっきゅうれい

荒沢岳
あらさわだけ

北西側からの荒沢岳。中央の尾根が登山路（写真／菊池哲男）

豪雪に磨かれた
奥只見湖南側の
峻険な山

標高
1969m

日本有数の豪雪地帯である奥只見にそびえる鋭鋒。日本三百名山には選ば
おくただみ
れていないのに二百名山では選ばれている唯一の山（荒沢岳登山口から登り5時間）。コース上部の前嵓付近は「クサリ天国」の名の通り、クサリ
まえぐら
やハシゴが連続する難所。近年山頂から兎岳への登山道が整備された。
うさぎだけ

119 鳥甲山

とりかぶとやま

2万5000分ノ1地形図　鳥甲山

和山温泉付近からの鳥甲山（写真／垣外富士男）

標高
2038m

険しい岩稜を連ねた秘境の山

秘境・秋山郷を挟んで苗場山（P144）と対峙するのが、日本二百名山の鳥甲山だ。見た目通りの岩稜を連ねる険しい山だけに、上級者向き。山頂へはムジナ平コース（約4時間）と屋敷コース（約5時間）の2本のコースがあるが、いずれも急登の連続で、特に前者はクサリやハシゴの通過も多い。

120 白砂山

しらすなやま

2万5000分ノ1地形図　野反湖

八間山分岐付近からの白砂山（中央やや右のピーク）

標高
2140m

野反湖の北東に続く稜線をたどり大展望の頂に立つ

野反湖の北東、群馬・長野・新潟の3県が接する位置にある日本二百名山。山頂からは苗場山や草津白根山（P178）、赤城山（P174）などの日本百名山を望むすばらしい眺望が展開。最短コースは野反湖バス停からで約4時間半。近年山頂から東へ「ぐんま県境トレイル」が整備された。

121 岩菅山

いわすげやま

2万5000分ノ1地形図　岩菅山

赤石山付近からの岩菅山（写真／垣外富士男）

標高
2295m

大きな山容を持つ志賀高原を代表する山

スキーや温泉で有名な志賀高原の盟主的存在の山（志賀高原最高点は裏岩菅山2341m）で、日本二百名山に選ばれている。展望のよい山頂には志賀高原で唯一の1等三角点が置かれている。山頂へは聖平から（2時間30分）かゴンドラリフト東館山頂駅から（3時間強）が一般的。

日本百名山 登山ガイド・50音別 山名さくいん

※太字は本書に掲載している山です。　231

Alpine Guide
日本百名山 登山ガイド 上

写真・文

長谷川 哲
はせがわ てつ
利尻山・羅臼岳・
斜里岳・阿寒岳・
大雪山・トムラウシ山・
十勝岳・幌尻岳・
羊蹄山

いちのへ義孝
よしたか
岩木山・八甲田山

仁井田研一
にいだけんいち
八幡平・鳥海山・
月山・朝日岳・
飯豊山・皇海山

藤原直美
ふじわらなおみ
岩手山・早池峰山

渡辺徳仁
わたなべのりひと
蔵王山・吾妻山・
安達太良山・磐梯山・
会津駒ヶ岳

羽根田 治
はねだ おさむ
那須岳・草津白根山

菊池哲男
きくち てつお
越後駒ヶ岳・巻機山・
白馬岳・五竜岳・
鹿島槍ヶ岳

吉田祐介
よしだ ゆうすけ
平ヶ岳・燧ヶ岳・
至仏山・日光白根山・
筑波山

伊藤文博
いとうふみひろ
谷川岳・男体山

垣外富士男
かいとふじお
雨飾山・高妻山・
四阿山

樋口一成
ひぐちかずしげ
苗場山・浅間山

堀金 裕
ほりがね ゆたか
妙高山・火打山

打田鍈一
うちだ えいいち
武尊山・赤城山

星野秀樹
ほしの ひでき
剱岳・立山・
薬師岳

ヤマケイ アルペンガイド
日本百名山 登山ガイド 上
2021年3月5日　初版第1刷発行

編者／山と溪谷社
発行人／川崎深雪
発行所／株式会社 山と溪谷社
〒101-0051
東京都千代田区神田神保町1丁目105番地
https://www.yamakei.co.jp/

■乱丁・落丁のお問合せ先
山と溪谷社自動応答サービス
☎03-6837-5018
受付時間／10:00〜12:00、
13:00〜17:30（土日、祝日を除く）
■内容に関するお問合せ先
山と溪谷社　☎03-6744-1900（代表）
■書店・取次様からのお問合せ先
山と溪谷社受注センター
☎03-6744-1919　🆅03-6744-1927

印刷・製本／大日本印刷株式会社

装丁・ブックデザイン／吉田直人
編集／吉田祐介
編集協力／後藤厚子
写真協力／伊藤健次、佐々木民秀、
　　　　　松倉一夫
DTP・地図制作／株式会社 千秋社

*本書に掲載した地図の作成に当たっては、国
土地理院発行の数値地図（国土基本情報）を使
用しました。
*コース断面図の作成は、DAN杉本さん作成の
フリーウェア「カシミール3D」を使用しました。

*参考文献／『日本百名山』深田久弥（新潮社）、ヤ
マケイ文庫『わが愛する山々』深田久弥（山と溪谷社）、
ヤマケイ文庫『深田久弥選集 百名山紀行』上・下巻（山
と溪谷社）、『山と溪谷』2021年1月号（山と溪谷社）